日本の伝統文化 4

相撲

高埜利彦

山川出版社

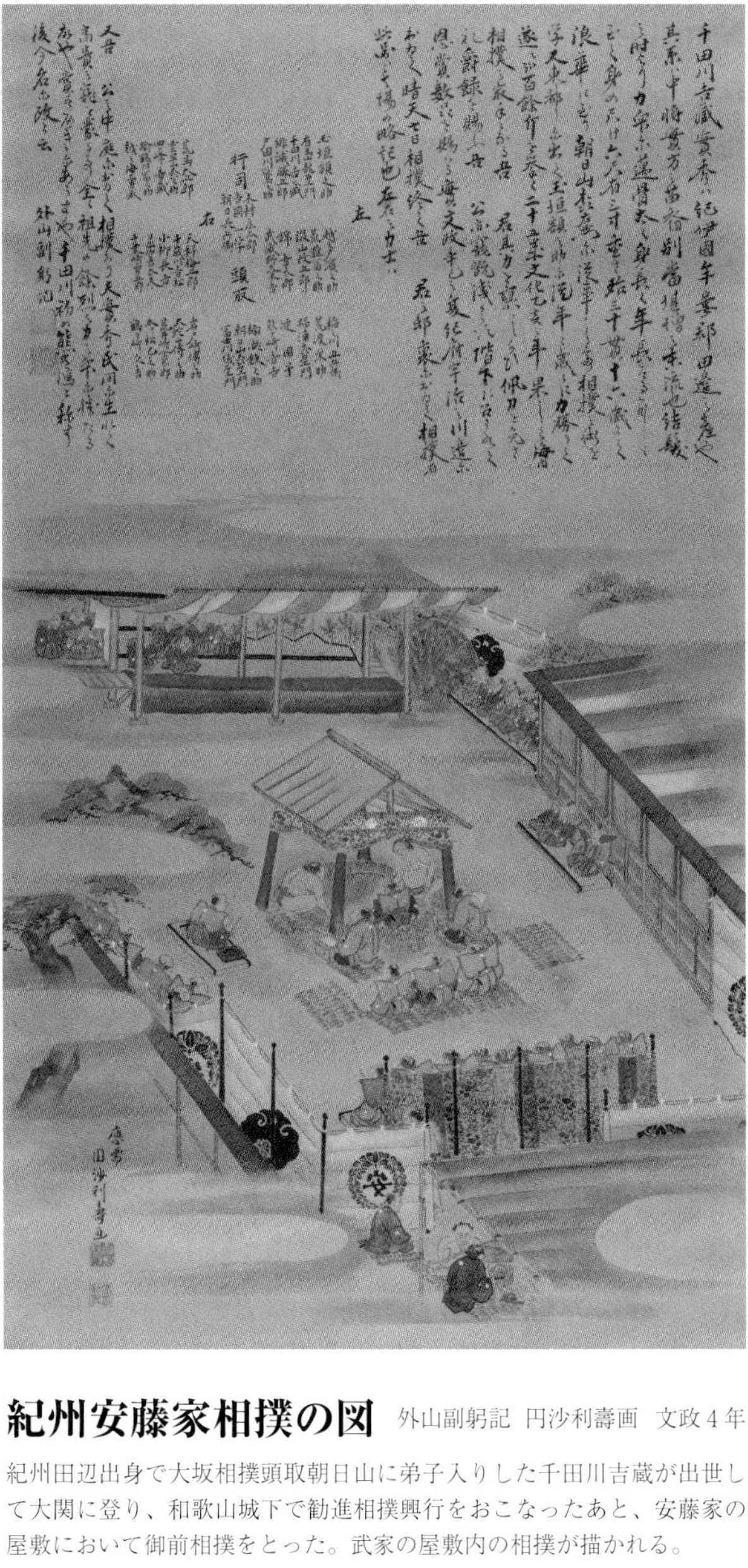

紀州安藤家相撲の図　外山副躬記　円沙利壽画　文政４年

紀州田辺出身で大坂相撲頭取朝日山に弟子入りした千田川吉蔵が出世して大関に登り、和歌山城下で勧進相撲興行をおこなったあと、安藤家の屋敷において御前相撲をとった。武家の屋敷内の相撲が描かれる。

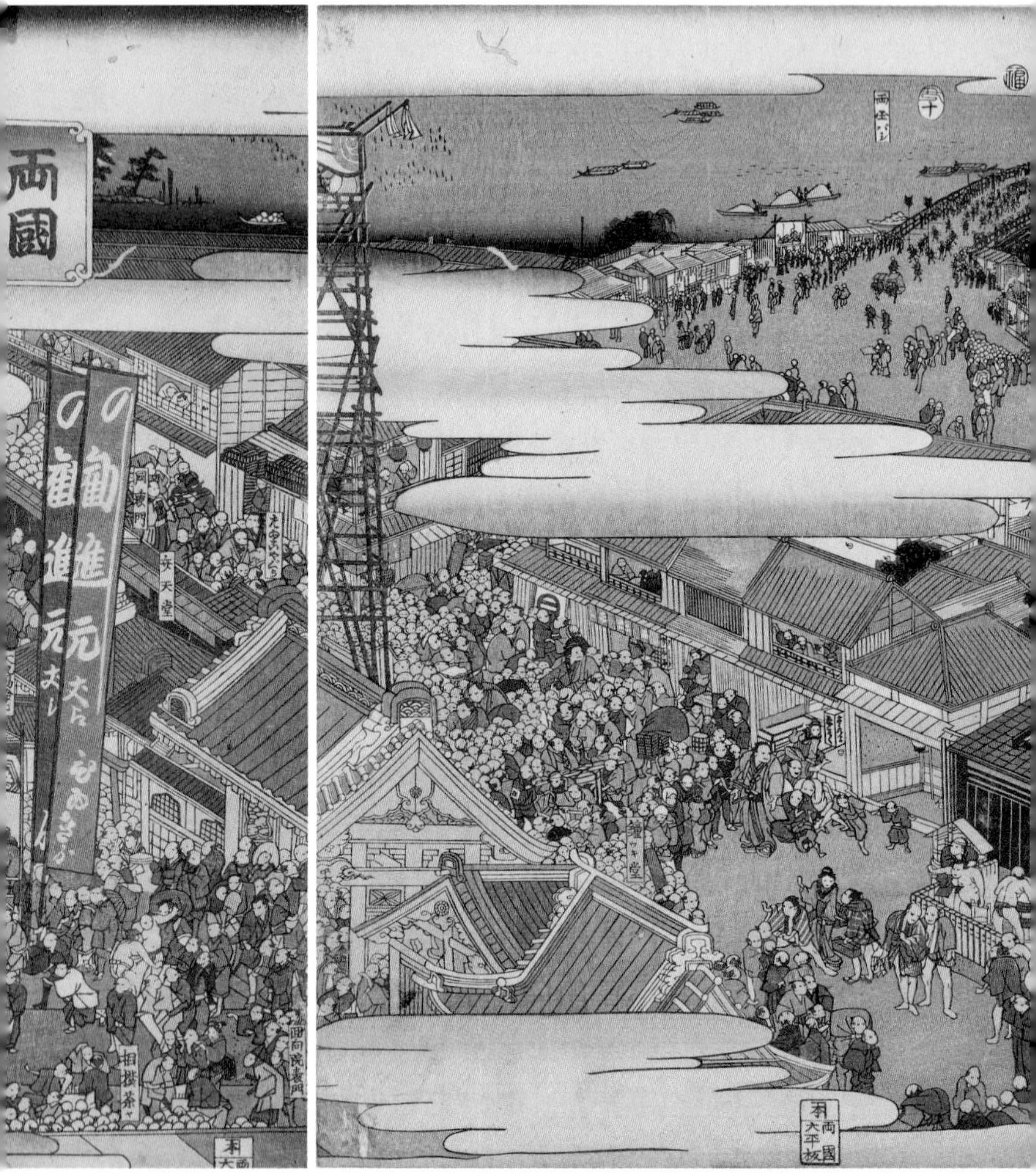

両國
勧進元
勧進元
弁天堂
回向院表門
相撲茶ヤ
鐘ツキ堂

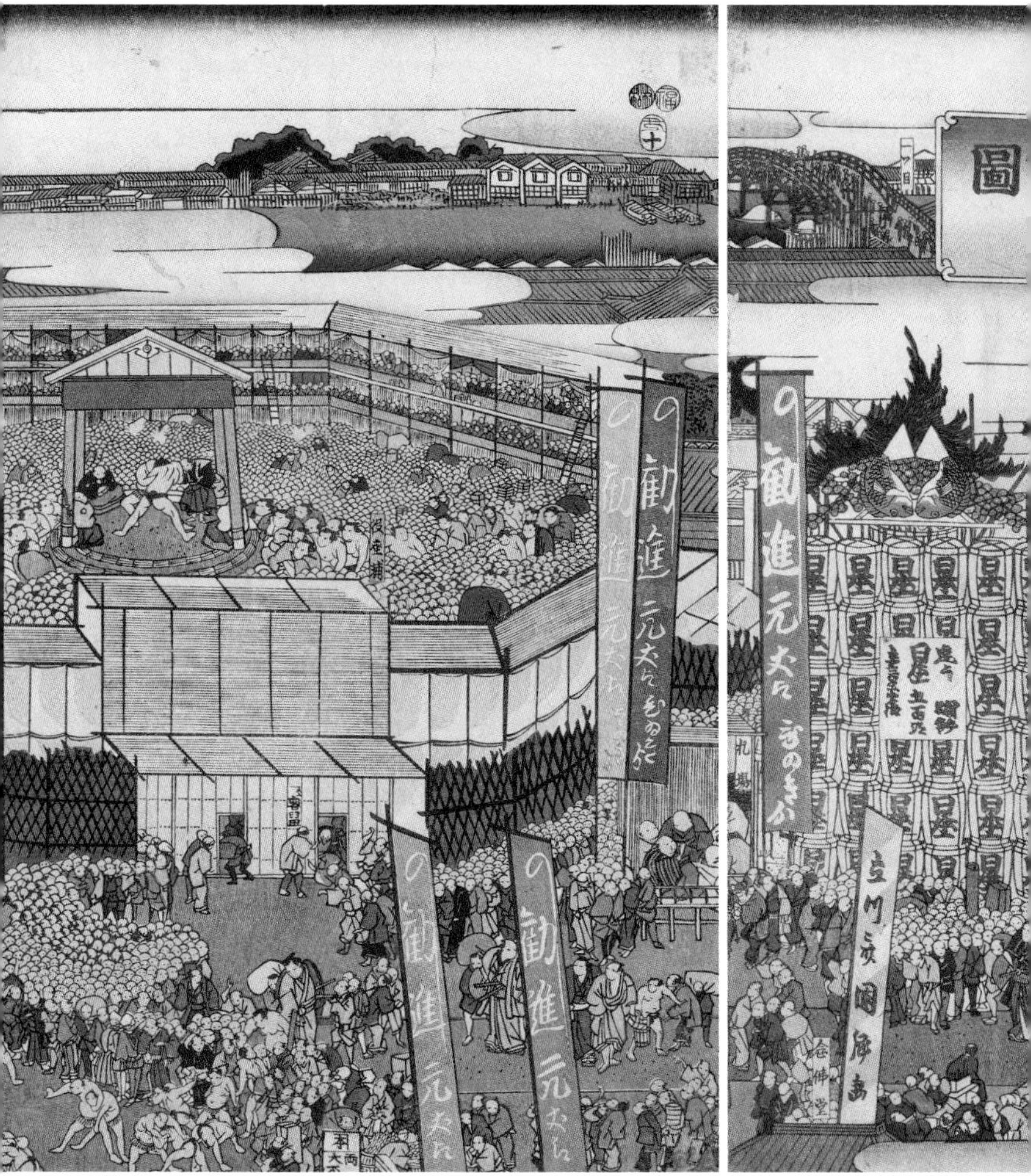

両国大相撲繁栄之図　歌川国郷画　嘉永６年

回向院の山門の外に高い櫓が描かれ、最上部からの触れ太鼓の音が大川（隅田川）に架かる両国橋の向こう岸にまで届くような構図をとる。左図に木戸口があり、その右手に二間四方の札売り場が見える。贔負筋から勧進元に贈られた木綿幟や酒樽が描かれる。木戸内は二層の桟敷席も土間も満員で、木戸の外や山門の外側にも多数の人々が描かれ繁栄ぶりが伝わる。

南部相撲興行之図　享保 17 年

板囲いをして、木戸口を設けての南部勧進相撲興行である。四角い土俵に注目されるほか、相撲取の刀が土俵の脇に置かれている。

幕内土俵入り之図　英山画　文化 10 年

東方には大関雷電以下の相撲取が、西方には大関柏戸以下が描かれている。二層の桟敷席に梯子を使って登る姿や土間で食事をする姿も描かれている。

日本の伝統文化　第4巻　相撲

目次

相撲

序章　江戸の相撲――伝統文化の原型

伝統文化相撲

相撲は伝統文化か、と問われれば、多くの人はそうだと答えるに違いない。テレビなどの画面から、大銀杏の髪形で廻しを締めた相撲取や、烏帽子《えぼし》・直垂《ひたたれ》の装束を着けた行司、あるいは裁着袴《たっつけばかま》姿の呼び出しの土俵上の所作を見れば、遙か以前から受け継がれた行為であろうと容易に想像はつく。ましてや国技館に足を運んだことのある人であれば、相撲取の髷《まげ》につける鬢《びん》付け油の香りが漂う桟敷の観覧席や、十両や幕内力士の列をつくって土俵に上がり、丸くなって一斉に手を上にあげる土俵入りの不思議な動作を見るとき、あたかも江戸時代の空気が、カプセルに詰め込まれたまま運ばれてきたような錯覚を覚えるであろう。長い歴史を通して、相撲が人々に伝えられてきたことを、誰もが肯定するのであれば、これを伝統文化と呼ぶのに躊躇はいるまい。

それでは、長い歴史とはいつからのことであろう。人と人が取り組む姿は、古墳時代の埴輪のなかに見出すことができる。文字に記録された「日本書紀」(七二〇年)には、説話として垂仁《すいにん》天皇七年に、野見宿禰《のみのすくね》と当麻蹶速《たいまのけはや》が力を争ったことを相撲の始まりとする。その後の確かな史実としては、聖武天皇が天平《てんぴょう》六年(七三四)に相撲を観覧したことが記され、朝廷の相撲節会《すまいのせちえ》につながる。その後、繰り返された相撲節会が承安《しょうあん》四年(一一七四)を最後に途絶えたが、石清水八幡宮《いわしみずはちまんぐう》など神社での相撲は見られた。武家の時代にも相撲が見られ、これらを基層にもちながら、江戸時代になって現在につながる大相撲の原型が形成されたのである。

江戸時代と現代

日本の歴史を振り返るとき、古代・中世と呼ばれる奈良・平安・鎌倉・室町時代の歴史は、応仁の乱(一四六七〜七七年)から続く戦国時代のおよそ一〇〇年間で遮断され、新たに織田信長・豊臣秀吉政権によって近世の扉が開かれ、徳川政権による江戸時代の平和と安定した時代が、その後の近代・現代に続く社会の枠組みや価値観を形成し、影響を与え続けていると見られる。

江戸時代に形成された枠組みや価値観が継続する事例は、身の回りに思いつくものがある。継続する枠組みの事例をあげてみよう。一向一揆が鎮圧されてのち徳川政権下で形成された仏教の教団組織は、本山や本寺に権限を与え、末寺を編成し、末寺の抱える檀家の財政支援を前提に、末寺は本山に末寺役をおさめることで、組織全体が成り立っていた。この本山から檀家までの本末体制と呼ばれる枠組みは、現代にいたるまで、仏教諸宗派で基本的には継続されている。これと共通した枠組みは、そのほかに華道や茶道などの家元制度などにもみることができる。

江戸時代から継続する価値観の事例としては、年末の喪中はがきの慣行に見出すことができる。新年を慶賀したいが、旧年中に自分の近親者が亡くなったので、喪中のために失礼する、というものだ。喪に服したり、忌引きのため公の場に出なかったりというのは、自分に近親者の死の穢れがついていることが前提になっている。江戸幕府の五代将軍徳川綱吉は貞享《じょうきょう》元年(一六八四)から繰り返し服忌令《ぶっきれい》を命じ、死と血を穢れたものとする価値観に基づき、忌引きや服喪の期間を子細に規定して厳しく命じた。社会にこの考え方は浸透し、江戸時代が終わっても明治・大正・昭和へとこの価値観は継承されて、今日に残存している。

江戸時代に形成された枠組みや価値観の一つとして、相撲も存在する。

相撲の枠組み・様式

相撲は江戸時代にその枠組みが形成され、広範な人々に享受されて、その様式を変化させながら社会に受容され、今日に継承されている。相撲の枠組みとは、現在でいえば、年寄によって構成・運営される日本相撲協会(公益財団法人)が、一年六回の本場所を開催し、そのほかの時期に地方巡業に出て、その興行収入をおもな財源とし、年寄・力士・行司・呼び出しなどに報酬を払い、経営をおこなうという枠組みである。

江戸時代に、すぐに現代につながる枠組みがつくられたのではない。江戸時代の前期までは、相撲は武家屋敷のなかで、武士だけが楽しむものであった。足軽などが取り組む相撲を、大名たちが座敷から観戦する様子が確認される一方、町場で庶民が道の四つ角などでおこなった辻相撲《つじずもう》は、幕府によって禁止されていた。やがて庶民の要望に応えるかのように、勧進興行の一つとして相撲がおこなわれるようになった。しかし幕府は、勧進相撲《かんじんずもう》興行も当初は禁止した。やがて元禄《げんろく》時代の一七〇〇年頃、経済の発展を背景に、庶民による辻相撲が頻繁におこなわれたことから、幕府は辻相撲を依然として禁止し続けるものの、勧進相撲興行については勧進に名目のあるものを許可し始めた。

八代将軍徳川吉宗政権の末期にあたる延享《えんきょう》元年(一七四四)に幕府は、渡世のための勧進相撲興行開催を、春夏秋冬の四季に一度ずつ開催することを認めた。江戸・京・大坂で諸国の相撲取が集まる合同興行である大相撲として年四回おこなわれ、それ以外には、年寄(京・大坂では頭取《とうどり》)である師匠(親方)と弟子の相撲取たちが一つの単位となり、時には数人の親方が協力して各地の地方巡業に赴くという相撲興行の枠組みが確立する。興行を催して収入を得る渡世(稼業)が江戸幕府によって公認され、それ以来今日まで専業の稼業となったのである。

行司吉田追風の有職故実

現在の横綱土俵入りは十両の取り組み後に、幕内土俵入りに引き続いておこなわれる。露払いと太刀持ちを従え、垂《しで》を下げた綱を締めて四股を踏む姿には儀式性があり、相撲の取り組みとは別の、一日でもっとも盛り上がるパフォーマンスである。横綱の不在や休場のために土俵入りが見られないときには、誰もが物足りなさを感じるであろう。
寛政《かんせい》元年（一七八九）十一月、熊本藩細川家抱えの行司家吉田善左衛門（追風《おいかぜ》）が谷風《たにかぜ》梶之助と小野川《おのがわ》喜三郎に横綱免許状と故実門弟の証状を与えた。相撲取の最上位者を吉田家の門弟にし、横綱を締めさせたのである。江戸での勧進相撲興行の土俵に、谷風らが横綱を締めて土俵に上がる姿は評判を呼んだ。寛政三年（一七九一）六月には十一代将軍徳川家斉《いえなり》が上覧相撲を江戸城吹上庭で挙行した。この上覧相撲でも、取り組みとは別に谷風たちが横綱を締めて土俵に上がったが、その後の上覧相撲で横綱不在の時は、不満の声が出された。

横綱免許を考案したのは吉田追風で、実践にあたっては江戸の相撲年寄たちとの協働の作業であった。江戸の相撲年寄と吉田追風家とのつながりは四〇年前の寛延《かんえん》二年（一七四九）に遡る。中立《なかだち》庄之助と伊勢海《いせのうみ》五太夫の二人の年寄が熊本の吉田家に弟子入りしたのである。その結果、江戸の相撲は吉田追風家のもつ有職故実の影響を受けることになった。もし仮に、江戸の年寄が盛岡藩南部家抱えの行司長瀬越後《ながせえちご》に入門していたならば、土俵の形は円形ではなく長方形になっていたかもしれない。吉田追風家に入門した二人の年寄は、木村庄之助と式守五太夫の名乗りを許され、相撲式などを伝授された。式とは施行細則という意味だが、土俵や四本柱などを設けるにあたっての様式や土俵開き（土俵祭）の方式など、吉田追風家の相撲式に従ったのである。

大坂相撲・京都相撲の頭取たちには、京都の公家五条家が影響を及ぼしていた。吉田追風が大坂相撲の小野川喜三郎に横綱免許を出したことに五条家は反発し、それ以降、幕末まで吉田追風家と五条家との間では競合が見られる。五条家が「相撲の家」を称して、自家の家職（家業）であると主張するようになったのは、神道の白川家や陰陽道の土御門家など、ほかの公家たちの活発になった家職要求と軌を一にすることであった。

相撲取の身分と風俗取締り

将軍上覧相撲は、十一代徳川家斉による上覧相撲が寛政三年（一七九一）に初めて実施されて以降、嘉永《かえい》二年（一八四九）の十二代徳川家慶まで七回実施された。将軍に、直々のお目通りがかなうのは、武士でいえば旗本以上のことであるから、相撲取にとって破格の厚遇となった。

大名たちも領地出身や人気の相撲取を抱えた。信濃国の百姓身分出身の雷電為右衛門《らいでんためえもん》は、江戸での人気によって、出雲国松江藩松平家の水主《かこ》として抱えられた。大名の船での移動や年貢米の廻漕の上乗りを勤める水主という、足軽同様の下級の藩士となったことから、雷電は武士と同様に刀を二本差した。大名に抱えられたのは、相撲取のおよそ十数パーセントであり、多くは抱えられることはなかったが、脇差一本を帯することが認められた。大名抱えは武士身分とされ、そのほかの相撲取は浪人身分として扱うこととされたのである。

こうした相撲に対する幕府の厚遇は、関東における風俗取締りの政策と関連している。寛政改革を進めた松平定信政権以降、幕府は農村復興のために風俗取締《ふうぞくとりしま》りを強化していった。神社の祭礼時に相撲興行がおこなわれ、あわせて博奕などがおこなわれるのを防ぐために、安永《あんえい》二年(一七七三)に全国に触れられた素人《しろうと》相撲の禁止を徹底した。博奕などを主催する博徒(通り者)の取締りのために、脇差をむやみに帯させないために、脇差を許された相撲取の組織化と統制を、相撲年寄たちに依存したことと関連する。地方で相撲興行をおこなえる者は、江戸の相撲年寄たちの許可が必要であり、両者の関係は密接になっていった。年寄側からは、地方巡業の地元の担い手になる者を、門弟・相撲世話人・相撲目代《もくだい》に任命し、地域的な組織化をはかっていった。たとえば下総国海上《かいじょう》郡飯岡《いいおか》村(千葉県旭市)の飯岡助五郎は、天保《てんぽう》十一年(一八四〇)に相撲世話人の免状を受けたが、飯岡助五郎は博徒であるとともに関東取締《かんとうとりしまり》出役《しゅつやく》の道先案内を勤める十手持ちであった。このような地域で相撲興行を主催する人物の存在は、近代・現代においても姿を変えて存続していた。

伝統文化の継承

江戸時代の初期からでも、四〇〇年近くの相撲の歩みを、とくに江戸時代を対象に、本書ではたどっていく。社会の変化や、時の権力による政治動向や政策の影響とどのように向き合いつつ、相撲年寄・相撲取・行司・呼び出しなどの相撲渡世集団が、主体的に柔軟かつ創造的な対応力をもって存続してきたのであろうか。これが本書の主たる課題である。

ところで相撲を支えてきた広範な人々は、子どもから老人まで、相撲を楽しみに見守ってくれているのだが、一人の時間で見れば長くとも八〇年間を超えるものではない。その間に相撲取や行司・呼び出したちが大相撲の土俵で見せる個性は、見る者の記憶に長くとどまるものである。相撲の様式は定まっており崩されないが、その様式のなかで、それぞれが一人一人の型(個性)をもっていて、見る者を引きつける。天明期《てんめい》に「比類なき角力の達者」といわれた小野川喜三郎の技に堪能したり、「仁王の如き」九紋龍《くもんりゅう》清吉や剛力の雷電為右衛門の体軀に驚愕したり、その時々の相撲取たちの個性に人々は魅了されてきたのであろう。

筆者の見聞した範囲では、大関吉葉山が横綱鏡里に千秋楽で勝ち、全勝優勝したことをラジオの興奮した実況で聞いた。場所後に横綱に推挙された吉葉山の不知火型《しらぬいがた》の土俵入りは、テレビの画面を通してではあったが、じつに綺麗な姿で、これほど見事な土俵入りはその後現れない。信夫山《しのぶやま》と鶴ケ峰《つるがみね》の諸差し《もろざし》(二本差し)は、芸術品であったたし、初代若乃花の右上手からの投げは圧巻で、琴ケ濱の内掛けは切れ味鋭かったように、それぞれに相撲の型をもっていた。呼び出しも、小鉄のよく通るつやのある声で、栃錦を呼び上げる節回しは、記憶に残っており、今の呼び出し次郎は次郎にしかできない節回しをもっている。このような個人の記憶が無数に累積して相撲は支えられ、伝統文化となったのであろう。

とはいえ個人の記憶は、惜しむらくは世代を超えては継承されにくい。これに対し、映像記録は何世代にもわたって相撲を伝えてくれる。双葉山の仕切りから立ち合いの見事な型を知ったのも、力道山の上突っ張りというより張り手(のちの空手チョップにつながる)を知ったのも、残された記録フィルムの映像からであった。しかしながら、栃木山の小柄ながら鋭く低い立ち合いからのはず押しは、映像で見たことがない。記憶ある人の話が記録化されて知ったことである。大日本相撲協会映画撮影部による昭和十四年(一九三九)からの映像記録化はまことに慧眼《けいがん》であった。記録フィルムの残される以前の相撲は、したがってオーラルヒストリーや古文書・浮世絵・錦絵などの歴史資料を根拠に想像するほかはない。

本書は、江戸時代の古文書などの歴史資料を分析・解釈して歴史像をつくる歴史学の方法をもって叙述をしている。史料の引用や解釈は、一般読者の通覧の妨げになるところがあるかも知れないが、根拠(エビデンス)を示すものであり海容いただきたい。相撲に関わる歴史資料は決して多くはないが、まだ各地に埋もれたままである可能性はあり、今後の調査・研究と保存管理は不可欠である。それと同時に、現在の相撲の記録を後世にアーカイブズとして伝えることも怠ってはいけない。

第一章　古代と中世の相撲

1　古代の相撲

伝統文化である相撲の原型は江戸時代に形成されたのだが、その基層には古代・中世の相撲の存在があった。先行の研究に依拠しながら古代・中世の相撲について概観しておきたい。

朝廷の節会

朝廷には諸種の儀式があった。略して朝儀《ちょうぎ》と呼ぶ。たとえば、元日におこなわれる朝儀としては、四方拝《しほうはい》がある。これは天皇が自らおこなう神事で、早朝に四方の神々を拝して、その年の災厄なきことを祈念する。この日に天皇は諸臣から年頭の賀を受ける朝賀がなされたが、平安中期に廃絶した後は、同様の小朝拝《こちょうはい》がおこなわれた。その後に、天皇が諸臣に宴を賜る、元日の節会《せちえ》が催される。

もう一例示すと、収穫の祭である新嘗祭《にいなめさい》は、十一月の卯の日(現在は十一月二十三日の勤労感謝の日にあたる)に、その年の新穀を天皇が天神地祇《てんじんちぎ》に供え、これを共食する儀式である。翌日に豊明節会《とよのあかりせちえ》がおこなわれる。天皇から群臣に御膳が供され、また舞楽も奏舞される。

二例を示したが、朝儀のなかで、天皇から宴が臣下にもたらされるのが節会である。いわば公式の宴会である。節会がおこなわれるのは、節日《せちにち》である一月一日（元日節会《がんじつ》）、一月七日（白馬節会《あおうま》）、一月十六日（踏歌節会《とうか》）、三月三日、五月五日（端午節会《たんご》）、七月七日、十一月新嘗祭翌日辰日（豊明節会）であった。このうち三月三日は桓武天皇の祥月《しょうつき》（大同元年〈八〇六〉三月十七日崩御）であるとして節会を停止した。また七月七日は平城《へいぜい》上皇が天長《てんちょう》元年（八二四）七月七日に崩御したことから節会を停止した。

七月七日の節会の行事として、相撲が催されており、七月七日が停止されてからは、日をかえて七月下旬に相撲《すまい》節会としておこなわれるようになった。具体的には、聖武天皇の天平《てんぴょう》六年（七三四）七月七日から、嵯峨天皇の弘仁《こうにん》十一年（八二〇）までにおこなわれた一八回の相撲節会は七月七日に開催されたが、淳和《じゅんな》天皇の天長三年（八二六）は七月十六日に改められ、以後、光孝《こうこう》天皇の仁和《にんな》三年（八八七）までの二九回（連日に及ぶ場合も合わせて一回とした）は、一度も七月七日の開催はない（大日向克己）。

相撲節会

いずれにしても七月に、天皇が相撲を上覧し、臣下に宴を賜ったのが相撲節会である。まず二・三月に左右近衛府より相撲使を諸国に派遣して相撲人《すまいびと》を徴発する。この使を部領使《ことりのつかい》と呼ぶ。六月（一月前）に節会当日の場の設営などの準備にあたる、左右の相撲司《すまいのつかさ》を参議以上の公卿のなかから左右一人ずつ任じ、その上位に別当を一人、親王のなかから選ぶ。

節会当日が近づくと、数日前から相撲人に左右それぞれ近衛府で稽古相撲をおこなわせ、あわせて実力のほどを判定し、取り組み順を決める。二日前に本番の場所（紫宸殿《ししんでん》南庭や神泉苑《しんせんえん》など）で予行演習をおこなう。当日の召合《めしあわせ》（取り組み）は左近衛府の相撲人を左方に、右方に右近衛府の相撲人が対して取り組む。取り組みの最初には占手《うらて》として小童が出場し、白丁《はくてい》が二番取り組んだ後、一七名の左右それぞれの相撲人が取り組む。結びの一番は最手《ほて》と呼ばれるのちの大関にあたる相撲人が取り組む。その前に最手脇《ほてわき》（助手《すけて》）と呼ばれるのちの関脇に相当する取り組みがある。当初はこの二〇番であったが、やがて占手などが省略され、一七番の相撲人だけの取り組みとなる。儀式性が薄まったといえる。

勝負は土俵が無いので、押し出しでは決まらず、技によって相手の体を地面につけることで決した。一七番の取り組みを合算し、左右の勝ち星の多いほうが勝利となる。勝負の判定は、近衛中将以下の武官が衣冠・剣・弓箭《きゅうせん》を帯した装束で務め、出居《いでい》と呼ばれた。勝利した側が、乱声《らんじょう》し舞楽を奏した。この日は節会であり、女官が御膳を供し、親王・公卿に天皇は酒食を賜った。

翌日には、前日の相撲人のなかで優れていた者を抜出《ぬきで》（選抜）して取り組ませた。その後に追相撲《おいすまい》と呼ばれる、白丁や舎人などが相撲を取った。ここにも天皇は出御し、饗膳がおこなわれ、舞楽も奏せられた。さらに左右近衛大将が相撲人など関係者を饗する還饗《かえりあるじ》がおこなわれた。

相撲節会は年中行事であった摂関期を過ぎると、開催が稀になり、十二世紀に入ると長治《ちょうじ》元年（一一〇四）に催された後、天永《てんえい》二年（一一一一）、保安《ほあん》三年（一一二二）に開催された後はしばらくおこなわ

相撲節会図(江戸時代に描かれた想像図)

畿内・七道	国名・人数					国数	人数
畿内	摂津　5人					1国	5人
東海道	伊賀　1人 甲斐　2人	伊勢　1人 安房　1人	尾張　5人 常陸　5人	参河　2人	駿河　3人	8国	20人
東山道	近江　1人	下野　3人	陸奥　1人			3国	5人
北陸道	加賀　2人	能登　1人	越中　1人	越後　2人		4国	6人
山陰道	但馬　1人	丹波　1人	丹後　6人	因幡　10人	出雲　3人	5国	21人
山陽道	播磨　1人	美作　1人	備中　1人	備後　1人		4国	4人
南海道	紀伊　1人	淡路　2人	讃岐　15人	伊予　12人	土佐　2人	5国	32人
西海道	豊後　1人	肥前　1人	肥後　4人	大隅　1人	薩摩　3人	5国	10人

〔出典〕森公章『在庁官人と武士の生成』表14「相撲人の出身地」をもとに作成。

表1　相撲人の出身国

れず、三六年後の保元《ほうげん》三年(一一五八)に藤原信西《ふじわらのしんぜい》(通憲《みちのり》)の朝儀再興策によって開催された。しかしまた相撲節会は中断し、承安《じょうあん》四年(一一七四)の七月二十七日に相撲召合、二十八日相撲抜出がおこなわれたのだが、これを最後に以後二度と開催されることはなかった。

相撲人

奈良・平安時代の相撲節会は、以上のような内容をもった朝廷の儀式(朝儀)の一つであった。しかしながら、儀式内容は占手が廃止されたように、徐々に変化がなされたようで、清和《せいわ》天皇の貞観《じょうがん》十年(八六八)にはそれまでの式部省の管轄から兵部省に改められた。そこには相撲人と軍事制度との関わりが背景にあったものであろう。

延暦《えんりゃく》十一年(七九二)に、健児《こんでい》の制が始められたことはよく知られている。それまでの戸籍に基づき成年男性の兵士を徴集する制度では、質の低下が顕著になり、郡司の子弟から志願兵を集める健児に改めたのである。相撲人の召集についても共通している。当初は左右部領使が諸国に派遣され、国司が協力して相撲人を徴集したが、しだいに相撲人にふさわしい人物が特定の家から選ばれるようになる。相撲節会の後半期には、相撲人は在庁官人や在地領主のなかから選ばれ、「譜代相撲人」と呼ばれるような、代々相撲人を出す家も定まってくる。

相撲人は諸国から集められたが、森公章によれば、相撲人の出身地は畿内・七道の諸国から**表1**のように、三五国から一〇二人の相撲人の存在が確認されている。北はほぼ関東までだが、南は薩摩まで、諸国から相撲人が徴集された。相撲人は都に召集されて相撲節会に出場したのち、諸国に戻って相撲節会の様子をつぶさに伝え、誇りにしたのに違いあるまい。朝廷の相撲節会の存在は都からはるか離れた地方にも伝えられ、その後も人々の記憶の片隅に伝えられ、伝統文化である相撲の基層を形成したのであろう。

2　中世の相撲

相撲人から武士へ

相撲人の出身母体は、当初は一般の成年男性を戸籍から選んだものであろうが、やがて特定の家から選ばれるようになった。野口実によれば、院政期の相撲人の出身母体として、「棟梁級武士の郎等《ろうどう》、中央貴族の家人《けにん》、国衙在庁、国一宮社家、郡司」から輩出されたとする。これらはすでに武士であったり、やがて武士団に発展するものであったり、武士との親和性をもつものである。このように相撲人から武士への道筋が考えられるのだが、鎌倉時代になると、武士社会に相撲が定着し、ついには相撲の技量が弓馬＝騎射とともに求められるようになる。

鎌倉幕府の将軍源頼朝は、武家の棟梁として御所や鶴岡八幡宮で相撲を上覧した。新田一郎によれば、相撲の上覧は流鏑馬・競馬《くらべうま》とセットでおこなわれていることが多いという。三代源実朝や四代藤原頼経《よりつね》などその後の鎌倉将軍も相撲上覧をおこなった。六代将軍宗尊《むねたか》親王の建長《けんちょう》六年(一二五四)閏五月一日(『吾妻鑑』)、将軍の御所に執権北条時頼が参り、酒宴がもたれた。北条時頼は近年武芸が廃れているので、「弓馬芸」は追って試す機会があろうが、まず当座において相撲を取らせ勝負を決するのはどうかと提案し、将軍が興味を示し賛同した。その場にいた武士たちは、ある者は逐電し、ある者は固辞したが、もし逃げたならば永く召仕わないと命じられ、十数人が手合わせに及んだ。長田兵衛太郎が勝負判定役を命じられたが、これは「譜代相撲」であったからである。

あわせて六番の相撲が取り組まれた。相撲を取り組んだのは、三浦遠江六郎左衛門尉《みうらとおとうみろくろうさえもんのじょう》・結城《ゆうき》上野十郎などの一二名で、いずれも御家人ないし北条家人と推測される(新田一郎)。戦から遠ざかり、なかには固辞し、逃げ去る者までいるなかで、武芸を競った者たちであった。これらの武士たちのなかで、勝負判定役の「譜代相撲」長田兵衛太郎は、相撲節会の相撲人を歴代輩出してきた家筋の者であった。執権北条時頼は、弓馬とともに相撲を武芸として認識していたことを示す事例であった。

室町将軍と相撲

鎌倉将軍のみならず、室町将軍も相撲を上覧している。新田一郎によれば、六代将軍足利義教は正長《しょうちょう》元年(一四二八)に将軍襲職後、幕府を構成するおもだった守護大名たちの邸に御成りをするが、その際、畠山満家《みついえ》・細川持元《もちもと》・赤松満祐《みつすけ》・山名時熙《ときひろ》の有力守護大名はそれぞれ相撲を催して将軍をもてなした。相撲を取ったのは京都や諸国から集められた相撲取であったと考えられている。かつてであれば相撲人に相当する、いまや相撲という技芸を売る職人としての相撲取が京都に存在し、諸国からも相撲取が上洛する状況にあったことが推量される。諸大名はこのほかの機会にも自邸での相撲見物を楽しんでおり、将軍を招いてのもてなしの一つにしたことは、相撲が室町将軍にとっても楽しみであったのであろう。これらのことから、鎌倉時代の執権北条時頼の求めた武家の技芸としての相撲から、室町時代には観賞する対象としての相撲に変化している様子をうかがうことができる。

織田信長と相撲

戦国期を越えて織田信長が近世の扉を開く。織田信長に仕えた武将である太田牛一が、晩年に記した「信長公記《しんちょうこうき》」には、いくつかの相撲に関わる記述がみられる。前年に足利義昭を奉じて入京した信長は、元亀《げんき》元年(一五七〇)三月三日逗留場所の常楽寺において、近江国中の相撲取を召し寄せ相撲を取らせ上覧した。相撲取は、鯰江《なまずえ》又一郎、青地与右衛門など一一名の名前が列挙され、このほか「随分の手取の相撲取ども、我も我もと員を知らず馳せ集まる」と記される。この日の行司は木瀬蔵春《きせぞうしゅん》庵が務めた。相撲取のうち鯰江又一郎と青地与右衛門は優れており、両者に熨斗《のし》付きの太刀・脇差が下され、今日より御家人に召し加え「相撲の奉行」が仰せつけられた。相撲奉行とは抱えられた相撲人たちを統括する役職であった(「武家名目抄」)。信長の相撲上覧によって、仕官がかなった二人の相撲取は、名前からして、その時までは牢人であったと推測できよう。

「信長公記」には八年後の天正《てんしょう》六年(一五七八)に相撲の記述がある。二年前に岐阜から安土に居城を遷し工事を進めてきたが、二月二十九日「江州国中の相撲取三百人召し寄せられ、安土御山にて相撲をとらせて、御覧候」とある。三〇〇名もの相撲取が集まったのは、八年前の相撲上覧で二人の相撲取が御家人として仕官できたことが、人々の記憶となり、我も我もと参加したのであろうか。二三人が撰《えり》相撲とされ御扇が下され、とくに日野長光には平骨に濃《だみ》たる御扇が、信長の御前に召し寄せられて拝領された。この日も行司は木瀬蔵春庵と木瀬太郎太夫があたり、二人には御服が下された。二三人の相撲取は、日野長光のほかに青地孫二郎、山田与兵衛、村田吉五、太田平左衛門、大塚新八、麻生三五、下川弥九郎という姓名をもつ者がおり、牢人をうかがわせる。また円浄寺、地蔵坊という名乗りもあり、僧か修験者を想像させる。このほかに単に力円、草山、平蔵、宗永、周永、あら鹿と記される相撲取も二三人のなかに含まれる。

この年の八月十五日にはさらに大きな相撲が安土で催された。近江国中と京都の相撲取をはじめとして一五〇〇人の相撲取が安土へ召し寄せられ、辰(午前八時)から酉(午後六時)まで行司木瀬蔵春庵・木瀬太郎太夫の裁きで相撲が取られ、信長は上覧した。薄暮に及ぶ頃、一通りの相撲が終わると、信長は強力と聞こえる永田《ながた》刑部《ぎょうぶ》少輔《しょうゆう》と阿閉孫五郎《あつじまごごろう》の二人の取り組みを所望した。永田が勝利した後、相撲取たちに珍しい品物を褒美に下された。とくに、東馬二郎、たいとう、づかう、妙仁、ひし屋、助五郎、水原孫太郎、大塚新八、あら鹿、山田与兵衛、円城寺源七、村田吉五、麻生三五、青地孫治の一四人の相撲取を召し出し、熨斗付きの太刀・脇差、御服袴や領中に一〇〇石と私宅まで与えた。褒美を受けた一四人は、前回も褒美を受けた者と重なり、姓名をもつ牢人の相撲取で、この機会に一〇〇石と私宅を与えられ仕官することができたとみられる。

織田信長はその後も上覧相撲をおこなう。天正六年十月五日、五畿内・江州の相撲取が召し寄せられ、京都二条の新造御坪の内にて相撲を取らせ、摂家・清華等も見物した。相撲取の人数は記載されないが、二条邸に摂家・清華家の最上位の公家たちを招き、相撲をもてなしとして観覧したものである。天正八年五月五日に安土御山にて相撲を御一門衆とともに観覧し、十七日には近江国中の相撲取を召し寄せられ、安土御山にて相撲上覧がなされ御馬廻衆も見物した。この日の相撲では日野長光、あら鹿、吉五、正林が褒美として八木(米)五〇石を下された。このほか甲賀谷より相撲取三〇人が参ったことから黄金五枚が下された。また布施藤九郎の与力で布施五介が、よき相撲の由によって召し出され、知行一〇〇石が仰せつけられた。

六月十三日に、信長に抱えられていた御相撲取の円浄寺源七に不届きの子細があったことから、信長の勘気に触れて退出した。六月二十四日は近江国中の相撲取が集められて安土御山で相撲上覧が催された。この日は払暁より夜に入り提灯を灯すまで長い取り組みとなった。麻生三五、蒲生忠三郎の家来の小一、大野弥五郎がよき相撲と信長から誉められた。

以上のように、「信長公記」に記載された限りでも、織田信長が相撲を好み、数多くの相撲上覧を重ねたことがよくわかる。よき相撲取には褒美を取らせ、なかには知行を与えられて御家人として仕官し、相撲奉行になるものもあった。織田信長死後も、新田一郎によれば豊臣秀吉、豊臣秀次、長曾我部元親(土佐)、毛利秀包《ひでかね》(九州久留米)が相撲を好み、相撲取を召し寄せて観覧したことが指摘されている。このような武家屋敷における相撲上覧は、後述する江戸時代の武家の相撲に引き継がれていった。

神社の相撲と相撲人

ところで天正六年(一五七八)八月十五日に近江国や京都のほか各所から安土に集まった一五〇〇人の相撲取のことを振り返っていただきたい。一五〇〇人とは概数であろうが、一〇〇〇人を遙かに超える数字を意味していよう。これほどの数の相撲取が存在していたのであろうか、と素朴に疑問が生じる。おそらくなかには、仕官を夢みて安土に吸い寄せられた、単なる力自慢の者など、多様な者たちが存在したのであろう。しかし一定数の相撲経験者が存在していたことも想像できる。京都やその周辺にある神社のなかには、奉納相撲の行事があり、そこには相撲取が呼ばれて相撲を取ったものであろう。大名屋敷で相撲取が招かれ観覧されることも、寺社の勧進相撲興行に参加することもあったであろう。次に、武芸として武士が相撲を取り主人に観覧されるのとは別の、神社との関連からの相撲取に、照準を合わせることにしよう。

話しは遡って、朝廷の相撲節会の相撲人に戻っていただきたい。諸国から召集された相撲人たちは、節会が終わった後、天永《てんえい》二年(一一一一)八月二十二日、賀茂下上二社における奉納相撲で相撲を奉納している。万寿《まんじゅ》四年(一〇二七)や大治《だいじ》二年(一一二七)の石清水八幡宮の放生会《ほうじょうえ》においても相撲が奉納されたことの記録がある。また保延《ほうえん》元年(一一三五)の石清水八幡宮では相撲十七番が奉納された。相撲節会が開催され、諸国から相撲人が召集された時は、すぐに帰国させず、神社への奉納相撲に参加させたのである。では、相撲節会がおこなわれない年の石清水八幡宮の放生会の相撲は、どうしたのであろうか。その時には、「国相撲人」と呼ばれた畿内各国から召集された相撲人でおこなうものとされた。神社の奉納相撲は毎年のことであり、畿内各国から相撲人が召集され、しだいに相撲人の家筋も固定していったものであろう(飯田道夫)。

鎌倉幕府将軍源頼朝が石清水八幡宮を勧請して創建した鶴岡八幡宮でもまた、放生会に相撲が奉納された。建久《けんきゅう》三年(一一九二)八月十四日の放生会における相撲八番、都合一六人の相撲人のうち、一〇名が京より下向したものであるという。石清水八幡宮の様式を踏襲するためにも、京都から一〇人の相撲人が招致されたことは注目される。また出雲国一宮杵築《きづき》大社(出雲大社)において、三月会の奉納相撲を近年は京都相撲を雇用したため費用が嵩んだため、当国の相撲を雇用するように、文永《ぶんえい》八年(一二七一)鎌倉幕府は訴えに対する裁許を下した。出雲の当国の相撲のほかに、京都の相撲を招聘するには旅費など経費が余分にかかることが裁許の根拠になった（新田一郎）。

京都の神社における奉納相撲に、畿内各国から相撲人が集められたことや、鎌倉や出雲の神社に京都の相撲が呼ばれたという事例からすると、朝廷の相撲節会が断絶した鎌倉時代に、京都には武士というより相撲を技芸として専門的に活動する相撲人（相撲取）が、おもに神社の奉納相撲や神事相撲に招聘され活動する姿を想定することができよう。

奈良の春日社・興福寺では七月から九月の間に、祈雨のために相撲が催されるのが恒例となっていた。室町時代の文明《ぶんめい》十七年（一四八五）に、百二〇番の相撲の取り組みがおこなわれた。仮に一人が一番取り組むとすると、二四〇人の相撲取が集められたことになる。後に述べる勧進興行ではなく、相撲取を集める費用は春日社・興福寺が支払うのだが、その費用は相撲銭《すまいせん》と呼ばれ奈良諸郷へ賦課されて上納されたものであった（永村眞）。寺社による恒例の祈禱行事で相撲がおこなわれ、多数の相撲取が集められていたことが確認される。

勧進興行

室町時代になると、大名の屋敷に招かれて相撲を取り、武士の楽しみとして、貴人のもてなしに用いられる需要が存在したほかに、寺院や神社における祈禱行事での相撲や、とくに勧進興行として相撲を取る需要が生じるようになった。

巡歴型勧進（舟木本『洛中洛外図屏風』東京国立博物館蔵）
勧進帳や柄杓を持つ勧進僧の姿が見える。

勧進興行とは何か、まず検討をしておきたい。勧進とはもともと仏教用語であった。勧化《かんげ》ともいい、人々に勧めて仏道に導き善に向かわせるというのが字義である。そこから寺社の建立や修復のために、金品を寄付する善行によって仏道に入ることができると勧める行為、というのが広がりをもった意味となる。たとえば東大寺大仏殿が平氏の焼討ちによって治承《じしょう》四年（一一八〇）に焼失した後、重源《ちょうげん》上人らの勧進によって建久《けんきゅう》六年（一一九五）に再建されたことは知られている。その時の勧進帳と呼ばれる巻物が東大寺に保存されている。そこには前文に趣旨が記され、寄付行為によって功徳を施すことになると記されており、最後に罫線が引かれ、住所と名前と寄付額を記すようになっている。このような勧進帳を携え、米銭を受け取る柄杓をもった勧進僧たちが、町や村を巡歴して集金することは数多く、このような勧進を巡歴型勧進と括る。

これに対して、寺社の建立・修復の費用を集めるために、秘仏などを特別に開帳したり、室町時代には能興行を開催したりして、賽銭や寄付金を集める方式が取られるようになった。勧進のための寄付をしてくれる人々を集めるために興行を催すものを興行型勧進と括ることができる(中ノ堂一信)。興行型の勧進興行の一つに、集客の期待できる能興行とともに相撲興行が室町時代から見られ出す。これが寺社などの催す勧進相撲興行であった。

次に具体的な事例を見てみよう。

応永《おうえい》二十六年(一四一九)十月三日の条に、『看聞御記《かんもんぎょき》』の記主である伏見宮貞成《さだなり》親王は、次のように記す。

三日、晴　(前略)そもそも法安寺造営の為の勧進相撲有り、今夜これを始める、三か日と云々、他郷の者共群集、密々見物ニ行く、薬師堂内に桟敷を構え、椎野、三位、重有、長資朝臣相伴す、深更に相撲了、勧進相撲目珍事也、この間諸方此の事有り、(後略)

四日、雨降　(前略)相撲雨に依り延引と云々、

五日、晴　(前略)彼相撲今夜千人許群集と云々、暁天に及びこれを取る、見物せず無念なり、

六日、晴、相撲密々見物す、(中略)今夜相撲更に寄らず、無人也、御所侍善祐これを取り、負け

了、而して善祐所存を申し、勝負相論、行事批判し猶これを用いざる間、行事無興、其の後早出了、其れ以後指したる相撲無し、深更事了、後日善祐突き鼻し了、

京都南郊の伏見郷に居住していた伏見宮貞成親王は、法安寺造営を名目にした勧進相撲が、薬師堂にて晴天三日で開催されたのを、十月三日に供をともなって密々見物に行った。勧進相撲は珍しいことだが、この頃は諸方でおこなわれていると記す。翌日は雨で順延し、晴れた五日には、今夜一〇〇〇人ばかりが群集し、明け方まで相撲があったようで、見物できずに残念であると記す。六日も晴れて相撲を供のものとともに密々見物したが、今夜は見物人がなかった。御所侍《ごしょざむらい》の善祐が相撲に負けたが、行事（行司）を批判して争論になり、行事が退いたため、後の相撲は成り立たず、夜更けに相撲は閉じた、という。

伏見宮の記すところでは、諸方で勧進相撲が見られるようになったことや、見物人が一〇〇〇人を超えるほどであったことなどが注目される。夜分から夜明けまで続く勧進相撲には、何番ほどの取り組みがあり、相撲取は何人ほどいたのであろうか。京都の諸方でこれらが開催されるということから、相応の相撲取が存在していたと考えられよう。

その後も、勧進相撲は京都や地方でももたれるようになり、天正六年（一五七八）織田信長の安土に一五〇〇人（『信長公記』）の相撲を取る者が集まるほどになったのであろう。

以上、江戸時代を目前にした段階で、大名たち武家が屋敷内などで催す相撲と、寺社などの造営・

修復を目的にした勧進相撲との、大きく二つの枠組みの相撲の存在を想定することができる。京都を中心にもたれたそれらの相撲の場には、武家に仕官なった者や牢人のほか、勧進相撲に出場する相撲取が力を競っていたものであろう。これらの状況を前提にして、江戸時代に突入していく。

第二章　武家の相撲から勧進相撲へ

1　武家の相撲

武家屋敷内の相撲

寛永《かんえい》七年(一六三〇)三月、江戸で一人の女性が息を引き取った。江戸城西の丸の大御所徳川秀忠の女《むすめ》で、若狭国小浜藩主京極忠高の正室となっていた初姫(二九歳)である。

徳川秀忠は、元和《げんな》九年(一六二三)に四四歳で将軍職を息子の徳川家光に譲り、寛永九年(一六三二)一月に死去するまでの一〇年余り、大御所として徳川政権の中心に存在した。本丸の三代将軍家光は何事も「相国様《しょうこくさま》(秀忠)仰せ次第」と父である西の丸にいる秀忠の政治判断に従っており、かつて徳川家康が駿府で大御所政治と呼ばれる政治運営をおこなったのと同様、この時期は秀忠による大御所政治がおこなわれていた。

大御所政治の一例として朝廷に対する統制策をみると、寛永四年(一六二七)の紫衣《しえ》事件は、秀忠の側近である年寄土井利勝《としかつ》邸において、京都所司代板倉重宗《しげむね》及び金地院崇伝《こんちいんすうでん》の間で相談がもたれ、大徳寺・妙心寺などの出世がすこぶるみだりであり、「禁中 並《きんちゅうならびに》 公家諸法度《くげしょはっと》」に違反することから処分を求めたものである。寛永六年（一六二九）七月、これに抵抗した大徳寺沢庵《たくあん》・玉室《ぎょくしつ》、妙心寺東源《とうげん》・単伝《たんでん》を東北に流罪とした。この一連の紫衣事件をあえて起こしたのは、天皇（後水尾院《ごみずのお》）の勅許と幕府法度が抵触する状態を解決し、法度の上位を示す必要があったためであり、そのことを中心になって進めたのが土井利勝・崇伝らであった。

後水尾天皇は体調不良（背中に腫物《はれもの》）で悩まされており、鍼《はり》・灸《きゅう》治療のために譲位を希望し、寛永六年（一六二九）五月、江戸の両御所（大御所秀忠・将軍家光）に願った。天皇（玉体）に傷をつけることができないので譲位したい、ついては後継天皇は興子《おきこ》内親王とする、という内容であった。興子内親王（明正《めいしょう》女帝）の生母は徳川秀忠の女《むすめ》和子《まさこ》であり、和子は元和六年（一六二〇）に入内《じゅだい》し中宮（皇后）となっていた。明正天皇即位となれば、秀忠は天皇の外戚になる。後水尾天皇からの譲位希望に、秀忠は時期尚早と同意しない返答をしたが、数カ月後、後水尾天皇は突然の譲位をし、その後江戸の両御所から譲位は追認された。明正天皇即位式のおこなわれた寛永七年（一六三〇）九月、京都に赴いた土井利勝・酒井忠世《ただよ》は板倉重宗・金地院崇伝をともなって、かつて徳川家康が定めた朝廷統制の枠組みを、再度、五摂家《せっけ》・武家伝奏《てんそう》に厳重に命じた（『江戸幕府と朝廷』）。

西の丸の大御所徳川秀忠政権とこれを支える土井利勝・酒井忠世らの重臣の権勢を確認したところで、次に明正天皇即位にともない国母となった生母和子（東福門院）についても触れておこう。織田信長の妹である小谷《おだに》の方（お市）は、浅井《あざい》長政《ながまさ》に嫁ぎ、三女を設けた。三姉妹は豊臣秀吉の側室となった

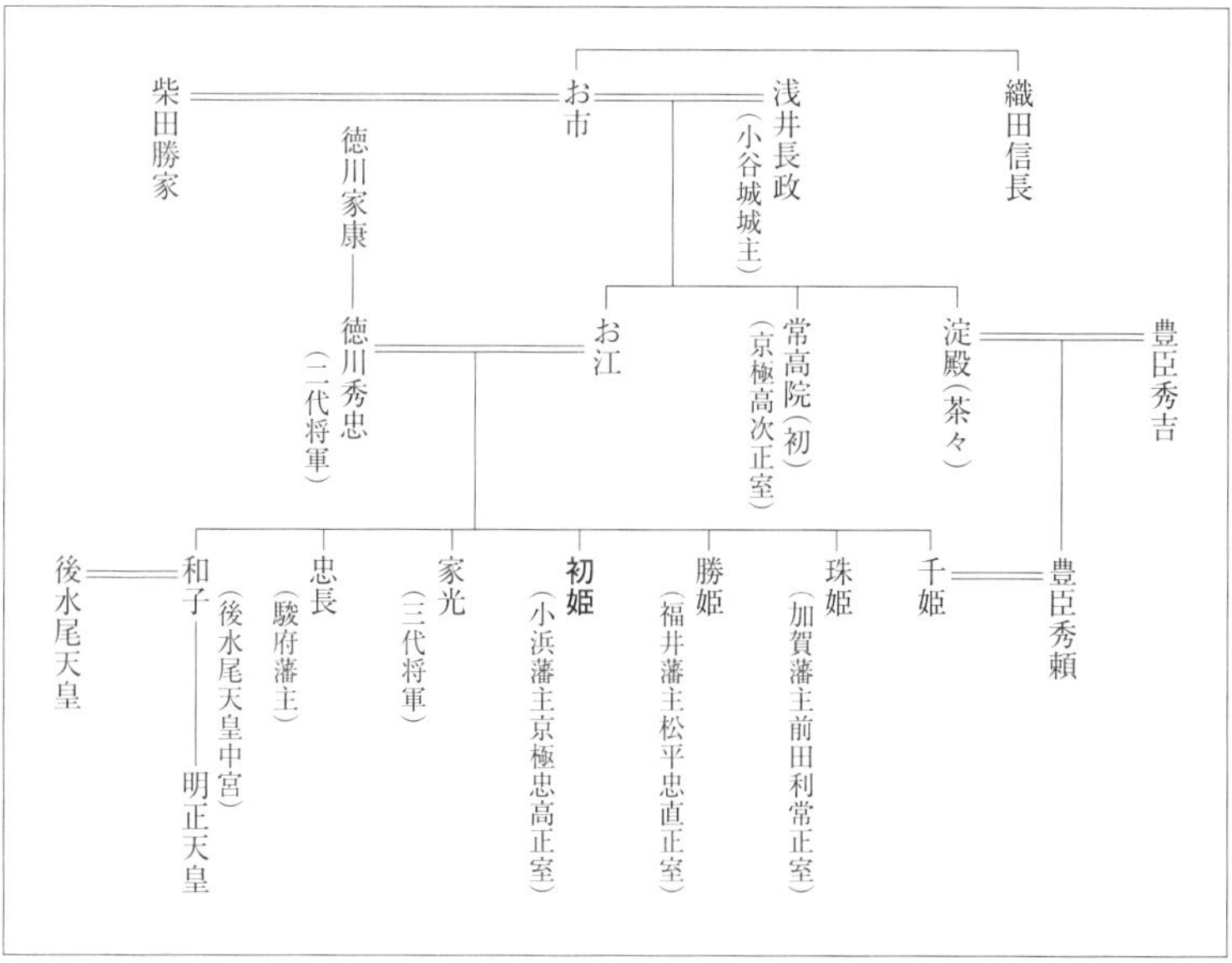

初姫関連系図

淀《よど》殿、京極高次の正室常高院《じょうこういん》、それに徳川秀忠の正室となったお江《ごう》（お江与・崇源院）である。国母となった東福門院和子はお江の姫であった。秀忠とお江との間には、豊臣秀頼に嫁いだ千姫《せんひめ》（千代姫）、加賀前田利常・越前松平忠直に嫁いだ次女・三女のあと、若狭小浜藩主京極高次の長子忠高に嫁いだ四女初姫も生まれており、深い閨閥関係がつくられていた。将軍家光と東福門院和子は初姫の弟妹になる（『徳川諸家系譜』第一）。つまり明正天皇からみると、初姫は伯母にあたる。大坂冬の陣・夏の陣で戦功をあげた程度の、若狭小浜藩主京極忠高が初姫を正室に迎えられたのは、深い閨閥関係に起因するものであろう。

　寛永七年（一六三〇）三月四日、初姫は江戸の京極屋敷の奥座敷で病臥《びょうが》しており、いよいよ末期《まつご》が近づいていた。夫の京極忠高は広庭に相撲取を数十人並べて相撲見物に余念がなかった。摂津国麻田藩主青木民部《みんぶ》重兼《しげかね》とその子息も招かれており、座敷の中央に大名たちが座し、左右に家来たちが並んで庭の土俵に見入っていたのであろう。初姫の病臥する奥より数度、表座敷の相撲見物を楽しんでいた者たちに、奥方の末期のことを伝えたが、申し次ぐ者もなく、致し方なく、奥より直接に江戸城西の丸の父である大御所秀忠のもとに注進した。知らせを受けた西の丸の重臣たち、酒井忠世・土井利勝・永井尚政《なおまさ》、その他の年寄衆《としよりしゅう》が馬でただちに京極屋敷に駆けつけた。権勢を誇っていた西の丸の重臣たちに乗り込まれた京極屋敷では、相撲に熱中していた広庭の者たちは、あそこここへと逃げ隠れ、目も当てられぬ様子であったという。屋敷の勝手を知る主の京極忠高はいち早く逃げ入ったが、招かれた客の青木重兼親子は逃げ入ることもならず、秀忠の年寄衆にことのほか叱責されたという。

この話を記した細川三斎《ほそかわさんさい》から細川忠利《ただとし》に書き送った手紙(『大日本近世史料　細川家史料三』)には、京極忠高と初姫の不仲のことが付け加えられていた。織田・豊臣・徳川政権に功あって小倉藩主となった細川忠興は元和六年(一六二〇)に隠居して三斎と号し、家督を息子の忠利に譲って以降も、屈指の文化的教養の高さから、時の権力者たちと厚誼を結び、正確な情報収集に努め、現当主の忠利(のちに熊本藩主)に数多くの書状を届け、権力中枢の情勢を伝えた。その一通に京極忠高と初姫のことが記されていたのである。それにしても、正室であり、時の最高権力者である大御所秀忠の姫の臨終の時にさえ、屋敷内でほかの大名を招いて相撲に興じるほどに、武家にとって相撲は抑えることのできない楽しみであったことを十分にうかがい知ることができよう。京極忠高は二二歳の頃、大坂の陣を戦い、それから一五年が経過した寛永七年(一六三〇)は、三七歳となっていた。戦い済んで一五年、平和の中で、京極忠高の楽しみは、文芸よりは、肉体をぶつけ合う相撲にあったということであろうか。

秋田と院内銀山の相撲

同じ寛永期に、江戸から遥か彼方の出羽国秋田藩(当時の城下町名は久保田)の山間部に発見された院内《いんない》銀山と、城下町久保田でも相撲がおこなわれていた。出羽国雄勝郡院内(秋田県湯沢市院内銀山町)の院内銀山は慶長《けいちょう》十二年(一六〇七)に開坑されたが、院内銀山奉行に任じられた梅津《うめづ》政景《まさかげ》の残した日記『梅津政景日記』によって多くのことがわかる。院内銀山には各地から堀子《ほりこ》など鉱山労働者が集まり、その人たちの生活のためにも人が集まり、山中でありながら人口一万人ほどの町となった。秋田藩にとっては、農村部から徴収した年貢米を、院内銀山の町に居住する人々に販売するための、貴重な市場ともなった。鉱山町の中には、傾城町《けいせいまち》(遊女町)が存在したことからもわかるように、どこからともなく多様な人々が集まってきたものであろう。

慶長十七年(一六一二)四月十日には山神社《やまがみしゃ》(金山神社)にて、歌舞伎のあとに「山中のすまふを集、見物致候」と梅津政景は神社境内で相撲を見物したと記す。その場合の相撲取は「山中のすまふを集」とあるところからおもに鉱山労働者たちの中でもとくに屈強の者たちを集めたものであろう。元和六年(一六二〇)九月二十九日の記事にも「山神祭りにて、朝より七ツ比《ごろ》(午後四時)迄罷《まかりあり》有候、すもう有、」とあり、山神社の祭りで相撲がおこなわれた様子である。

七年後の寛永四年(一六二七)七月十八日の記事に、「勧進相撲見ニ、半右衛門参られ候間、同心致候」とあり、院内銀山からは距離のある城下町久保田(秋田)において、勘定奉行となっていた梅津政景は兄である家老の梅津憲忠《のりただ》に誘われて勧進相撲見物に出向いている。藩主佐竹義宣《さたけよしのぶ》の誕生日にあわせ久保田の町は、十六日に若者踊りが城中に入る賑わいで、札銭を取る勧進相撲もおこなわれていたのであろう。寛永六年(一六二九)三月二十九日の記事に「勧進相撲之事申上候へハ、取らせ候へと御意ニ候」とあるように、勘定奉行梅津政景から藩主の許可を求め、「御意」(同意)を得て開催されていたことがわかる。これは、院内銀山町の山神社での神事奉納「相撲」とは区別される。城下町久保田で開催された勧進相撲の内容がわかる記事が寛永七年(一六三〇)四月十二日条にも記される。「出雲之数馬勧進相撲有、半右衛門参られ候間、我等も見物致候、まい相撲数馬・大橋取申候、数馬二番勝、大橋壱番勝、数馬・根篠壱番宛地せき、数馬・大橋壱番つつ両せきにて極、」とある。出雲国の数馬の名乗りをもつ相撲取が、おそらく勧進興行の主体となり、大橋と根篠という相撲取が数馬と結びで取り組んでいた。大橋は出羽国新庄藩戸沢家抱えの大橋川右衛門《かわえもん》の可能性がある。この勧進相撲に、半右衛門こと家老梅津憲忠とともに政景も見物に行ったと記す。

梅津政景は、勧進相撲と山神社の相撲のほかに、もう一つの「相撲」についても記している。寛永七年(一六三〇)五月二一日、政景が遠く離れた江戸に上るに際し、屋敷を訪れ挨拶にくる者がある一方、政景のほうからも挨拶にうかがうことがあった。「私江戸上り振舞、半右衛門にて致され候、相撲有り」と記されるように、家老梅津憲忠に饗応を受け、屋敷内の相撲でもてなされた。その一カ月前にも、二度の屋敷内の相撲でもてなされた記事が見え、斎藤小右衛門《こえもん》の屋敷に、梅津憲忠と政景が招かれ、振舞い(饗応)がなされ、「相撲有り、朝より夜迄也」と長時間にわたる相撲が取り組まれ、観戦した様子である。饗応をするのに、格式のある能を見せるのではなく、身近なもてなしとして相撲を観戦しているところに、武家にとっての格式張らない楽しみであったことがうかがえ、先述した寛永七年三月の江戸の京極屋敷での相撲のことを想起させる。

寛永期に、秋田(久保田)城下町で勧進相撲が催されたほか、武家屋敷内でも相撲がおこなわれ、院内銀山山神社で奉納相撲がおこなわれていたことが、梅津政景の日記から確認することができた。

梅津政景が江戸に到着したのは寛永七年(一六三〇)五月十九日のことで、江戸屋敷にあった殿様佐竹義宣と若殿佐竹義隆に伺候している。その際、佐竹義宣から浅草で金剛太夫の勧進能に見物に行ったことを語られており、後日、政景は殿様の御供で浅草の勧進能の見物に出向いている。しかしながら、江戸での勧進相撲の記事は見られない。

土佐藩の相撲

先に述べた若狭国小浜藩の江戸屋敷の広庭で相撲を取っていた数十人とはどのような人たちであろうか。たとえば加賀藩では、相撲組を編成しており、藩主が前田利長であった寛永十一年(一六三四)に、金沢城内玉泉院丸《ぎょくせんいんまる》に築山を造成するにあたって相撲組五〇人が人夫として出役させられたという(『稿本　金沢市史』)。大名の御前相撲で相撲を取るのが第一の役儀としても、日頃は築山造成などの力を要する役儀に動員された様子がうかがえる。

加賀藩のほかに、盛岡藩でも「相撲の者」として抱えられた者が居り、足軽と同じような身分の扱いを受けた。下級の武家奉公人として、御前相撲に出場したものである。このほかにも、和歌山藩徳川家・鳥取藩池田家・福井藩松平家などでも相撲取を足軽などとして抱えていたことが知られている。

盛岡藩では、時代は下るが元禄《げんろく》七年(一六九四)十二月、藩財政の勘略のために、相撲が中止されたことにともない、これまで抱えていた「相撲の者」の人員整理がおこなわれた。久しく勤めた者で、もはや出身地に戻っても土地もなく「田畠働き成り兼ね候者」は御持筒組や御持弓組に編入し足軽として処遇し、最近「御相撲へ入」った者どもは、出身地に返すように命じた。村から力ある若者などが「相撲の者」として召し抱えられたものの、藩財政の悪化にともない人員整理の対象となり、出身地に戻されるか、ほかの足軽組に編入されるかしたもので、この時に暇を出された人数は一七人、行司一人であった(『藩法集九　盛岡藩上』)。他の足軽組に編入された者もあったであろうから、二〇人以上の相撲取が抱えられていたであろう。これらの藩に抱えられていた相撲の者は、大名の参勤交代にともなって、国元と江戸屋敷を行き来した者もあったと考えられる。

江戸屋敷に対し国元での御前相撲の事例を、土佐藩に見てみよう。高知城下新市町で酒屋を営みつつ、土佐南学を学ぶ桂井素庵《かつらいそあん》が書き続けた「桂井素庵筆記」によると、二代藩主山内忠義《やまうちただよし》は初期の藩政充実に努めたが、中風《ちゅうぶう》のため明暦《めいれき》二年(一六五六)に隠居して息子の忠豊に藩主の座を譲った。それから八年たった寛文《かんぶん》四年(一六六四)十月十一日忠義(七三歳)は高知において御前相撲を催した。催すきっかけになったのは、桂井素庵によれば土佐国山田(香美《かみ》市土佐山田)の相撲取二人が、江戸の勧進相撲で、勧進元の関取二人を投げ打ち、最高位の大関一人も投げたことが、江戸よりの注進で知らされたことから、剛毅《ごうき》で知られたものの今は病中にある晩年の山内忠義を喜ばせる意図もあったのであろう。江戸の勧進相撲で土佐国山田の千筋《ちすじ》と名乗りを上げた相撲取を、土佐に戻して御前相撲で見ようということになった。前日に相撲場をこしらえ、四本柱や方屋《かたや》などをつくったが、作業の指揮は長《なが》沢十蔵《さわじゅうぞう》がとった。長沢はかつて侍衆の槍持ちをしていた者であったが、相撲にすぐれていることが山内忠義の耳に入り、忠義の直々の奉公となり、御前相撲が挙行される時は準備にあたってきた者で、「かるかや」の名乗りをもつ相撲の者であった。

御前相撲は、江戸から呼び寄せた二人のほかに、土佐国内から相撲取を召し出し、高知城を境にして東の地域の相撲取を東方に、西の村々の相撲取を西方にして取り組ませた。記主である桂井素庵が認識していたおもだった相撲取は、二五カ村の三七人と高知城下町四町から五人の、あわせて四二人であった。御前相撲に召し出された相撲取の具体例を、以下に何人か紹介してみよう。

高知城下弘岡町の大工羽右衛門《うえもん》は相撲の名乗りを「白石」といった。この大工とは「軍《いくさ》あれば軍場をこしらえる」という軍用の役儀を負う者であった。山内忠義の御意によって、「此相撲取りの大工羽右衛門をも江戸へ遣わす筈なれども……予（忠義）が命有ん限りは国に於て相撲を取らせ見んため也」と江戸へ遣わすことを止めた。おそらく三代藩主山内忠豊の参勤交代の折に、「白石」が江戸屋敷に遣わされるところ、父である老齢の忠義の、命ある限りは高知で自分のために相撲を取らせたい、との意思を汲んで国元に残らせたものであろう。

同じく高知城下弘岡町の五左衛門《ござえもん》は相撲の名乗りを「一本すすき」といったが、身分は「御鉄砲者」であった。これも「白石」同様に「江戸へは今度の番あたりてそれへ鉄砲の者行たれとも行かざる也」と記されており、「此者能き相撲取りなどとありて……江戸へも往かず」とある。山内忠豊の参勤交代にともなって「鉄砲の者百五十人、足軽の者百五十人、合計三百人」が江戸に向かうべきところ、「一本すすき」こと五左衛門は忠義の御前で相撲を取るため、国元に残されたのである。

水主《かこ》（船乗り）である伝兵衛もまた相撲取であった。安芸郡の土佐湾に面する浦方の田野（安芸市田野町、天和《てんな》三年〈一六八三〉に水主二一三人を数える）に住む伝兵衛は、水主として船を操り大坂から高知に三代藩主山内忠豊の荷物を運ぶような役儀を負う者であった。「伝兵衛は土州にて並びなき大角力《すもう》取也。名乗を浮舟と言う。また他国にても角力取て手柄度々たり」と記されるように、浮舟(水主伝兵衛)は土佐国以外で相撲を取って手柄をたびたび立てているという。「他国」とは、江戸とそれ以外も含まれそうな響きをもつ。

土佐国の相撲取のうち他国で相撲を取る者の事例として、高知の十郎兵衛こと「玉すだれ」(名乗り)がいる。この当時四七~四八歳になっており現役ではないが、「わらべより相撲取」で、国元を離れ江戸で牢人(主家を去り、封禄を失った武士。のちに浪人と表記される)として相撲を取った。「天下の相撲取を致し」といわれており、これに匹敵する「今の天下の相撲取は丸山という者也と人みな風聞也」と記されていることから、おそらく寛文~延宝《えんぽう》期に江戸で活躍したとみられる丸山仁太夫《まるやまじんだゆう》(仙台出身)に先駆けて、「玉すだれ」は江戸で人気を博した時期があったのであろう。このように江戸には、国元を離れ牢人となり、「天下の相撲取」と呼ばれる存在があったことがうかがわれる。

土佐国高知藩の相撲取は、足軽や水主のような武家奉公人の身分をもち、相撲取として御前相撲に用いられる者の存在が多かったようで、ここまで紹介した以外にも、大名御抱えの水主の中に「追風・貫木《かんぬき》・飛車・金いかり」との名乗りをもつ四人の相撲取がいた。また、安芸には郷侍《ごうざむらい》で関山という相撲取が知られていた。これら下級の奉公人身分に対し、上級の家臣である「家中の侍」で知行一〇〇〇石取の藤田五郎左衛門《ごろうざえもん》は、年の頃二六~二七歳で、大男かつ大力で、御前相撲に召し出され、相撲を二番取った。相手は安芸の大山という相撲取で一勝一敗であったという。力強き者たちが身分のいかんを問わず召し出された御前相撲であった。

屋敷内の相撲取

寛文四年(一六六四)十月十一日の御前相撲が終わってからひと月余りがたった十一月二十四日、山内忠義が死去した。御前相撲はまさに忠義の命つきなんとしていた時の最後の楽しみであったろう。御前相撲の四本柱や方屋をつくり準備にあたった長沢十蔵は、山内忠義の死後、追腹《おいばら》を切って殉死しようとはかった。十蔵は「我は忠義公の御主恩の者也。……追腹は法度に御座候へ共、私所は追腹切り可申程に、御身我介しゃくたのみ申す」と、忠義公に恩義ある自分は追腹を切るので、高田勘七《かんしち》という郷士に介錯を頼んだ。高田勘七は驚いて藩役人(御仕置衆《おしおきしゅう》)に伝えたところ、藩役人は十蔵に番をつけて、追腹を切らせなかった。

主人の死後に追腹を切る殉死は、武士の世界の美徳であった。慶安《けいあん》四年(一六五一)三代将軍徳川家光の死後、老中堀田正盛《ほったまさもり》、阿部重次《あべしげつぐ》などがその日のうちに殉死した。さらに殉死した阿部の家臣五人が主人の跡を追って殉死した。熊本藩主細川忠利の死去(寛永十八年〈一六四一〉)に際しても、仙台藩主伊達政宗の死去(寛永十三年)に際しても、殉死者は多く出た。森鷗外『阿部一族』は細川忠利の死後の家来の殉死をテーマにした歴史小説だが、大名=主人の死と家臣の殉死と、それを取り巻く熊本の空気を巧みに伝えている。

父である将軍家光の死から一二年後の寛文三年（一六六三）、四代将軍徳川家綱は代始めの「武家諸法度」の発布をおこなった。その追加として「殉死の禁止」を命じたのであった。そこで「殉死は古より不義無益《ふぎむえき》の事なり」と否定し、禁止した上で、もしも追腹を切る者があれば、それは主人の戒めが足りなかったもので、その主人＝亡主の落度であると命じ、その跡目の息子もこれを止めなかったことは不届きであると、命じた。父の死からわずか一二年後に、四代将軍徳川家綱はそれまで美徳とされてきた殉死が、不義無益のことと、武士の価値観を一八〇度転換させたものである。主人の死後も主家に仕え続けることで、下剋上を終止させる目的であった。

土佐国高知藩にも幕府の命令は届いていた。翌寛文四年（一六六四）に起こった長沢十蔵の追腹を切る行為を、藩の役人が認めるわけにはいかなかった。幕府によって禁じられた行為を守らなければ、藩はお咎めを受けることになる。実際に寛文八年（一六六八）、宇都宮藩主の死後、追腹があったことを理由に跡継ぎの奥平昌能《まさのり》が処分された。主人の死後に追腹を切るのではなく、その息子の跡取りに仕え、主人個人ではなく、主家に代々仕えるのが新しい奉公の姿となった。それが幕府の求めた主従制の考え方となったのである。前高知藩主山内忠義によって相撲の者として取り立てられた長沢十蔵は、山内忠義個人に恩義を感じ、追腹を切ろうとしたように、主従の強い絆意識をもった相撲の者として、最後の御前相撲に取り組んだものであろう。

武家の屋敷内での相撲取の多くは、主人に奉公する相撲組や足軽・水主たちであった。しかしながら、江戸の大名屋敷内での相撲には、牢人である相撲の者が屋敷に招かれた様子がうかがえる。慶安元年(一六四八)二月、幕府から触れが出された。

「一　相撲取り之下帯絹布にて仕る間敷《まじく》候、屋敷方え呼ばれ候とも、布木綿之下帯仕るべき事」(『御触書寛保集成《おふれがきかんぽうしゅうせい》』二八八三)。この触れの内容は、相撲取が屋敷に呼ばれて相撲を取る際、下帯(廻し)は絹のものを用いてはならず、麻か木綿の下帯にするように命じたもので、奢侈を禁じる一環の触れであった。ここから、大名に奉公するのではない、牢人などの相撲取が存在し、武家屋敷に呼ばれていたことを、幕府は認識していたことがわかる。

同時にこの触れのあとの箇条で、「一　勧進相撲とらせ申す間敷候」とあり、葦《よしず》などで囲いを設け、木戸銭を取る勧進相撲の禁止が命じられた。これもまた、幕府は勧進相撲がおこなわれることがあったとの認識の上で、これを禁止したものである。木戸銭を取る勧進相撲には、前述した土佐藩の相撲取玉すだれのような牢人で「天下の相撲取」と呼ばれるような存在があったのであろう。これらが武家の屋敷内での相撲に呼ばれたのである。

あわせて同年(一六四八)五月には「一　辻相撲取り申す間敷候」(『御触書寛保集成』二八八五)と、道の四辻などで囲いをつくらず人垣(群衆)に囲まれるだけで路上や広場で無許可で繰り広げられた辻相撲が禁止されている。

2　経済成長と辻相撲

寛永期から寛文期の三都

どうやら、大名と主従関係を結んだ相撲の者のほかに、勧進相撲や辻相撲に登場する相撲取が存在して、時に大名に呼ばれて江戸屋敷内の御前相撲を取る者が、慶安元年(一六四八)に存在したことが推察される。慶安元年の少し前には寛永年間があり、その頃の江戸の世相の特徴に触れるところから、相撲に言及してみよう。

次頁の**表2**「京都・大坂・江戸(三都)の人口」に示したように、寛永二年(一六二五)の大坂の人口は二七万九六一〇人であったものが、寛永十一年(一六三四)に四〇万四九二九人と増加した後、寛文五年(一六六五)に二六万八七六〇人と、三一年の間に一三万六一六九人減少している。また京都も寛永十一年(一六三四)の四一万八九九人が寛文元年(一六六一)に三六万二三二二人と二七年間に四万七七六七人減少している。一方、江戸は寛永十一年に一四万八七一九人であったものが明暦三年(一六五七)に二八万五八一四人と、二三年間で二倍近い増加となっている。ちなみに明暦三年一月十八日に「明暦の大火」と呼ばれる江戸大火があり、一〇万人といわれる死者を出し、その霊を回向《えこう》するため、幕府は増上寺住職に命じて本所に土地を与え、埋葬させた。これが両国の回向院である。明暦三年の人口が大火後の数字であれば、大火前は三八万人にもなっていたのであろうか。寛永十一年から明暦三年にかけて、江戸では急激な人口増加があったことは揺るがない。

寛永期から寛文期にかけて、三都の人口は京都・大坂が減少した半面、江戸はおびただしく増加したことを指摘した。三都における城郭普請は慶長期から京都・大坂で大々的におこなわれた後、元

（単位：人）

和暦（西暦）	京　都	大　坂	江　戸
寛永 2(1625)年		279,610	
寛永11(1634)年	410,089	404.929	148,719
明暦 3(1657)年			285,814
寛文 1(1661)年	362,322		
寛文 5(1665)年		268,760	
延宝 7(1679)年			
元禄 5(1692)年		345,524	
元禄 6(1693)年			353,588
元禄16(1703)年		351,708	
正徳 1(1711)年		379,513	
享保 4(1719)年	341,464		
享保 6(1721)年		382,866	501,394

表２　京都・大坂・江戸（三都）の人口

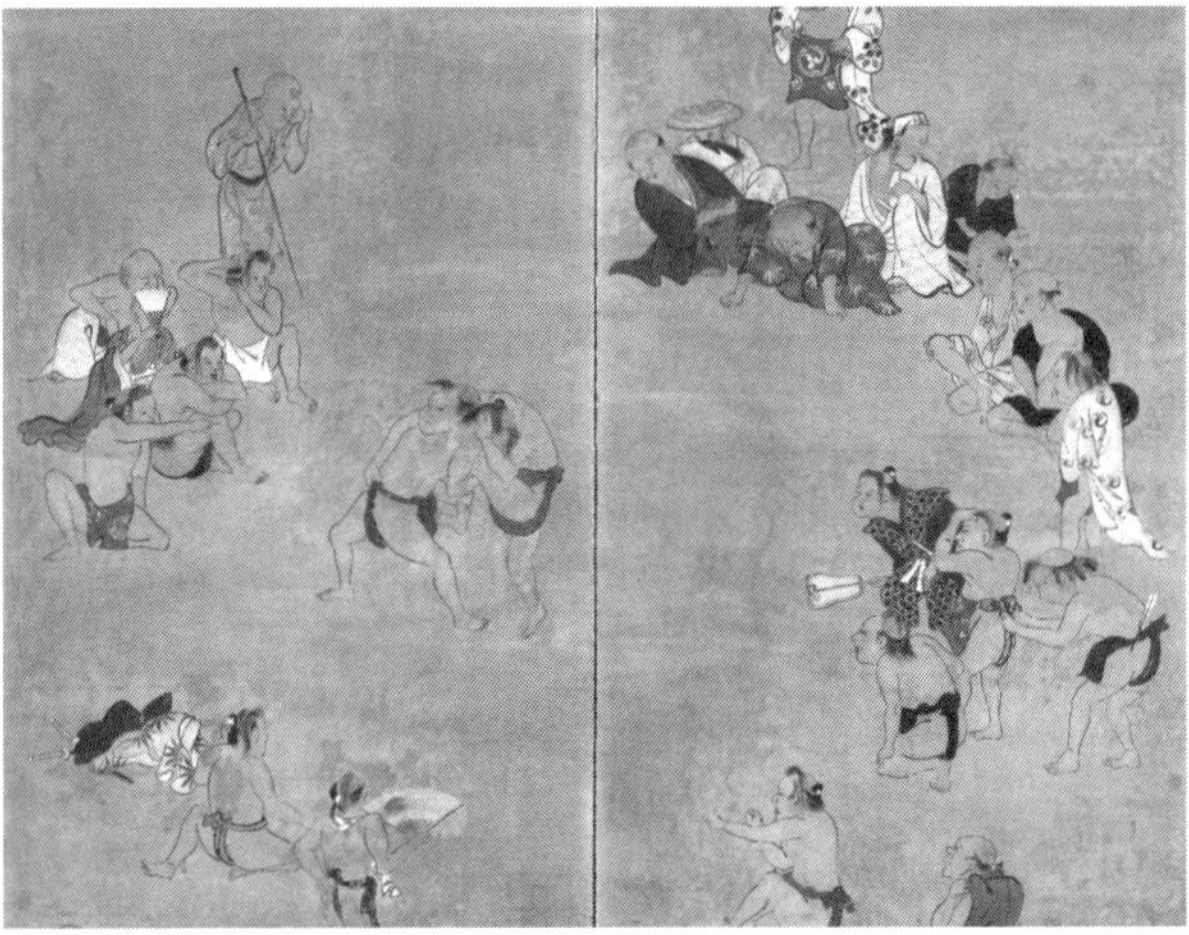

辻相撲（伝岩佐勝重画「相撲風俗図屛風」福井県立美術館蔵）

和・寛永期に江戸城並びに市街地の建設・造営がおこなわれ、さらに明暦の大火後も武家屋敷建設がおこなわれた。大規模な普請工事の労働力として、日用《ひよう》・雑業層が労働市場を求めて移動した結果、三都の人口の増減が起こったと推察できる（脇田修『近世初期の都市経済』）。将軍の命令で諸大名が役儀として、普請を担ったのだが、大工・左官のような熟練技術を必要としない、石垣の石を運んだり、土を掘り起こし運んだりする、手木《てこ》の者や背負いのような土木作業を担う日用たちを集め賃金を払って労働力としたものであった。これらの日用たちの居住する江戸では、道の四辻などで半ば自然発生的に始まった辻相撲や札銭を取る勧進相撲があり、簡易な住居から日用たちが見物に出向いたのであろう。前述した幕府の慶安元年（一六四八）の勧進相撲・辻相撲の禁止令はこのことを物語っていると思われる。

日用座の設置

江戸城、市街地、大名屋敷などの普請に、手木を用いて石や岩を動かす「手木の者」、背中に物を背負って運ぶ「背負い」や「軽子《かるこ》」、大八車を引いて物を運ぶ「車力《しゃりき》」、鳶口《とびぐち》をもって木材を扱う「鳶の者」など、これらの土木普請に従事する日用たちを統制するために、幕府は承応《じょうおう》二年（一六五三）九月、「跡々《あとあと》より申し付け候如く、日雇取《ひよう》候者、ひよう頭より札を取り申すべく候、もし無札の者これあり候は、前々のごとく過料を取り、其の上曲事《くせごと》たるへし」（「御触書寛保集成」二三四三）と触れている。すなわち日用は、日用頭より日用札を取って仕事に従事することとし、日用頭の管理のもとにおき、無札の者に罰金を科したのである。「跡々より」＝前々よりとあるように、これ以前にすでにこの方式で日用の統制をはかっていたことがわかる。

日用たちは日用頭が請け負った普請現場で仕事に従事したが、幕府は明暦四年（一六五八）二月、明暦大火の翌年、日用賃金の相場を命じた。大火後の再建工事の需要の大きさに日用の人手不足が起こり、賃金が高騰したのを抑える意図からであろう。鳶口の者は金一両に四五人とされた。一両＝銭四貫文とすると一人八九文の賃銭となる。普請道具を自前で所持する日用は一人六二文、道具をもたない日用は一人五七文とされた。鳶口の者は熟練度がやや高いとみなされ、荷物運びなどの日用とは区別されていた。翌万治《まんじ》二年（一六五九）正月、需要が後退したためか賃銭が下げられ、鳶口の者は一人八〇文、道具もち日用は一人五七文、道具のない並の日用は一人五三文に日用賃銭を下げる命令が出された。米の値段を仮に一石＝一両とすると、米一合は銭四文となり、鳶口の者は日当で米二〇合（二升）相当の賃銭となる。

幕府は寛文五年（一六六五）三月、日用座を江戸に二カ所設置し、町や周辺在方から仕事を求める日用に対し、日用座会所で一カ月に二四文の札銭をおさめて日用札を受け取り仕事に出ることを命じ、札なしの者は罰するとした。とはいえ、少ない賃金の中から札銭をおさめることに抵抗した者は多く、延宝七年（一六七九）以降、幕府は再三札なしの日用に対し、日用座で日用札を受けるよう命じており、この制度が容易に守られなかった様子をうかがわせる。

日用にとっては労働市場となる普請現場が、明暦大火直後のように存在すれば収入が安定する。幕府はその後も「公共事業投資」にもなる数多くの寺社造営をおこない、日用の仕事をつくった。貞享《じょうきょう》五年(一六八八)江戸神田橋外の武家屋敷地(旗本八家の屋敷と空き地をあわせた広大な土地)に、徳川綱吉の帰依する僧隆光《りゅうこう》が住持である知足院の建立が命じられた。明石藩松平若狭守直明《なおあきら》に、人足をすべて調達し費用を賄う、手伝い普請が命じられた。明石藩は江戸の日用頭一九人を通して日用を集め、賃金を払って普請にあたらせたが、その人足の数は延べにして合計一九万五三一人にのぼる(「知足院御普請日記」)。

綱吉政権による寺社修復・造営は知足院など全国で一〇六例になり、多大な出費は幕府財政を圧迫した。綱吉政権期の寺社修復・造営費用は試算によれば約七〇万両にのぼると推計される。折しも鉱山からの収入にも陰りが見え、幕府財政を圧迫したことから、寺社造営は減少した。このことは日用の労働市場にも影響を与えた。幕府は元禄十二年(一六九九)に次の触れ(「御触書寛保集成」二二五二)を出した。

覚

一、所々御普請相済候付き、日用に罷出候もの大勢在所えも参りかね、流浪いたしこれ有る由相聞え候、左様の者これ有り候ハヽ、申し出べき旨相触れ、申し出候ハヽ、在所え段々返さるべく候、自分として帰りかね候ものハ、御料は御代官、私領は地頭え相渡さるべく候、もし品これ有りて、右のむきへ渡かたき者ハ、当分其の町々え預け置き、人別に書立て出さるべく候、右の通り相触れ候上、もし隠し置き、申し出ざるにおゐては、曲事たるべき旨申し渡さるべく候、

九月

江戸の所々での普請が終わったことで、日用の仕事がなくなり、本来ならば在所(生まれ故郷)に帰るべきところ、さまよっている者がある。在所に返すべきだが、自力で帰れない者は幕領は代官に、私領は旗本や大名に渡すところだが、訳があって帰れない場合は日用が居住するその町々に当分預けおき、人別帳に書き立て、町の居住者として登録するように。もしも隠しおくことがあれば処罰の対象になる、と触れた。

この状況は変わらなかったようで、五年後の宝永《ほうえい》元年(一七〇四)にも同文の触れが出された。江戸の町から普請現場が減少し、日用の仕事場が失われたことで、本来は在所に帰るべきところだが、在所に帰ることもならずさまよっている日用の処遇を解決すべく出された触れではあるが、多くは在所に帰ることなく江戸に止まったものであろう。なぜなら江戸町方人口は増加の傾向にあったことがわかるからである。元禄六年(一六九三)の江戸の町方人口は三五万三五八八人であったが、それから二八年後の享保《きょうほう》六年(一七二一)には五〇万一三九四人に増加している。四二%もの人口増加がこの期間にみられた理由は、出生率が上昇した自然増加だけではなく、流入人口を考える必要があろう。江戸

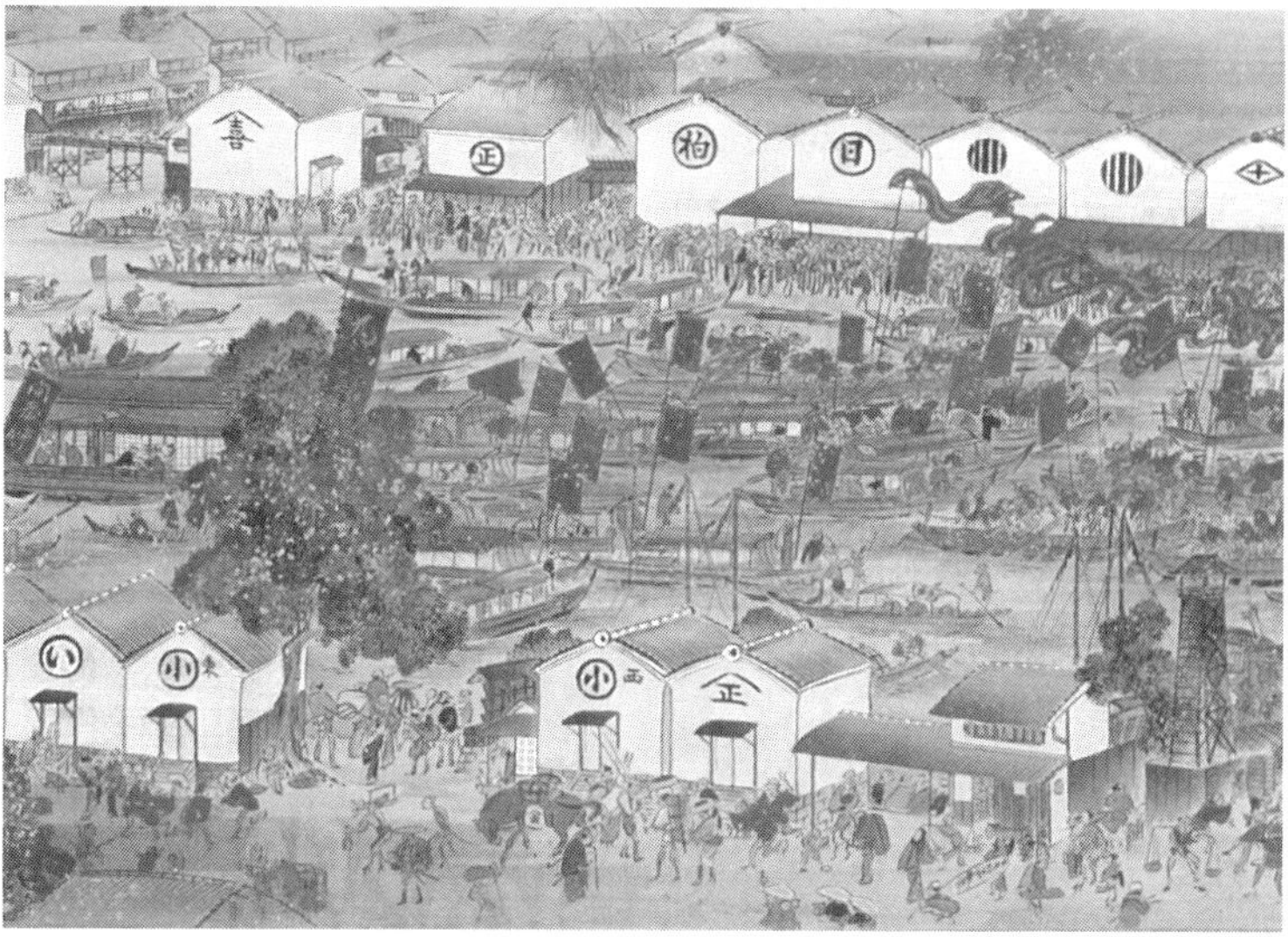

大坂安治川河岸の図（「新綿番船川口出帆図」大阪大覚寺蔵）
河岸に並ぶ多くの蔵と人々が、商品流通の賑わいを伝えている。

には労働市場がある、つまり働く場所があると考えた働き手が、在方（農村部）から流入してきたと考えるほかあるまい。前述のように、もはや普請現場の数が減少したのだから、日用頭のもとで仕事をもらうことはできなくなっていたはずである。普請現場の土木作業に代わる仕事を日用たちは見つけたのであろう。その仕事とは何か。

商品流通の拡大

日用たちは多様な商品流通（物流）の仕事に転換して生き続けていったのであろう。江戸時代の商品流通は、西廻り航路・東廻り航路が寛文期（一六六一～七三）に開かれて、基本的なルートが確立した。弘前藩から東側の盛岡（南部）藩・仙台藩などは太平洋を南下してから江戸湾に廻船を入れる東廻り航路を利用した。日本海に面した松前から東北・北陸・山陰・西国諸藩の米や多様な商品は、船で下関を経由して瀬戸内から大坂に運ばれる西廻り航路を用いた。大坂は一大集散地であった。半世紀後の正徳《しょうとく》四年(一七一四)、新井白石がおこなわせた幕府調査によれば、一年間に大坂に一一九種類の商品が移入され、その総銀高は銀二八万六五六一貫四一一匁で、銀六〇匁=金一両で換算すると金四七七万六〇〇〇両となる。これらは民間の商人の取り扱った商品量であり、これと同量になると見られる藩領主の取り扱う年貢米などの商品が大坂に運ばれた。商品のうち大坂や京都などで消費されるものを除いた大部分と、加工された商品は、廻船問屋の手によって江戸に運ばれたのである。今、正徳期の数字を示したが、これは元禄期頃から増加したあとの状況を示すもので、半世紀前から徐々に生産力が上昇し、全国で商品が生産され、大坂そして江戸に運ばれるようになったものである。

大坂から江戸湾に大型廻船が到着すると、積み荷は人力で降ろされ、荷揚げされた後、小舟に積み替えて、四方に張り巡らされた運河を使って運び、江戸の各所に設けられた河岸や揚場《あげば》で荷を降ろし、荷物を大八車に乗せて引いたり、軽子《かるこ》(人の背の篭)に入れて坂道を登ったり、棒手振《ぼてふ》り商人として販売したり、これらの多様な運搬業務の担い手が必要になった。日用たちは新たな労働市場に目を向け、それまでの土木作業から物流の担い手に移っていったとみられる。かつては日用頭から仕事をもらっていたが、それがなくなり、日用頭からの統制は機能しなくなった。そのため、日用座の取締りは形骸化していき、日用札を受ける者は減少していき、日用たちの抵抗によってついに日用座は寛政《かんせい》九年（一七九七）に廃止されることになる。

大きな、経済・商品流通の転換の中で、自らの肉体を労働力として下支えした日用たちは、労働のかたわら、日々の生活の中での楽しみを求めた。これらの日用たちや職人たちこそが、相撲という楽しみを、社会のもっとも基層で支えたことを確認しておく必要がある。しかもその行動を制限する日用頭などの縛りから、もはや解放された状況にあったことも想定できる。

辻相撲の禁止

日用や職人たちの多くは、裏長屋に居住していた。通りに面した表店と表店の間の一間（約一・八メートル）幅の路地に入ると、間口九尺（一間半）で奥行二間の三坪（畳六畳）の広さをもつ住居一戸が、およそ八〜一〇戸ほど軒を並べる長屋が路地を挟んで二棟向かい合わせに立つのが、いわゆる裏長屋であった。一戸三坪に日用一人ないし夫婦・子どもと一緒に生活していたのである。この手狭な住環境で暑い江戸の夏を過ごすのに、夜に広小路などに出て、そこで辻相撲などがあれば、左官・大工の職人や日用たち、棒手振り商人たちは楽しんだであろう。

辻相撲の禁止は、先述したように慶安元年（一六四八）の触れが初出である。このあと寛文五年（一六六五）六月に触れが出されたのに続き、貞享四年（一六八七）七月、元禄三年（一六九〇）七月に出され、元禄七年（一六九四）七月には以下のように触れられた。

この頃、所々広小路え毎夜大勢集り、相撲取り候の由を聞くが、前々より、すまひ堅く停止しているのであり不届である、もしそむいて相撲を取る者があるならば、捕えて罰する、（「御触書寛保集成」二六六六）

というものである。真夏の夜、広小路の四つ角に、九尺二間の裏長屋などから毎夜人々が群参して相

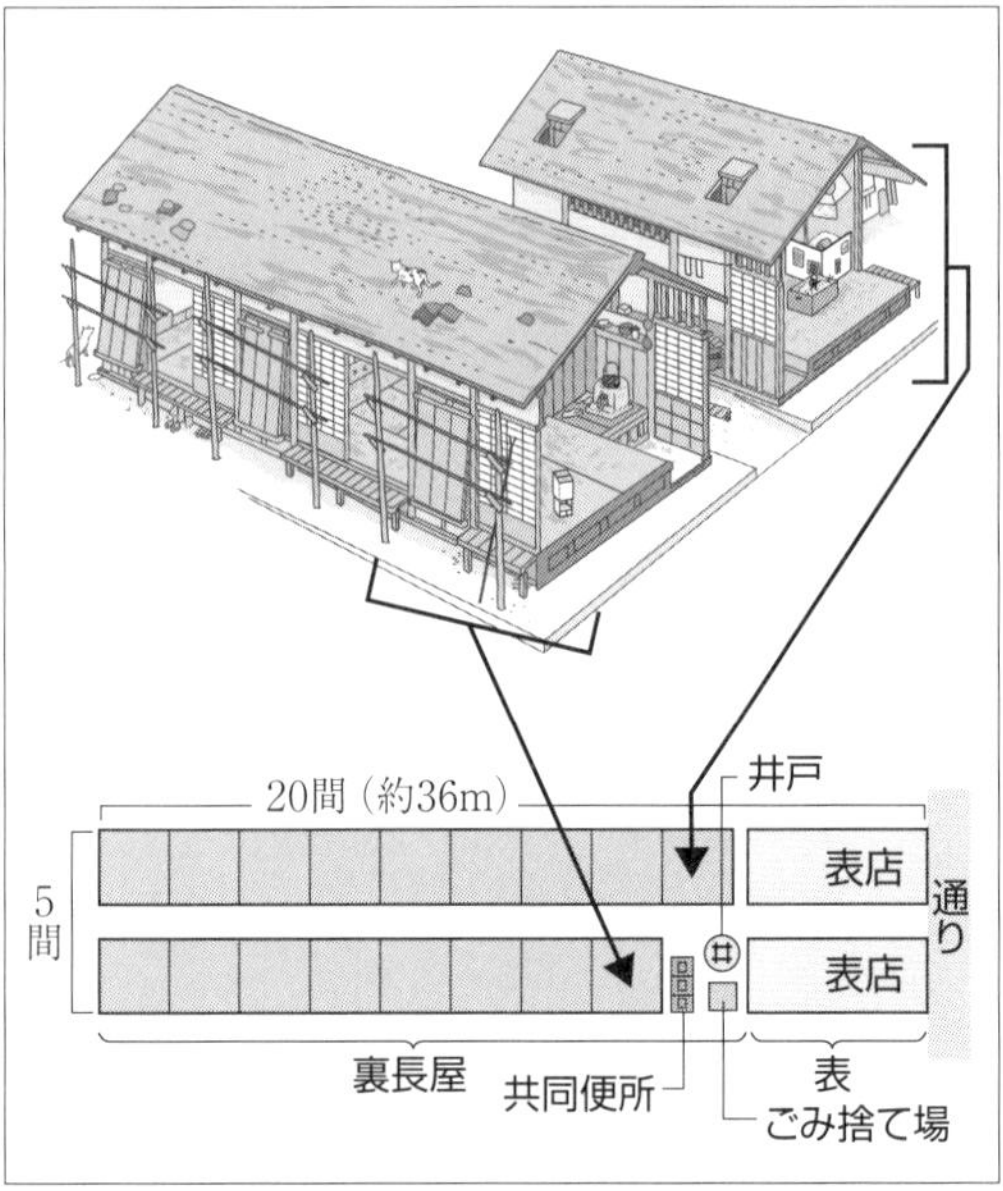

裏長屋見取図　１戸の広さが、間口１間半（９尺≒270cm）で奥行２間（360cm）の３坪が、下側に８軒、上側に９軒ならんでいる。

撲を楽しんでいる光景とその熱気が、この幕府の禁止令から伝わってくる。

その後、元禄十六年(一七〇三)七月、宝永四年(一七〇七)七月、享保四年(一七一九)七月、享保五年六月まで、ほぼ同内容の辻相撲の禁止が触れられている。旧暦の七月ないし六月と、盛夏に立て続けに触れられていることが特徴である。暑い江戸の夏に毎夜広小路に群参するほかない日用たちの住環境が、しばしば幕府から禁止命令が出されても辻相撲を続行した一つの理由であろう。それにしても「お上」の命令におとなしく従わなかった人々は、かつての日用頭や日用座の統制に従った日用たちではない、日用頭のもとから自立した人々であったことも関係していよう。その根底には辻相撲という娯楽を求める人々の熱気があったことにも注目すべきであろう。

3　三都の勧進相撲

勧進相撲の許可

慶安《けいあん》元年(一六四八)に勧進相撲の禁止が触れられたが、あわせて幕府は、相撲取が屋敷方に呼ばれた時に「絹の下帯」を禁じ布(麻)か木綿の下帯をつけるよう命じている。勧進相撲が催されることがあり、相撲取が存在していたことを、この触れは物語っている。しかも相撲取は、「しこ名の異名」を「いにしへより」つけているとしても今後は無用にするよう、慶安四年(一六五一)に触れており(「御触書寛保集成」一六五八)、この触れでも幕府は四股名《しこな》をつける相撲取の存在を前提にしている。

それから一〇年後の寛文元年(一六六一)、幕府は「勧進相撲毎々より町中にて御法度に候間、いよいよ其の旨相心得、町中にて致させ申すまじく候」(『御触書寛保集成』二六九〇)と触れ、江戸の町中での勧進相撲はこれまで同様に禁止であることを命じた。ちなみに、この頃の江戸の町中とはどの範囲をさすのであろう。慶長期から寛永期(一五九六~一六四四)にかけて創設された古町と呼ばれた三〇〇町余りから、人口流入により居住地が拡張して明暦大火(一六五七年)前後には三七〇町となっていた。大火のあと、さらに労働人口の流入による人口増加にともなって周辺に町人居住地は拡大し、寛文二年(一六六二)に新たに町奉行支配地(町並み地)に三〇〇町が加えられた。江戸の南側の芝・三田・飯倉や、東北側の下谷・浅草に及ぶ街道沿いの町が町奉行支配地とされた。つまり寛文元年に勧進相撲を禁じた町中の範囲からはずれていた浅草・本所・深川などでは、勧進相撲開催が許されていたことになろう。さらに人口増加にともなう町地の拡大は進み、正徳三年(一七一三)、江戸周辺を町並み地として二五九町を新たに町奉行支配地に拡大する(『江戸東京学事典』)。改ためて江戸町中の意味を上述のように解釈すれば、寛文・延宝期に土佐の牢人玉すだれが、町地の外で開催された江戸相撲において活躍したことや、「天下の相撲取り」丸山仁太夫の風聞も矛盾なく理解できよう。

現在の立行司木村庄之助《しょうのすけ》の先祖で九代目木村庄之助の書き上げた「相撲行司家伝」(『古事類苑』武技部)の永代寺門前仲町書上に「……貞享元子年中、寺社御奉行本多淡路守様へ願い上げ奉り候ところ、願いの通り勧進寄相撲御免仰せつけられ候に付き、深川八幡境内にて、始めて興行仕り、……」

と記される。後年（文政《ぶんせい》十一年〈一八二八〉）の書上であり、前後の記述にも誤りがみられるものだが、貞享元年（一六八四）に寺社奉行本多淡路守忠周《ただちか》から勧進寄相撲を許可され、門前仲町にある深川八幡境内で初めて興行がおこなわれたと、後年に至るまで相撲行司に認識されていた。換言すれば、それ以前の勧進相撲は江戸町中以外で寺社奉行の許可を受けることなくおこなわれていた、ということになろう。ただし、この貞享元年の深川八幡社境内での勧進相撲の許可を、現在残されている幕府寺社奉行側の史料から確認することはできないが、竹内誠によれば、「勧進相撲願控」という史料から、貞享元年に寺社奉行本多淡路守忠周に願い出て許可されたとする。酒井右京亮牢人 雷《いかづち》権太夫《ごんだゆう》が勧進元となり深川永代寺での開催とするもので、それから毎年開催され、貞享元年（一六八四）〜元禄十四年（一七〇一）の一八年間に毎年平均二・七回の勧進興行がおこなわれたとする（「近世前期における江戸の勧進相撲」）。

寺社奉行側の史料で確認できる初出は、元禄十五年（一七〇二）五月、柳川文左衛門《やながわぶんざえもん》・中川浅之助《なかがわあさのすけ》の両名の願い出た深川八幡社境内での勧進相撲開催に対して、寺社奉行は七月十七日から二十五日まで日数八日の開催を許可したものである。この史料は寺社奉行所の法令・諸記録などを分類、収録した『祠部《しぶ》職掌《しょくしょう》類聚《るいじゅう》』の第八冊にある「開帳願差免留」である。二件目は、同年八月二日に橋町四丁目の異国《いこく》三太兵衛《さんたべえ》と神田横大工町の大竹市左衛門《おおたけいちざえもん》が飛驒守（寺社奉行阿部正喬《まさたか》）へ願い出、下谷坂本小野照崎明神社内において勧進相撲を許されたもので、閏八月十一日に「相仕廻《あいしまい》候由届ケ来ル」と記され、

	名　　　目	許可日数
元禄12年	岡崎村天王の社　修復	7　日
〃	吉祥院村天神社　修復	5　日
13年	五条武田八幡社　修復	5　日
〃	知恩院末寺田中光福寺地蔵堂　修復	7　日
〃	朱雀権現寺堂　修復	7　日
14年	西岡大原春日社　修復	7　日
〃	御菩薩池地蔵堂　修復	7　日
〃	東寺四塚町宿次人足出町中困窮に付き	7　日
宝永元年	五条若宮八幡社　修復	7　日
2年	青山青竜寺観音堂　修復	7　日
4年	朱雀村往還の橋　修復	7　日
5年	吉祥院村天神橋　修復	7　日
正徳3年	朱雀村往還の橋　修復	2年に7日宛
〃	大宮通九条坊門の辻石橋　修復	7　日
〃	西八条村領千本通往還筋橋　修復	2年に7日宛
4年	下久世村寺戸村往還橋　修復	2年に7日宛
6年	鳥羽実相寺本堂(朝鮮人来聘の節休息所)　修復	7　日

〔出典〕『京都御役所向大概覚書 三』「勧進相撲之事」をもとに作成。

表3　京都町奉行が許可した勧進相撲

勧進相撲興行の終了も届けられていることがわかる。同史料には天明元年(一七八一)まで八〇年間であわせて一三二件の願いが記されている。寺社奉行がしっかり勧進相撲興行を掌握していたことがうかがえる。

同じ頃、京都においても勧進相撲が京都町奉行によって認められた。元禄十二年(一六九九)京都町奉行は、岡崎村の天王社修復のために勧進相撲をおこないたいとの願いに対し、七日間の許可を出した。これを手始めに正徳六年(一七一六)、鳥羽の実相寺本堂の修復のために勧進相撲を七日間許す記事まで、**表3**のように一七件の勧進相撲の許可がなされたことが、京都町奉行所の記録である「京都御役所向大概覚書」に記される。正徳六年の実相寺の場合、本堂は朝鮮通信使が来聘の節に休息所になることから本堂の修復が必要であるとの、名目が立てられている。いずれも神社修復や往還の橋を修復する、あるいは宿次人足《しゅくつぎにんそく》のために困窮した町を救済するためというような、名目が立てられ、勧進相撲開催による収入を得ることが京都町奉行から認められたものであることに注目しておきたい。

では大坂はいかがであろうか。大坂町奉行所が、もともと空き地や畑であった堀江地域を新地として開発したのが元禄十一年(一六九八)であったが、当地の繁栄策として芝居興行と勧進相撲興行を許すこととなった。元禄十五年正月に袋屋《ふくろや》伊右衛門が春秋二季の相撲興行を、金二〇〇〇両の上前金《うわまえ》(保証金)を奉行所に上納して出願した。四月三日より晴天十日の許可を受け、橋通三丁目(西区南堀江二丁目)において大坂で最初の勧進相撲を開催した。興行場所は「四十間四面」の広さ一六〇〇坪あり、出入り口(木戸)を四方に一カ所ずつ設け、堀江の町々から年寄・町代・下役の三人が出向いて管理にあたった。相撲取は東方大関大筑紫《おおつくし》磯之助、西方大関両国梶之助以下であり、勧進元は大山治郎右衛門という人物であった。木戸札は元禄銀で三匁、桟敷は四三匁、畳一畳金一〇〇匹(金一分)であった。初めての相撲であったことから観客が雲集し、晴天十日間の収入銀は一八六貫匁余りであった。金に直すと三一〇〇両になる。この実績から、同年八月の二回目の相撲興行の上前金は一三〇〇両となり、翌元禄十六年三月の第三回目の興行では七〇〇両の上前金に減額され、ついに上前金は不要となった。元文《げんぶん》三年(一七三八)からはくじ引きによって翌年の勧進元を決定して勧進相撲を興行するようになった(『大阪市史』第一巻)。

次に大坂の南に接する堺の場合をみてみよう。『泉州史料』第四巻に「堺勘進相撲並地取」の項目を立て、勧進相撲に関する記述を載せている。まず佐久間丹後守信就奉行の時、元禄四辛未年(一六九一)、海船町・蛤町・綾堀屋敷町右三町不繁昌の場所につき、賑わいのため海船町において勧進相撲を差免《さしゆる》す、と記される。堺は幕府の直轄地で堺奉行が統治にあたっていた。旗本が赴任する堺奉行が、三町を繁昌させるために勧進相撲の開催を許可したことがわかる。次いで、元禄六年(一六九三)に戎島《えびすじま》芝居大破につき修復のため戎島において勧進相撲開催を奉行佐久間丹後守が許可した。宝永三年(一七〇六)には桑山甲斐守が奉行の時に、海船町・蛤町・綾堀屋敷町の三町が困窮につき、勧進相撲の申請によって、七堂浜において開催が許可された。さらに寛保三年(一七四三)には堺屋善五郎と連名で「相撲取玉の井七五郎」が願い出、堺奉行山田肥後守から許可された。相撲取による興行申請は初めてであった。同年にもう一件の勧進相撲が許可された。翌々年延享《えんきょう》二年(一七四五)に山田肥後守は、三件の勧進相撲興行を許可したが、そのうち二件の申請者は「相撲取玉の井友吉」「相撲取荒波岩右衛門・伊関川喜七郎・明石和田之助」による堺の町場での興行であり、もう一件は「青木治郎九郎御代官所泉州南郡新在家村相撲取大森源蔵」の願い出による泉州久米田寺境内での興行であった。

江戸・京・大坂・堺の勧進相撲が一七〇〇年前後から呼応するように許可され始めた模様であり、

江戸幕府の共通した判断がなされたものと推察される。各都市の町奉行は旗本が任に就き、何年かの任期で江戸から次の旗本が派遣されることや、書状を送って江戸幕府に伺いを立てることから、連動してほぼ同時期の勧進相撲興行許可となったものであろう。またこの時期の勧進相撲興行申請に際し、幕府はその申請主体や目的が公共のためのものや、権力として助力すべきものを対象に許可したことも特徴として理解しておく必要がある。

勧進相撲申請者

江戸の勧進相撲興行開催に関する寺社奉行所の記録「開帳願差免留」に記される最初の元禄十五年（一七〇二）五月の申請者は柳川文左衛門と中川浅之助の両名であり、二件目は同年八月の異国三太兵衛と大竹市左衛門の両名であったことは先述した。三件目は平松町治兵衛店居住の吉方伝二と異国三太兵衛の両名が、四件目以下三三件目の正徳三年（一七一三）までに新出の人名を列挙すると、十七勘《としちかん》兵衛《べえ》・玉岡所右衛門《たまおかしょうえもん》・中川平三郎・木村喜左衛門・尾上《おのえ》六郎左衛門・出來山《できやま》峯右衛門・立川《たてかわ》七郎兵衛・浦岩《うらいわ》袖之助・九重《ここのえ》庄之助・道芝《みちしば》七太夫・竹熊《たけくま》弥太八・中川増右衛門・中立《なかだち》庄之助・浅香山《あさかやま》市郎右衛門であり、都合一九人が二人ずつ（勧進元と付き添いである差添《さしぞい》）組み合わさって、寺社奉行に勧進相撲興行の開催を願い出た。このうち木村喜左衛門は行司、中立庄之助も行司を兼ねると思われる。また現在の相撲年寄の名跡との連関をうかがわせる名前に、大竹（大嶽）・尾上・出來山・立川・九重・

竹熊(武隈)・中立・浅香山があることは注目される。

元禄十六年(一七〇三)七月に中川浅之助と玉岡所右衛門が勧進相撲開催を寺社奉行永井伊賀守直敬《なおひろ》に願い出、同月七日に内寄合《ないよりあい》(評定所《ひょうじょうしょ》でおこなう老中・町奉行などとの評議ではなく寺社奉行の専決)において許された。ところが「相撲之もの間違、興行成り難き旨断り候」と記されるように、勧進相撲を申請し許可されたにもかかわらず、「相撲の者」が間違え、開催できなくなったと届けられたことを示している。また宝永二年(一七〇五)二月に異国三太兵衛・柳原文左衛門両名が願い出、深川永代寺八幡旅所にて三月三日より十日まで寺社奉行本多弾正少弼《だんじょうしょうひつ》忠晴《ただはる》によって許可された勧進相撲の場合、「相撲之もの間違興行成り難きに付き差延ばしたき旨相断り候」と記され、「閏四月十八日より同二十五日迄日数八日これを差許す」と二カ月後に順延が認められている。つまり勧進相撲興行申請者と「相撲のもの」とが別々に独立した存在であったことがうかがえる。興行申請者は相撲取と契約し、相撲取は興行の場所に期日に集まるということであるが、期日を間違え相撲取が集まらず興行の延期を願い出たということであろう。

なお「開帳願差免留」の史料で特徴的なことをもう一点確認しておきたい。勧進相撲申請に際し、しかるべき名目が立てられていたか否か、同史料からは確認できなかったが、宝永四年(一七〇七)正月に出來山峯右衛門・大竹市左衛門の両名が寺社奉行本多忠晴に勧進相撲開催を申請した際「為渡世勧進相撲致したく」との文言が初めて用いられた。寺社修復のためというような名目は立てず、渡世のために勧進相撲をおこないたいという願いは、これ以、後常に用いられるようになる。渡世つまり稼業として勧進相撲をおこなう者の存在と、寺社奉行による公認が宝永四年から始まったことを意味する。

ちなみに同史料には操り芝居（人形浄瑠璃）興行の申請についても記録されている。元禄十五年（一七〇二）正月から宝永四年（一七〇七）正月まであわせて五五件の操り芝居の申請がなされているが、宝永四年正月の兵左衛門からの申請は「為渡世於護国寺地内操芝居致度旨」と、渡世のために操り芝居を護国寺地内でおこないたいとの興行申請に変化し、その後の申請も渡世のためで許可されるようになる。前述したように、勧進相撲興行の申請についても宝永四年正月から名目を立てず「渡世の為」の相撲興行が、月番寺社奉行の専決で許可されるようになったのと軌を一にしている。いい換えれば、寺社奉行は渡世のための興行＝職業としての興行を、相撲集団と操り芝居（人形浄瑠璃）集団について容認したということであろう。

さて京都に再び目を移そう。京都町奉行の最初の許可による、元禄十二年（一六九九）の岡崎村天王社修復を名目にした七日間の勧進相撲の様子は、「大江俊光記」（『古事類苑』武技部）からうかがえる。摂家二条家に仕える諸太夫北小路《きたこうじ》俊光《としみつ》（大江俊光）は「相撲の札三枚」を入手し、連れと一緒に五月二十八日に見物に行った。勧進相撲は昼前から八つ時分（午後二時頃）までおこなわれ、盛況（「大いなる客衆」）であった。主催者（勧進元）側である宮本（元方《もとかた》）には大関両国梶之助をはじめ、二〇人の相撲取、

宮本相撲目録		寄方相撲目録	
大関	両国　梶之助	大関	大灘　浪右衛門
関脇	一本松安太夫	関脇	大車　谷右衛門
小結	鳴渡是非右衛門	小結	立山　利太夫
	花籠　源太夫		鎗金　孫内
	大岩　谷右衛門		浮舟　柴右衛門
	釘貫　弥次兵衛		若村　長太夫
	黒塚　竹右衛門		出来島　太五平
	浮島　岩之助		牧野尾　三太夫
	玉川　伝之丞		岩波　半太夫
	振分　玉之助		大島　次郎兵衛
行司	吉田　追風	行司	吉田　追風
	岩井団右衛門		岩井団右衛門
	木村茂助		木村茂太夫
	吉田虎之助		吉竹虎之介
	大森　蔦之助		和泉川八太夫
	竹縄　九兵衛		小柴　小兵衛
	玉乃井松之助		玉島七郎兵衛
	唐松　三之丞		老浪　半之介
	荒川　浪之助		出來山五太夫
	飛鳥川藤之助		八塩　伊兵衛
	追風　吉太夫		嵐山　浪之介
	峯之松清太夫		山之井　勘七
	天野川団十郎		九重　折之介
	岩舟梶右衛門		岩堀　笹之介

其外方々より相撲取追々被参候
元禄十二卯年五月吉日　板本伏見七瀬川
川島　林右衛門

表4　京都岡崎村勧進相撲番付（元禄12年）

対する寄方《よりかた》は大関大灘浪《おおなだなみ》右衛門《えもん》そのほか二〇人の相撲取であった。のちに東方と西方に分けるようになるが、まだ宮本（元方）と寄方であった。行司は吉田追風、岩井団右衛門、木村茂助、吉田虎之介で、取り組みはいずれも「力相撲」であったと記される。興行収入の中から、「東天王修復」のために金五〇両、在所（岡崎村）へ一〇両おさめられた。

六月十九日にも見物に行ったが、その日は五月二十八日以来、晴天七日興行の最終日となり、「今日まで七日の間、無異に済む」と記し、宮本の大関両国梶之助と寄方の大関大灘浪右衛門が「仕廻《しまい》に」取り組み、両国が勝利して弓を取って、これにて仕廻と記す。最後に「畢竟相撲というもの無益の物、君子の見まじきもの也」と、下級の公家である北小路俊光は二度も相撲場に足を運んだにもかかわらず、皮肉交じりにそのように記した。

行司の筆頭に記された吉田追風は、熊本藩細川家から借り受けたものであろう。もともと京都で相撲の行司をおこなっていた吉田善左衛門（追風）は、万治二年（一六五九）に京都において細川家に召し出され五人扶持二〇石を拝領した。天和三年（一六八三）に「御中小姓《おんなかこしょう》」に任じられ、元禄三年（一六九〇）に新知《しんち》一〇〇石、御役料五〇石を拝領し、元禄九年に役料が加増され一五〇石の拝領となった（『細川藩先祖附《せんぞづけ》』）。吉田追風の行司としての格式は高まっていたと見られる。番付の表記も別格とされ、そのもとに岩井団右衛門・木村茂助・木村茂太夫・吉田虎之助・吉竹虎之介の行司名が並ぶ。京都に集まる行司たちであろう。相撲取を全国各地から集めている様子は末尾の、そのほか方々より相撲取おいおい参られ候の文言からもうかがえる。

京都町奉行が許可した六件目の元禄十四年（一七〇一）、西岡大原春日神主社修復のため七日間の勧進相撲開催についても触れておこう。大原野社は藤原氏から皇后になった女性が、氏神である奈良の春日社では遠く、京都の最寄りで参詣できるように設立された神社であり、平安時代後期の永保《えいほ》元年（一〇八一）に、天皇からの奉幣使《ほうへいし》が発遣される二十二社の制度が定まると、伊勢神宮・石清水八幡宮・賀茂社・松尾社・平野社・稲荷社・春日社の上七社に次ぐ格式をもつ神社となった。大原野社神主中沢主税から、元禄十三年（一七〇〇）に春日大明神修復のための勧進相撲の開催願いが出された。京都町奉行は格式ある神社修復の名目からしてもこれを許可したが、相撲取の集まりが整わなかったためか、翌元禄十四年まで日延べとなった。その上で、この三月中に興行をおこないたいと正月二十七日付で願い上げ許可を受けたものである。ところが三月中の開催はまた整わず、同年四月十六日付で中沢主税は再度順延を願い上げた。その願書によれば、相撲取のうち東国衆は先月二十日時分より京都に登り居り、近国の相撲取も段々に上って手前に居る。ところが九州の相撲取はやっと昨晩到着したので、この二十一日より相撲興行を開催いたしたいと願っている（『史料　京都の歴史』第一五巻）。前東国、九州、近国からの相撲取を集めて勧進相撲を催す興行師である町人が存在したのであろう。前例の岡崎村の勧進相撲では、番付の末尾に記された川島林右衛門が興行師であろう。つまり江戸で勧進相撲の申請者になり相撲の者を呼び寄せた町人同様の人物が京都にも存在し、京都町奉行への願書は大原野社神主がおこなっていたと考えるのが自然であろう。興行を担う町人は、諸国に存在した相撲取を呼び寄せて、勧進相撲を開催するのに苦労していた模様である。

興行師と相撲取

次に、興行を担う町人と地方に在住の相撲取との関係を示す事例を大坂に求めることにしよう。宝永三年（一七〇六）六月二十四日付の「証文之事」（埼玉県吉見町関根家所蔵）によれば、大坂の町人高津《たかつ》屋九兵衛《やくへい》・明石屋四郎兵衛《あかしやしろべえ》・柴田屋佐兵衛《しばたやさへい》・藤井運右衛門《ふじいうんえもん》四人連印で関根戸兵衛《せきねとへえ》殿に宛てて相撲の契約書を交わしている。この度四人の町人が芝居興行をおこなうにあたり、関根戸兵衛に相撲を依頼したい、ついては給金は五〇両に定める。手付金として五両、おっつけ二〇両を渡し、残り二五両は芝居五日目に渡す、という契約条件であった(中英夫『武州の力士』)。広い意味での芝居興行の中に、相撲を取り込んでいるのであろう。

この契約から二週間後の宝永三年(一七〇六)七月八日付で、関根戸兵衛は別の大坂町人菊名和田之助《きくなわだのすけ》・本田伝右衛門の両名と契約を交わしている。両名がこの度大坂で勧進相撲をおこなうにあたり、関根戸兵衛に「貴殿関取相頼」む、芝居の期間は一〇日間でその給金は五五両に定める、前金として二七両を今渡し、芝居五日目に残金二八両を渡す、という契約条件であった。しかも同日付で、菊名と本田の両名はもう一枚の証文「相渡し申一札之事」を関根戸兵衛宛てに届けた。その内容は、大坂勧進相撲に関根戸兵衛が上ってきた時に、自分たちの勧進相撲の開催が遅れていた場合、ほかの芝居が先にできるならばそちらに出場しても、自分たちは一言も文句をつけないことを誓約する内容となっている。つまり関根戸兵衛は、先に述べた高津屋ら四人と交わした芝居興行への出場と、後の菊名ら両名と交わした大坂勧進相撲出場との双方を掛け持ちしても契約違反にならないように、誓約書を認めさせたものであろう。

関根戸兵衛は大坂での二つの相撲に出場する契約を、大坂ではなく別の土地(おそらくは武蔵国比企《ひき》郡《ぐん》の実家か）で書状によって結んだと思われる。関根家には前金と思われる二〇両を届ける飛脚屋からの証文が残されているからである。戌（宝永三）年八月二十九日付、天満屋長左衛門から関根戸兵衛宛て「覚」という証文は、「金二十両入り御状一通」、これはまず江戸の山出長兵衛宛におそらく為替で送られ受け取られたものを、早々飛脚で届けることになったもので、万一紛失や遅滞した場合は弁じると誓約している。

関根戸兵衛は大坂の二つの相撲興行に出場するにあたり、五〇両と五五両の二つの給金を受ける契約を結んだが、この二つ目の菊名和田之助・本田伝右衛門両名は、関根戸兵衛と同日（七月八日）付で、乙幡《おとはた》七兵衛という人物に大坂勧進相撲の十日興行に給金一〇両で契約を交わしている。関根戸兵衛の五〇両に対し乙幡は五分の一の給金である。ここから、関根戸兵衛が客を呼べる、人気の高い相撲取と興行師に評価されていたことがわかる。乙幡七兵衛の四股名は不詳だが、関根戸兵衛の四股名は山《やま》獅子《じし》戸兵衛との説がある。関根家の過去帳に正徳四年（一七一四）二月に死去した戸兵衛に「大勇力有りて江戸にて日下開山《ひのしたかいざん》」との記載があり、天下無双を意味する日下開山の称から、当時頂点にあった相撲取であろうと推察され、山獅子に比定される。

勧進興行を公権力に申請して許可を受けた興行師が、興行に出場の相撲取と個人的な契約を結んで開催する実態を見たが、では相撲取の側から見た場合に、勧進興行や興行師はこの時期どこに存在していたのだろうか。すでに述べた江戸・京都・大坂・堺のほかに、九州の大分でもこの時期の相撲興行開催がうかがえる。相撲取は勧進相撲興行に居所から出向いて行ったのであろう。

「府内藩記録」は、豊後国府内藩松平家二万余石の藩役所の御用覚書の抄録であり、この史料には相撲興行関係記事が記載されている。元禄四年(一六九一)六月十三日、「中柳町宗助、此度勧進相撲願申候処、日和悪敷見物人少、損銀参候由達御耳、」と勧進相撲を町人が申請したところ、日和《ひより》が悪く相撲興行は損銀を出したため、藩役所は無利息で銀五〇〇匁を貸し付け、諸芝居にて利益を得て上納するよう申しつけた、と記される。

藩の町奉行の管轄のもとでおこなわれていたことと、相撲以外の諸芝居もおこなわれていたことがうかがえる。藩は浜市の賑わいのために諸芝居の開催を推奨しており、町人が興行を主催して上方から役者・芸人・相撲取を招いており、役者・相撲取などは上方から瀬戸内海を船で渡り、安芸宮島で興行をし、終えて豊後府内に到着する様子や、同じ九州の筑前・筑後から招いたり、豊後府内から伊予宇和島や吉田に向かったりする姿も描かれる。豊後国府内では元禄九年八月、元禄十年正月、元禄十一年八月にも勧進相撲が開催されたことが記される。

4　大名抱えの始まり

大名抱え

三都で勧進相撲が許可され、諸国の相撲取が興行師と個人的に契約を結び、相撲興行の場所に移動する状況が訪れた中、武家の屋敷内の相撲の担い手たちに変化が生まれた。それまで、足軽・鉄砲組などの中で力自慢を選び御前相撲を取らせ、大名が楽しむという姿に加えて、新たに大名が、勧進相撲興行に出場する相撲取を召し抱え、御前相撲を取らせるということが始まった。相撲取の大名抱えが史料上で確認できるのは、先述した一七〇〇年前後の勧進相撲が許可されるようになった時期であった。

宝永三年(一七〇六)に大坂の勧進相撲に五〇両と五五両の契約を結んだ、武蔵国の関根戸兵衛(山獅子戸兵衛)は、それより以前元禄七年(一六九四)には伊勢国津藩藤堂《とうどう》家に抱えられていた。元禄七年三月二十六日付の「御請状之事」が武蔵国流川《ながれがわ》村の請人文右衛門・太郎兵衛両人から藤堂和泉守様御内藤山伊右衛門殿宛てに差し出されている。関根戸兵衛が居住する武蔵国比企郡流川村のおそらく村役人であろう両名が、関根戸兵衛が抱えられるに際して藤堂家に連帯保証人としての請け状(証文)を提出したものだ。その内容は、一つは宗門人別《しゅうもんにんべつ》に関わることで、戸兵衛が禅宗長源寺の檀家であり、公儀御法度のキリシタン宗門ではないこと、これとは別に長源寺は「指上ケ申宗門御改請合手形之事」の宗門手形を同日付で作成し、関根戸兵衛が代々檀那であることを、藤堂家の藤山伊右衛門殿に宛てて証明している(『武州の力士』)。

請け状の内容の二つ目は、関根戸兵衛は「藤堂和泉守様御鉄砲組」に御奉公に出ていたところ、「去暮」(元禄六年〈一六九三〉十二月)父親が死去したため、残された母親が戸兵衛の暇乞いを願い、帰参が許された。しばらくして元禄七年三月よりあらためて御奉公に出るにあたって、奉公の条件を確認した。すなわち、鉄砲組として切米七石三人扶持と上金三両二分、七石の切米はお定めの通り春・暮二度申し請け、上金は春に二両、暮に一両二分ずつ申し請ける約束とする。且つ又、母親のために作人をおく費用として二両ずつ下されることになった。ほかに金一一両二分を拝借したく、これは一カ年に一両ずつ暮の切米支給分をもって返済する、と取り決めた。一一両余を一年に一両ずつ返済することから、一〇年間以上は奉公する契約とみられる。奉公の儀は諸事鉄砲組並みに務めることも記される。

内容の三つ目は、関根戸兵衛が御屋敷の諸法度に背いて暇を出されたり、欠落《かけおち》・逃亡をしたりした場合は、給金・借金ともに三割の利足《りそく》を加えて、元利ともに返済する。「御相撲中間金銀」、つまり興行に出場する際の町人からの買掛《かいかけ》勘定などがあろうとも、自分たち請け人が解決し御屋敷に迷惑をかけない、という内容であった。

一つ目の内容は、百姓身分から武家奉公人へと身分が改まり、居住場所も変わるのに際して、寺請制度が厳密に機能していたことを示している。二つ目の内容の拝借金一一両二分は、一面では伊勢国津までの旅費や家に残す母親に必要な金とみえるが、奉公の契約を縛る効果をもった。これは娘を年季奉公に出す場合、娘の親は奉公に出す際に金を受け取り、年季が明けるまで娘は奉公を続けるのと類似している。関根戸兵衛の年季は一〇年以上にわたっていたとみられる。奉公の年季が明けてから、先述した大坂での勧進相撲出場を、元の村に居住して契約を結んだもので、五〇両・五五両の契約金は武家奉公に出る際の一一両余りと比して大金に思える。

時の徳川綱吉政権の勘定方荻原重秀による元禄八年(一六九五)からの貨幣改鋳によって大幅なインフレーションが起こった結果もあろうが、そのことを差し引いても契約金の高さは、関根戸兵衛の商品価値が十分に採算の取れるものと興行師には計算されたゆえであり、前提となる大坂での勧進興行の盛り上がりを想像させる。

大名抱えの事例をもう一つ紹介しよう。筑後国福岡鍛冶町居住の片男波《かたおなみ》長之助《ちょうのすけ》、同たばこ町揚ケ《あげ》石《いし》源八、博多店屋町下の中川惣八、筑前国志摩郡野北浦(福岡県糸島市《いとしま》)の居り松三七の四人の相撲取は宝永七年(一七一〇)春、京都・大坂で開催された勧進相撲興行に呼ばれて出場した。この勧進相撲には諸国から大勢の相撲取が罷り上り福岡からも四人を含めて何人も参加したところ、京都・大坂の興行が終わった後、ただちに江戸でも相撲興行が予定され、福岡から出場した相撲取の中で「荒立ち候者」ばかりが江戸の勧進相撲に出場する契約を結んだ。やがて江戸で勧進相撲が開催されたところ、越前国福井藩主松平兵部大輔《ひょうぶたいふ》吉品から、福岡の四人の相撲取を抱えたいとの相談が福岡藩江戸屋敷になされた。かくして片男波ら四人の相撲取が福井藩松平家抱えとなったのだが、この場合は武家奉公人としての扶持米ではなく、金子を受け取る給金の形で契約している。

江戸で採用された四人の相撲取は、藩主松平吉品が参勤を終えて国元に戻るにあたり、福井に連れ帰られることになった。しばらく福井で仕えた宝永八年秋、四人の相撲取はみな、国元の福岡に親兄弟がいることから対面を望んだ。おそらくは、福岡を離れて京都・大坂・江戸の相撲興行に出たまま、福井藩松平家に仕えることになったのであろうから、国元の親兄弟と話をする機会を求めたのであろう。福井藩ではこれを許し、四人の相撲取は秋に一〇〇日の暇を与えられ帰国することになる。その際、福井藩は上下二人の役人を添え役として付き添え、博多に両三日滞在することとなった。この届は博多の町の役人である年行司の高木亦《また》五郎《ごろう》と白水《しろうず》八郎左衛門から福岡藩町奉行深見五兵衛・毛利太次兵衛に宛てられたもので、その付《つけたり》として「追年右四人之者共、正徳四年午秋、越前より如何成儀にて候哉御暇出申し、四人共に無事にて帰国仕り申し候事、」と記録されている（『博多津要録』第一巻）。四人の相撲取の福井藩松平家による大名抱えは、正徳四年（一七一四）秋に暇が出されたことで、五年間の勤めを終えて、無事に福岡に帰国したという。

宝永七年（一七一〇）の京都・大坂・江戸の勧進相撲興行に呼ばれた福岡の四人をはじめとする相撲取たちは、それ以前から博多を中心とした相撲の活動をしていたゆえに、上方の興行師から契約を求められ出場したのであろう。それにしても江戸の相撲興行に出場した四人の相撲取が福井藩主松平吉品に見初められて大名抱えに至ったことは注目され、給金の方式でしかも結果的に五年間の奉公に止まったことは、関根戸兵衛と藤堂家との間の鉄砲組に編入しての奉公のあり方（主従関係）とは異なる、より形式的な主従関係ないしは擬制的な主従関係と呼ぶべきものであろう。

もともと足軽などの中から屈強の者を選んだり、相撲組をつくって在方から集めたりして、武家の屋敷内で相撲を取らせた寛永〜寛文期の盛岡藩・金沢藩・土佐藩などの姿とは異なる、各地の勧進相撲興行に興行師から呼ばれ、給金をもって契約して相撲をとる人気の相撲取を、いまや大名が給金で契約して抱えるという事態になった。このことは勧進興行で生きる職業としての相撲取の存在が、娯楽を求める庶民の間のみならず、武家層にも広く認知されたと評価することができる。時代の変化が現れたのであろう。その背景には、いわゆる「元禄文化」と呼ばれる時代状況が存在した。

元禄文化

元禄文化の前提には国内外の平和と安定があった。半世紀にもわたった中国大陸での明清交替の内乱は日本・朝鮮・台湾・琉球に多大な影響を与えてきたが、これも五代将軍徳川綱吉政権が始まる頃には完全に終息し、東アジアの外交秩序は安定した。国内の不安は北方のアイヌ民族との関係だったが、寛文九年(一六六九)、シャクシャインの戦いが松前藩の武力鎮圧によって終息し、以後、松前藩のもとで蝦夷地の秩序が形成されていた。

また慶安四年(一六五一)に由比正雪《ゆいしょうせつ》の乱(慶安の変)のあと幕府は牢人とともにかぶき者の取締りを強化した。牢人とかぶき者は再び戦の時代に戻れば武功を上げて上昇をはかることができるが、平和と安定が続いては上昇の機会はなくなるとの閉塞感を抱いて、平和な社会に犬切りなどの乱暴な行動を起こし抵抗を示していた。綱吉政権はかぶき者たちを捕縛し処罰するとともに、生類憐みの令と服忌《ぶっき》令を繰り返し命ずることで、社会全体の価値観を一八〇度改めた。殺生を禁じ動物のみならず捨子・行き倒れ人の介抱など、生あるものを慈しむ仏教の放生《ほうじょう》の思想に基づく生類憐みの令に加えて、服忌令は公家や神社の世界に根強くみられた死や血を穢れたものとして排除する考え方であった。今や武家の世界をはじめ社会全般に死や血を穢れたものとの認識が広まり、しだいに深まっていった。多年にわたり命じられた二つの法令の影響は今日の日本社会に引き続いているとみてよかろう。

相手の将兵の首級《しゅきゅう》を切って恩賞にあずかるという価値観は武家の世界から後退をよぎなくされた。儀礼が重視され、また統治のための事務能力が武士に望まれる一方、武闘に猛ることは二の次となっていった。大名たちが京都の公家たちから和歌の添削を受け、上達を求めていったことは象徴的でもある。相撲は武士自身が格闘の技として鍛えるものから、役者を見るように相撲取を眺め楽しむ対象とするように変化したのである。

社会に広く死や血を穢れとみる考え方が浸透するに従い、町の道路の清めや濠に浮かんだ動物の死骸を取り除く作業が、より大切なこととして望まれるようになり、江戸の非人の清めに携わる仕事はますます不可欠のものとなったが、他方でその仕事を穢れたものとする見方も強まっていった。在方で百姓が農耕や輸送に用いた牛馬が死んだあと、これを処理し皮をなめしたり、薬を製造したりするなどの仕事に従事していた「かわた・長吏」と呼ばれた人々に対しても、死んだ牛馬を扱うことに対し穢れ感や賤視がもたれるようになった。武士から百姓、町人などに至る社会に広く、元禄時代以降、死や血を穢れたものとする価値観がつくられていったことにも注目しておきたい。

平和と安定が続くことで、社会全体が農業を中心に労働に邁進することができ、生産力が上昇し、経済成長がみられると、人々はそれ以前のような上層農民や上層町人のみならず、庶民までも娯楽を楽しむ余裕をもてるようになった。江戸・京都・大坂の三都だけではなく全国の城下町や港などでも歌舞伎踊、人形浄瑠璃、見世物などの興行が小屋掛けされ、庶民が享受できるようになった。たとえば大坂では道頓堀にあった竹本義太夫の起こした竹本座で、近松門左衛門の作品である「国姓爺合戦」が正徳五年(一七一五)十一月から上演され、翌々年三月まで、足かけ三年に及ぶ空前の長期興行となった。近松のそれまでの作品「曾根崎心中」などとは異なり、明清交替を素材に中国大陸や日本を含む広大なスケールをもつドラマ自体への興味や、操り人形の所作の見事さや、義太夫節の節回しも人々を引きつけたのであろう。それらが評判を呼び、人々の口から口へと語り継がれ広がりをみせたことが、足かけ三年に及ぶ長期興行につながったものである。勧進相撲興行も同じように、人気の相撲取は評判を呼び、口から口へ伝わり、ついには越前国福井藩主や伊勢国津藩主などの耳にまで伝わり、大名抱えに至ったものと理解することができよう。

改めて振り返ってみれば、江戸時代初期の寛永期(一六二四〜四四)では、相撲は武家の屋敷内で、大名や旗本たちだけが楽しむものであった。その後の国内外の平和と安定の時代に、経済の発展とともに人口が増加し、三都をはじめとする都市民たちの娯楽要求の盛り上がりによって、幕府は一貫して辻相撲を禁止したのに対し、当初禁じていた囲いをつくって木戸銭を取る勧進相撲を認めるようになった。勧進相撲に出場する相撲取は、相撲興行の主催者である興行師と、高額で契約する者もあり、それら有力な相撲取は人気ゆえに大名に抱えられることが始まった。つまりは元禄期(およそ一七〇〇年前後)に、相撲は、上層に位置する大名たちから、職人・日用などの庶民に至るまで、広範な人々の娯楽の対象となったのである。

第三章　四季勧進相撲の確立

1　苦難の相撲の者──享保改革期

相撲の者

江戸の勧進相撲は、宝永《ほうえい》四年(一七〇七)正月に出來山《できやま》峯右衛門・大竹《おおたけ》市左衛門の申請によって寺社奉行に許可されたものから「渡世《とせい》の為」が名目となった。勧進のための然るべき名目を掲げて願い出、従来、評定所《ひょうじょうしょ》において老中、寺社・町・勘定三奉行による適切かどうかの評議を受けてきたのとは異なり、月番寺社奉行の役宅で四人の寺社奉行が月に三回寄り集まり(内寄合《ないよりあい》)、寺社奉行の専決で許可が出された。これは先述したように操り芝居と軌を一にして、「渡世の為」の勧進相撲興行許可が宝永四年からなされたものである。幕府・寺社奉行の判断は、勧進興行の主体となる相撲の者などに対し、これを継続的な生業として容認したことになろう。元禄《げんろく》十五年(一七〇二)からでもあわせて一六回の勧進相撲が評定所での評議の上で許可されてきた実績に基づき、今後はいちいち時間をかけて綿密に評定所で評議をするほどの案件ではないという判断がなされたのであろう。

寺社奉行の専決による渡世のための勧進相撲の許可は、宝永四年(一七〇七)に五回、同五年に四回、同六年に二回、同七年に五回と、四年間に都合一六回もの多くを数え、しかも申請はことごとく許可された。あわせてこの九年間で三一回の勧進相撲の開催によって、相撲の者たちが勧進相撲興行によって渡世を送る軌道に乗ったものと考えたであろうほどの実績の積み重ねであった。

相撲の者たちとは、勧進相撲興行を寺社奉行に勧進元・差添《さしぞい》として申請した興行師たちと、勧進相撲に出場する相撲取と行司たちを指す。興行師は、寺社奉行所の「開帳願差免留」に記載される最初の元禄十五年(一七〇二)五月の勧進元柳川文左衛門と差添中川浅之助からはじまり、宝永七年(一七一〇)九月の勧進元十七勘兵衛、差添大竹市左衛門まで、九年間三一回の興行申請者が、延べで六二人となる。この間、異国三太兵衛は一〇回、十七勘兵衛は八回申請者となり、同様に柳川文左衛門と中川浅之助は各六回申請者となっている。大竹市左衛門・浦岩袖之助・柳原文左衛門は各五回の申請者となり、この七人で都合四五回を数え、全体の七二%となる。この七人は勧進相撲申請者全体一八人の中心に存在した興行師とみてよいだろう。その他に、立川七郎兵衛・道芝七太夫が各三回、玉岡所右衛門・尾上六郎左衛門・出來山峯右衛門・中立《なかだち》庄之助が各二回の申請者となった。残り一回の申請者の名前を列挙すると、吉方伝二・木村喜左衛門・九重庄之助・竹熊弥太八・浅香山市郎右衛門の五人となる。

ところで、宝永七年(一七一〇)正月と閏八月の二回差添になっている中立庄之助が後に木村庄之助を名乗ると考えられ、文政《ぶんせい》十一年(一八二八)の木村庄之助の書き上げた由緒書き(「町方書上」)に記さ

武蔵野
天津風
年寄
境川
香蝶楼
豊国画
藤慶
江戸
油町

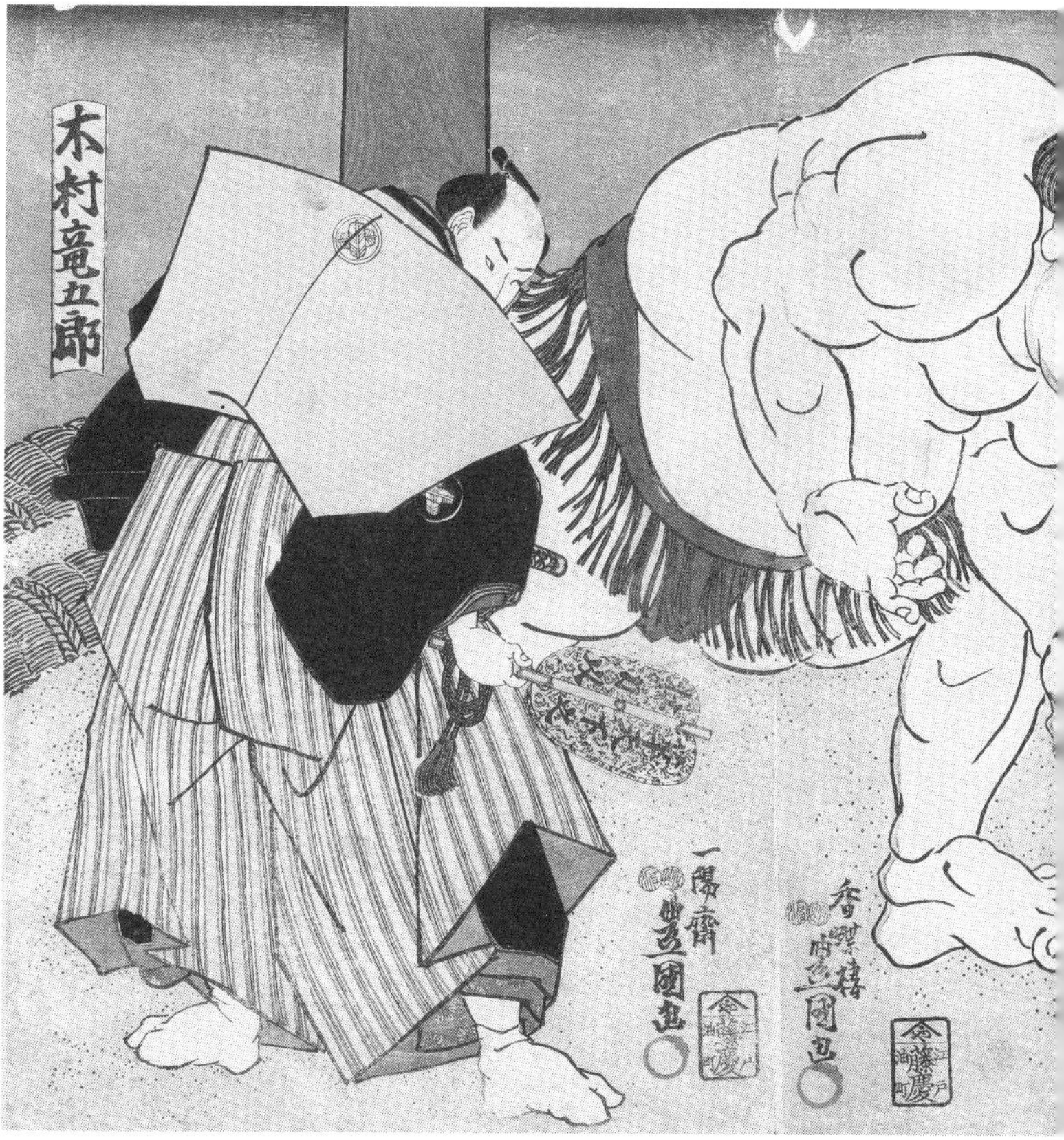

年寄境川(香蝶楼豊国画「武蔵野と天津風の仕切り」弘化４年春場所)

れるように、先祖は真田伊豆守の家来で中立羽左衛門《うざえもん》と称し、牢人して江戸に在ったとの記述から、牢人で相撲に関係し、行司も務める興行主体の一人と推察することができる。また九重庄之助から中立庄之助に改名したとの説によれば、中立庄之助は都合三回の勧進相撲申請者となり、仲間の中での重要度は増す。同様に、行司と思われる木村喜左衛門が宝永元年(一七〇四)七月に勧進元として差添中川浅之助とともに申請者となっている。行司も含めた興行師たち一八人が仲間組織をつくり、勧進相撲興行の主体となっていたことがうかがえる。この仲間の中には、前述したように現在の年寄名跡との連関をうかがわせる、中立・大竹(大嶽)・尾上・出來山・立川・九重・竹熊(武隈)・浅香山の名前が見出せる。

勧進相撲興行の申請をおこなった興行師たちは、相撲取を北は東北から南は九州まで、全国各地から呼び集め、晴天八日の興行をおこなったのであるが、江戸を拠点にしていた相撲取もその中心に数多くいたであろう。江戸の町には、大名に抱えられない相撲取たちが町家に居住していたことが考えられ、時には、興行主体となった町人のもとに複数人が抱えられ寄留していた可能性もあろう。江戸で繰り返し許可された勧進相撲興行に出場するほか、上方などの相撲興行に呼ばれて出向いていった姿が想像できよう。

しかるに正徳《しょうとく》元年(一七一一)六月、次の触れ(「御触書寛保集成《おふれがきかんぽうしゅうせい》」一一六七四)が幕府より出された。

町々において、町人ども相撲取りを抱え置き、寄せ集め、相撲を取らせ候の由、相聞こえ候、定めて実の相撲取りにてはこれなく、火事などのため鳶のものなどを抱え置く、右たぐいのものに相撲取らせ候にてこれあるべく候えども、町人に似合わざる事に候あいだ、向後相止め候よう、町中きっと相触るべく候、以上

この町触れにいう「実の相撲取」とは、大名に抱えられ、武家の屋敷内で武家の楽しみのために取る相撲取のことである。そういう実の相撲取ではなく、町人が相撲取を抱え、相撲を取らせるのは今後禁止するという命令である。これは幕府の、厳密には時の老中・町奉行の認識と意図で、寺社奉行とは異なる観点からの政策であった。「町人ども相撲取りを抱え置き、寄せ集め、相撲を取らせ候」とはどのような状態を想定すればよいのだろうか。現在につながる相撲部屋のような、親方である師匠のもとに弟子たちが寄留する状態(寄親―寄子の関係)を想定してよいのだろうか。半世紀後にはそのような師匠である年寄と弟子の関係は明確に見出せるが、正徳元年(一七一一)段階では確証はない。おそらく興行主体の町人のもとに相撲取が寄留する状態にあったことは考えられよう。

鳶の者

では、なぜ町奉行はこれを止めさせようとしたのであろうか。触れの「火事などのため鳶のものなどを抱え置く、右たぐいのものに相撲取らせ候にてこれあるべく候えども」という文言はどのように解釈すればよいのだろうか。町奉行はこの時点で、鳶の者とは、鳶口《とびぐち》をもって土木普請に関わり足場

などを組む日用《ひよう》の一種である従来からの姿ではなく、火消(消防)のために町が抱える鳶の者を念頭においている。江戸の火消制度は、まず特定の大名が軍役として江戸城や浅草米蔵など特定の重要な場所の消防を担う大名火消がある。次いで明暦《めいれき》の大火後に江戸城の防火を目的として旗本に担わせた定《じょう》火消《びけし》が存在した。旗本四人に火消屋敷を与え四組をつくり、各組にそれぞれ与力・同心がつけられ、臥烟《がえん》と呼ばれる火消人足を抱えて屋敷に集住させ火元に出動した。定火消は元禄八年(一六九五)に一五組、宝永元年(一七〇四)に一〇組に改編され、幕末まで続いた。

大名火消・定火消が武家屋敷地を対象にしたのに対し、町人地の火災は町火消が担った。明暦四年(一六五八)に火消組合の設置が命じられ、二三町で一五七人の人足負担が決められていた。町ごとに火消人足を決めておいて火元に駆けつける制度で、当初は居住者が自ら消火にあたる自衛の消防制度で、火災発生時には町の居住者が消火にあたった。しかし素人が駆けつけても役には立たず、鳶の者を町が火消人足として常雇《じょうやと》いして任せるようになっていった。これが町奉行のいう「火事などのため鳶のものなどを抱え置く」というものであろう。この当時の消火方法は、火元に隣接する家屋を破壊して延焼を防ぐものであり、火消人足は鳶口や刺す股などを用いて柱などを倒し、破壊した。火消の鳶の者は屈強な肉体をもち、体中に入墨《いれずみ》を施し男伊達を競う者が少なくなかった。

火事のない時に、このような者に相撲を取らせているのであろう、との町奉行の想像に基づく禁止命令であったと思われる。町に居住する相撲取と鳶の者の類似性から発したもので、入墨を施した鳶

町火消（「火消千組之図大絵馬」成田山霊光館蔵）
いろは47組のうち「へ・ら・ひ」組は音が悪いので、「百・千・万」組と改めた。

の者に相撲を取らせることは考えにくい。そもそもこの当時、町奉行が鳶の者に対して強い警戒心を抱いていたことに起因するのであろう。この二年前の宝永六年（一七〇九）六月、町奉行は触れを出し「この頃、町中にてあばれ者多く、鳶の者共別してかさ高にこれあり、女など通り候を大勢寄合手ごめにいたし、つれのき候者もこれ有るよし相聞え、不届き至極に候」（「御触書寛保集成」）と、暴れ者でもとくに鳶の者が通りを歩く女性を大勢で手込めにしたとの事例や、さらに宝永七年四月「先年これあり候男だての類並びに鳶の者等、頃日町人方へ参り、何かどねだりがましき儀申し、町人ども難儀致し候よし相聞え候」（同前）と押売りなど金銭を要求するねだりがましい行為や、そのほかにも鳶の者の乱暴を禁ずる触れが出されており、この当時町奉行所にとって、鳶の者をいかに統制するかが大きな課題となっていたのである。ちなみにこの時の鳶の者は、定火消のもとにあった臥烟と呼ばれた火消人足も、従来の普請に関わる鳶も、町抱えの火消人足の鳶の者も区別なく念頭においていたのであろう。

勧進相撲の申請

正徳元年(一七一一)の町触れは、直近九年間で三一回、毎年開催されて軌道に乗ったと思っていた相撲の者に冷水を浴びせるかの効果をもった。とはいえ勧進相撲開催がまったく根絶されては、相撲の者たちの活計の道が失われる。そこで正徳元年四月に浦岩《うらいわ》袖之助・十七《としち》勘兵衛と八月に柳川文左衛門・十七勘兵衛が勧進元・差添になり、正徳二年には、二月に十七・柳川と、八月に中立庄之助・松風瀬兵衛と、九月に異国三太兵衛・中川増右衛門の三回、寺社奉行へ勧進相撲開催の願いが出されたが、いずれも「操り芝居」の一種として、あたかも紛れ込ませるようにおこない、寺社奉行専決で許可された。しかしながら正徳二年の三回目は、九月に申請され、いったん寺社奉行に許可されたものの実施はできなかった。なぜなら「御大変に付き差延ばし候」との事態が発生したために延期となったのである。

「御大変」とは、六代将軍徳川家宣《いえのぶ》の死去である。正徳二年(一七一二)九月十五日に風邪気味となり、二十三日には老中とも面会できない状態となり、十月十三日に上野寛永寺、鶴岡八幡宮、伊豆・箱根の権現社、三島・鹿島《かしま》大明神、香取《かとり》大社、駿河浅間社に病気平癒の祈禱が命じられたが、翌十四日、将軍家宣は四九歳で没した。幕府は将軍の薨去《こうきょ》とともに普請鳴物《ふしんなりもの》停止の事を十四日に命じた。大工の普請にしても、歌舞音曲の鳴物にしても、これらの喧騒を排し静謐《せいひつ》を保つことで、貴人の死去を悼む命令が鳴物停止令である。四代将軍家綱期から触れられるようになったが、鳴物停止の期間は物故者の国家内の権威の序列に応じて日数の長短が変わることから、鳴物停止日数が長ければ長いほど、その物故者の権威は高いものと人々に認識させるものとなった。将軍の死去は最長で四九日、三家は七日、老中は三日で、上皇の死去は江戸では三日であった。

将軍家宣の死去にともなう普請鳴物停止は十一月四日に普請が解除、十二月五日に鳴物が解除されると、相撲の者は十二月十八日に寺社奉行に、年内は日にちがないので、来春に延期したいと願い認められた。しかし将軍代替りや町奉行による抑制策によって、勧進相撲開催は減少した。逆に少なくなった娯楽の機会に欲求を満たそうと、人々の気持ちは逸ったものであろう。正徳五年(一七一五)は二月に松風・中立《なかだち》が、五月に荒汐《あらしお》仁太夫・十七が申請して認められた後、七月に、勧進元異国三太兵衛と差添立川七郎兵衛が申請した晴天八日の勧進相撲は、寺社奉行石川近江守総茂の内寄合(専決)で許可され、八月浅草大護院境内にて開催された。興行は盛況で晴天六日が終わったところで、「ことのほか人集まり口論なども出来候てはよろしからず候間、相止めさせ候様にと」老中の仰せによって中止することになった。町奉行による治安維持の観点から、老中の中止命令に結びついたものであろう。

これ以後、再び相撲の者たちによる勧進相撲申請は寺社奉行所に取り上げられることはなく差置かれる状態となった。正徳六年(一七一六)四月、七代将軍徳川家継《いえつぐ》が夭逝《ようせい》し、紀州藩主徳川吉宗が八代将軍に迎えられた。幕府が落ち着きを取り戻した享保《きょうほう》二年(一七一七)五月、勧進元竹熊弥太八と差添出來山峯右衛門が月番寺社奉行松平対馬守近昭に申し出、「相撲のもの渡世これなく渇命《かつめい》に及び候」と窮状を訴え、たっての願いを申し出たことから、これに応えて寺社奉行から老中井上大和守正岑に伺いを立てたところ、許可する旨を老中から仰せ聞かされた。そこで六月二十七日に寺社奉行内寄合によって願いの通り勧進相撲興行が許可されたのである。相撲の者たちにとって、この二年間の勧進相撲中止状態は、まさに「渇命に及ぶ」危機的な状況であったのだろう。

相撲の者の苦難

相撲の者にとっての厳しい状況はその後も続く。

享保三年(一七一八)から享保十九(一七三四)年までの一七年間に申請されて許可されたものが一一回、不許可となったものが一一回となった。不許可となったものは、すべて勧進元・差添両人から月番寺社奉行に勧進相撲興行開催の願いを出したものの、その段階で不許可とされている。寺社奉行の専決つまり自主規制による不許可であった。許可されたものは享保八年(一七二三)の開催許可まで町奉行・勘定奉行も加わる評定所において評議された上での許可であった。享保十年(一七二五)からは寺社奉行の内寄合で許可され、享保十八年(一七三三)まで続く。一年に平均すれば〇・六四回、三年

	不許可数	許可数		勧進全般	
元禄15(1702)		4	評定所　免		
16(1703)		3			
宝永元(1704)		4			
2(1705)		2			
3(1706)		3			
4(1707)		5	「為渡世」寺社奉行内寄合　免		
5(1708)		4			
6(1709)		2			
7(1710)		5			
正徳元(1711)		2	町触れ(町人の相撲禁止)		
2(1712)		3			
3(1713)		2			
4(1714)		0			
5(1715)		3			
享保元(1716)		0	中止		
2(1717)		1	評定所　免		
3(1718)		1			
4(1719)		1	町触れ(辻相撲の禁止)		
5(1720)		1	〃　〃		
6(1721)	1	0			
7(1722)	1	2			
8(1723)	2	1			
9(1724)	2	0		0	
10(1725)	2	2			
11(1726)		0		0	
12(1727)		0		0	
13(1728)		0		0	
14(1729)	1	1	内寄合　免		
15(1730)	1	0			
16(1731)		0		0	
17(1732)		1			
18(1733)		1			
19(1734)	1	0		0	
20(1735)				0	
元文元(1736)	(史料欠落)			0	
2(1737)				0	勧進全般
3(1738)				0	一切不許可
4(1739)				0	
5(1740)				0	
寛保元(1741)				0	
2(1742)					勧進制度化
3(1743)					
延享元(1744)			この年以降、寺社奉行		
2(1745)			専決四季一度ずつ許可		
3(1746)					
4(1747)					許可多数
寛延元(1748)					
2(1749)					
3(1750)		1	「為渡世」		
宝暦元(1751)		2			
2(1752)		1			

表5
勧進相撲の変遷

に二回の開催割合となる。江戸民衆の欲求は満たされず、真夏の夜、広小路などでおこなう辻相撲がまたぞろよみがえった。享保四年・五年と連続して辻相撲禁止の町触れが一二年ぶりに出されたのは、民衆の娯楽要求、相撲観戦要求の強さを物語っていよう。

江戸民衆の気持ちとは裏腹に、享保改革期の幕府政策は、相撲に限らずその他の大寺社の勧進や富突き興行や開帳など勧進に関わること全般にわたって厳正を極めた。寺社の造営や修復などを目的に各地に巡歴して人々から寄進を受ける勧進行為や、同じく造営・修復の費用を得るため、寺院の秘仏などを特別に公開し参詣者を集めて入場料収入を得る開帳興行や、現在の宝くじに相当する富突き興行も幕府の許可を必要とするものであった。江戸の勧進相撲興行をいっさい不許可にした享保九年(一七二四)・十一年・十二年・十三年・十六年・十九年には、その他の勧進許可を一件も触れていない。幕府は勧進相撲について、その他も含めた勧進政策全体の一環として位置づけ、この時期に安易な「渡世の為」の勧進相撲を認めず、許可基準を厳しくしたものと理解される。幕府の政策意図はどこにあったのだろうか。

徳川吉宗(徳川記念財団蔵)

享保の改革

八代将軍徳川吉宗政権によるいわゆる「享保の改革」の性格を検討しておく必要があろう。将軍吉宗はまず権力機構を固めた上で諸政策に取り組んだが、政権の時期に応じて段階的、計画的に政策を実施していった。幅広い、多方面にわたる総合的な政策のうち、ここでは勧進相撲に関わることに限定して説明をはかりたい。一つ目は相対済し令《あいたいすまし》である。享保四年(一七一九)十一月に発せられた相対済し令は、貸借訴訟(金公事《かねくじ》)を評定所は以後受理せず、当事者間(相対)で済ますようにという内容の法令であった。旗本・御家人の借金に対して債権者が訴えた数が多く、この金公事を今後受けつけず相互に相対で解決するようにということで、旗本・御家人に対する救済策との一面をもつ。しかしそもそもは評定所が繁忙であるため仕事を簡素化しようとした目的をもつ。評定所は勧進相撲開催の申請を評定所で審議することも避けたかったのであろう。相撲の者から寺社奉行が申請を受け、これを寺社奉行が評定所に上申せずに不許可とした事例が享保六年から九年までの評定所での審議期間中で六例もあるのは、評定所繁忙を解消しようとした政権の影響を受けていると見られる。

関係する二つ目の政策は吉宗政権が財政再建を大きな課題に据えたことである。元禄期の徳川綱吉政権による寺社修復・造営は全国で多大な出費(試算で約七〇万両)にのぼり、折しも鉱山からの収入にも陰りがみえ、幕府財政を圧迫した。続く宝永・正徳期の新井白石の時代にも財政再建策はみられず、享保期に至っていた。吉宗政権は、財政再建のために収入を増やし、支出を削減する方策を考えた。増収策としては新田開発と年貢増徴策をとった。新田開発の成果として、幕領の総石高は約四〇〇万石（享保七年〈一七二二〉）から約四五〇万石（享保十五年〈一七三〇〉）に五〇万石の増量となった。耕地面積の拡大に加え、定免法《じょうめん》など年貢増徴策によって享保九年から年貢収納高は上昇し、享保十二年（一七二七）は享保六年（一七二一）の二倍を超える収納高になった。

これらとは異なる別の増収策もおこなった。上米《あげまい》の制である。享保七年（一七二二）七月、大名たちに一万石につき一〇〇石の割合で米を上納するように命じた。そのかわり参勤交代での在府期間を半減するので、ゆるゆる休息するようにと伝えた。上米の年間総額は一八万七〇〇〇石余にのぼった。これは将軍からみれば「御恥辱を顧みず」と記す通り、主従関係において将軍吉宗は大名たちに対し借金をし、そのかわりに義務を軽減するとする、恥辱とさえ感じていた急場しのぎの増収策であった。享保十五年（一七三〇）四月に上米の制は中止されたが、八年間で一四九万六〇〇〇石の増収となった。

財政再建策は支出を削減させることにも傾注した。まず倹約令である。大奥の細々とした調度品の贅沢をいさめるような倹約から、大きくは寺社造営に関して、一年間の寺社修復費を一〇〇〇両に限定した。また「足高《たしだか》の制」という制度も享保八年（一七二三）に制定された。現在の役職手当のように、役についているあいだだけ俸禄を足し、役を止めた後は元に戻す制度とした。五代将軍は館林藩から六代将軍は甲府藩から、八代将軍は紀州藩から数多くの家臣を幕臣として編入した。そのため、幕府の人件費が増加していたのを少しでも抑制をはかり、人材登用しやすくするためであった。

質実剛健を旨として倹約を第一に考えるとき、開帳や富突き、芝居や見世物、相撲などの興行全般が抑制されたのである。恥辱を顧みず、上米を命じたように、幕府としては華やかな興行ではなく、財政再建まではじっと我慢の緊縮財政を続けたのである。江戸の「諸事節約簡素を旨とする」吉宗政権の方針は、興行世界にとって厳しいものとなった。これに対し、尾張藩名古屋は元禄以来の華やかさが続いていた。享保十五年(一七三〇)に尾張藩主となった徳川宗春《むねはる》は、武士の芝居見物を許したり、遊女町を許可したり、芝居小屋も活況を呈しており、名古屋の町は華美な風俗で賑わいをみせていた。これに対し将軍吉宗は、享保十七年五月、尾張藩主徳川宗春を譴責《けんせき》処分とした。三家の一つ尾張藩当主であっても、幕府の節約・簡素の方針に反する場合には処罰するだけの実力を行使したのである。

『祠部《しぶ》職掌類聚《しょくしょうるいじゅう》』「開帳願差免留」に記載の勧進相撲願書は、享保十九年(一七三四)までの記述の後、寛延《かんえん》二年(一七四九)まで記述がない。理由は不詳であるが、その間の一五年間の勧進相撲興行の有無は不明である。そこで、勧進相撲もその中に含まれる幕府の勧進政策全般の動向を示すことで、類推することにする。幕府は勧進全般について、享保二十年から寛保《かんぽう》元年(一七三五〜四一)の七年間は、新規にいっさい許可しておらず、寛保二年(一七四二)五月、勧進の制度化を整え、全国触れをおこなった直後から毎年多数の勧進を許可するようになった。これは吉宗政権の政策転換であり後述する。この幕府の勧進全般の政策からすると、おそらく江戸の勧進相撲についても寛保元年頃までは低調だったと類推して誤りはなかろう。

苦難の年寄たち

元禄末〜宝永期(一七〇二〜一〇)には江戸での勧進相撲は順調に開催され、相撲の者たちの生業として確立できるかと思われたが、享保元年(一七一六)から二十数年間はほとんど江戸では相撲興行はおこなえず、やむなく渡世の本拠地を江戸から京都・大坂、譴責前の名古屋などに移して、凌ぐほかなかった模様である。つまり江戸を拠点にしていたのでは「渇命に及ぶ」ことになるとの判断が働いたものであろう。政治状況・社会状況に柔軟に、しぶとく対応した相撲の者たちであった。このような相撲の者たちにとって苦難の時期に、粘り強く寺社奉行に勧進相撲興行を申請した者たちがいた。「開帳願差免留」には寺社奉行によって不許可になったものを含め、この時期に二二度にわたって勧進元・差添が勧進相撲の申請をおこなっている(表6)。不許可一一回には＊印をつけた。

元禄期から正徳期まで行司を含む興行師たち一八人の仲間(このうち現在まで年寄名跡の残る八人を含む)によって、順調に勧進相撲興行が開催された時期が終わり、改革を進めた徳川吉宗政権下で、興行全般が厳しい環境におかれた享保期において、申請主体となった名前を表に示した。現在の年寄名跡に継承される間垣伴七《まがきはんしち》が五回申請して最多、次いで中立庄之助・音羽山峯右衛門が各四回、玉垣額之助《たまがきがくのすけ》が三回と続く。ほかに佐野山丈助《さのやまじょうすけ》・立川七郎兵衛《たてかわしちろうべえ》が各二回で、一回は尾上只右衛門《おのえただえもん》、鏡山源助となる。以上の八人が今日の年寄名跡につながる者たちで、この厳しい期間を支えていた。

興味深いのは、年寄名跡として継承されなかったものの、浦岩袖之助が五回の申請者になっていることと、京都相撲の頭取と思われる松風瀬平が享保九年(一七二四)二月の勧進元になっていることである。江戸と京都の交流の深さをうかがわせる。またこの時期にはいまだ元禄期以来の興行師の異国三太兵衛が三回の申請者になっている。このことは、この苦難の時期が興行師主体から年寄主体への入れ替わりの過渡期にあたったことを示している。後述するように、その後の四季勧進相撲公認後に

願出	年　月	勧進元	差添	
1	享保3年6月	出來山峯右衛門	申頭庄之助	
2	4年2月	出來山峯右衛門	玉垣額右衛門	
3	5年7月	荒塩仁太夫	神林巻右衛門	
4	6年7月	間垣伴七郎	浦岩袖之助	＊
5	7年1月	上村牧右衛門	出來山峯右衛門	
6	7年5月	玉垣額之助	間垣伴七	
7	7年8月	鯛山里右衛門	中立正之助	＊
8	8年2月	音羽山嶺右衛門	浦岩袖之助	＊
9	8年6月	中立正之助	異国三太兵衛	
10	8年9月	荒熊熊右衛門	立川七郎兵衛	＊
11	9年2月	松風瀬平	間垣伴七	＊
12	9年4月	竪川七郎兵衛	浦岩袖之助	＊
13	10年2月	浦岩袖之助	鏡山源助	
14	10年6月	異国三太兵衛	中立庄之助(出し直し)	
15	10年7月	異国三太兵衛	中立庄之助	＊
16	10年10月	玉垣額之助	尾上只右衛門	＊
17	14年2月	音羽山峯右衛門	佐野山丈助	
18	14年8月	通熊久間右衛門	間垣伴七	＊
19	15年1月	中立伸右衛門	音羽山峯右衛門	＊
20	17年5月	音羽山峯右衛門	間垣伴七	
21	18年6月	浦岩袖之助	神崎森八	
22	19年7月	佐野山丈助	神崎森八	＊

人名表記は史料記載のまま。　＊不許可

表6　勧進相撲の申請

は、興行師の申請はほとんどみられなくなり、年寄による申請にほぼ限られる。

2　四季勧進相撲の成立

吉宗政権の政策転換

有能な政権担当者であった徳川吉宗は、政権末期に将軍個人の力に依存する専制的なものから、個人の能力に関わらない制度的な統治システムに転換させていった。これは次期九代将軍になる長子徳川家重の、劣った能力を推しはかったゆえのことでもあったろう。将軍が誰であろうとも統治が行き届く制度の確立と先例の整備をおこなったのである。五代綱吉政権が始めた服忌《ぶっき》令について、吉宗政権では元文《げんぶん》元年（一七三六）に最終的な追加改定が加えられ、これが明治維新まで通用することになる。「公事方御定書《くじかたおさだめがき》」（「御定書百箇条」）も編纂され、寛保二年（一七四二）に完成し、以後の裁判の基準法典となる。またこれまで幕府が発した触れなどの法令を部門別に類別集成する「御触書寛保集成」を編纂し、寛保四年（一七四四）に完成した。以後の幕府も触れなどの記録を保存し、集積すると、その後も御触書集成を編纂した。こうして法典編纂を進め、先例の中から解決の基準を見出せるようにした。

勧進（勧化《かんげ》）制度についても同様である。吉宗政権は財政再建のために寺社修復料を年間一〇〇〇両に限定したことは先述した。幕府として維持しなければならない日光東照宮や上野寛永寺のほか、古代以来の東大寺や薬師寺などの官寺、徳川家の菩提寺など、これら多数の寺社の維持に、年間一〇〇〇両では不足する。吉宗政権は、直接に幕府が財源を支出することをしないかわりに、勧進（勧化）制度を積極的に取り入れて制度化した。寛保二年（一七四二）、寺社奉行連印の勧化状《かんげじょう》を持参する者が、幕領・私領・寺社領の町在を巡行して勧化金（寄付金）を集める際、大名や旗本など領主が勧化を停止させてはならない、幕府の許可は私領主の権限を超えるものであるとした。制度が始まるや、全国の寺社から幕府に勧化申請が多くなされ、これを評議して許可した。寛保二年五月、まず出雲国日御碕《ひのみさき》神社に対し出雲・因幡・伯耆・播磨・備前・安芸・石見の七カ国における勧化活動を三年間許可したほか、伊豆国三島明神社に伊豆国など七カ国に三年間、筑波山神社に常陸国一カ国二年間の勧化を許可した。この年だけで一挙に八寺社に勧化を許可する触れを出した。その後も、翌年に五寺社、翌々年に三寺社、さらにその後は毎年五件・八件・五件の寺社に勧化許可を出し、堰を切ったように勧化はおこなわれるようになった。寺社の自助努力を幕府の権限で保証する制度で、幕府自ら経費を支出することなく、寺社修復を可能にさせたのである。

四季勧進相撲の公認

相撲の者たちも同様に勧進相撲興行の申請をおこない、江戸でも相撲興行が復活し始めた。拠点を江戸から他所に移していた相撲取が戻り、町人に抱えられる状態が復活したのであろう。寛保三年（一七四三）に町触れ（「御触書寛保集成」二六八二）が出され、先述の正徳元年（一七一一）の、町人が相撲取を抱えおくことの禁止が再び触れられた上で、「年久しき儀にて心得違のものもこれ有る旨相聞え候」と、勧進相撲の復活したことをうかがわせる文言となっている。この町奉行側の、治安上からあくまで相撲の者を容認しないという立場も、翌年には緩和された。

大岡越前守忠相《ただすけ》は町奉行としての名声がよく知られている。「いろは四七組」の町火消制度を確立したことはその一つである。先述したように、鳶の者たちの乱暴は目に余るものがあり、町火消の組織化は防火の観点からの成果であるとともに、組ごとの鳶頭支配のもとで秩序づけ、鳶の者を統制する効果をあわせもったものとして、治安維持の観点からも評価すべきであろう。その政策を進めた大岡忠相は、その後、元文元年(一七三六)から寺社奉行に昇進した。寺社奉行は譜代大名が就任する役職であり、旗本であった大岡忠相は石高を与えられ一万石の大名になった。大岡忠相の寺社奉行時代の役職日記(『大岡忠相日記』)によれば、延享《えんきょう》元年(一七四四)七月二十日、時の最高実力者であった老中松平左近将監乗邑《さこんのしょうげんのりさと》から寺社奉行四人(松平信岑《のぶみね》・大岡忠相・本多正珍《まさよし》・山名豊就《とよなり》)に仰せ渡しがあった。これより前に本多から相撲の儀につき老中松平乗邑に伺いを立てており、その返答が仰せ渡されたものである。老中の仰せは、「向後ハ願出候度々伺候之ニ不及候、願出候ハハ申付候て御届ハ可申上候、」つまり相撲の者からの勧進相撲開催の願いを、寺社奉行はこれまで老中に伺いを立てていたが、今後はその必要はなく、相撲の者に寺社奉行から許可を出してよい、その結果を老中に届ければよい、と命じられた。ただし老中は「尤一ケ年ニ何度と数を定置可申候旨被仰聞候付」と、相撲の開催は一カ年に何度と回数を定めおくように命じたので、「相撲度数ハ四季ニ壱ツ宛ニて御座候、」と寺社奉行は答えた。すなわち春夏秋冬の四季に一度の勧進相撲の幕府公認である。この際、勧進能についても同様の措置が決められた。この頃寺社の建立・修復のための勧進許可の申請も多数なされ、審議のために評定所が忙殺されまいと、評議件数を削減するところに直接のねらいがあったものであろう。しかし、相撲の者たちにとっては、これは申請通りにほぼ自動的に許可されるという、この上ない福音となった。これ以降、江戸において勧進相撲は恒常的に開催され、相撲の者たちの渡世は安定に向かい、現在に至る相撲興行のスタートとなったのである。

京都・堺の相撲

江戸と同様にこの時期、京都・堺についても勧進相撲は自動的に許可されるようになったとみられる。京都では前述したように元禄十二年(一六九九)から正徳六年(一七一六)までのいずれも然るべき名目のついた勧進相撲のあと、現存する京都相撲番付(相撲博物館所蔵)によれば、享保十三年(一七二八)九月の勧進相撲は「七條堀川橋掛替」を名目にしたものであり、享保十七年五月は「東寺四ツ塚石橋掛替」を名目に、享保二十年五月は「山科落合の石橋掛替」を名目に許可を受けている。さらに元文二年(一七三七)二月の相撲は「布袋薬師修復」を名目に、寛保元年(一七四一)四月は「西ノ岡久我縄手橋掛替」を名目に、寛保三年五月「新生洲町」のためにと勧進の名目が冠せられていた。

それが延享三年(一七四六)五月の番付では勧進の名目はいっさい記されず、単に「御赦免勧進相撲興行仕り候」とのみ記載されるように変化している。その翌年、延享四年六月は同様に「御赦免之勧進相撲興行」と記され、その後、寛延二年(一七四九)四月では「御赦免之大相撲」と大の字が加わり、さらに寛延三年(一七五〇)八月、宝暦《ほうれき》二年(一七五二)七月以降はすべて「御免之大相撲興行」の形式で番付に記されるようになる。

堺の場合も寛保三年(一七四三)には「相撲取り玉の井七五郎　願いにより」とあるのみで、それ以降は名目を示すことなく堺奉行は許可を出している。延享元年(一七四四)頃を境にして、京都や堺でも勧進の名目が落ちたことは、ここでも江戸の幕府と京都町奉行・堺奉行という役職の者が連携していたことをうかがわせる。また、勧進相撲の申請主体が、神社神主や寺院あるいは興行師ではなく、相撲取ないしは相撲を引退した親方である頭取が申請者になって願いを出している変化にも着目しておく必要があろう。

江戸の相撲

江戸では『祠部職掌類聚』に記載の再開される寛延三年(一七五〇)以降の願書は、すべて「渡世の為」の勧進相撲であり、その許可はすべて寺社奉行の内寄合で専決されており、延享元年(一七四四)の幕府評定所における老中松平乗邑の仰せ、すなわち幕府の決定を裏づけている。しかもその後、天《てん》

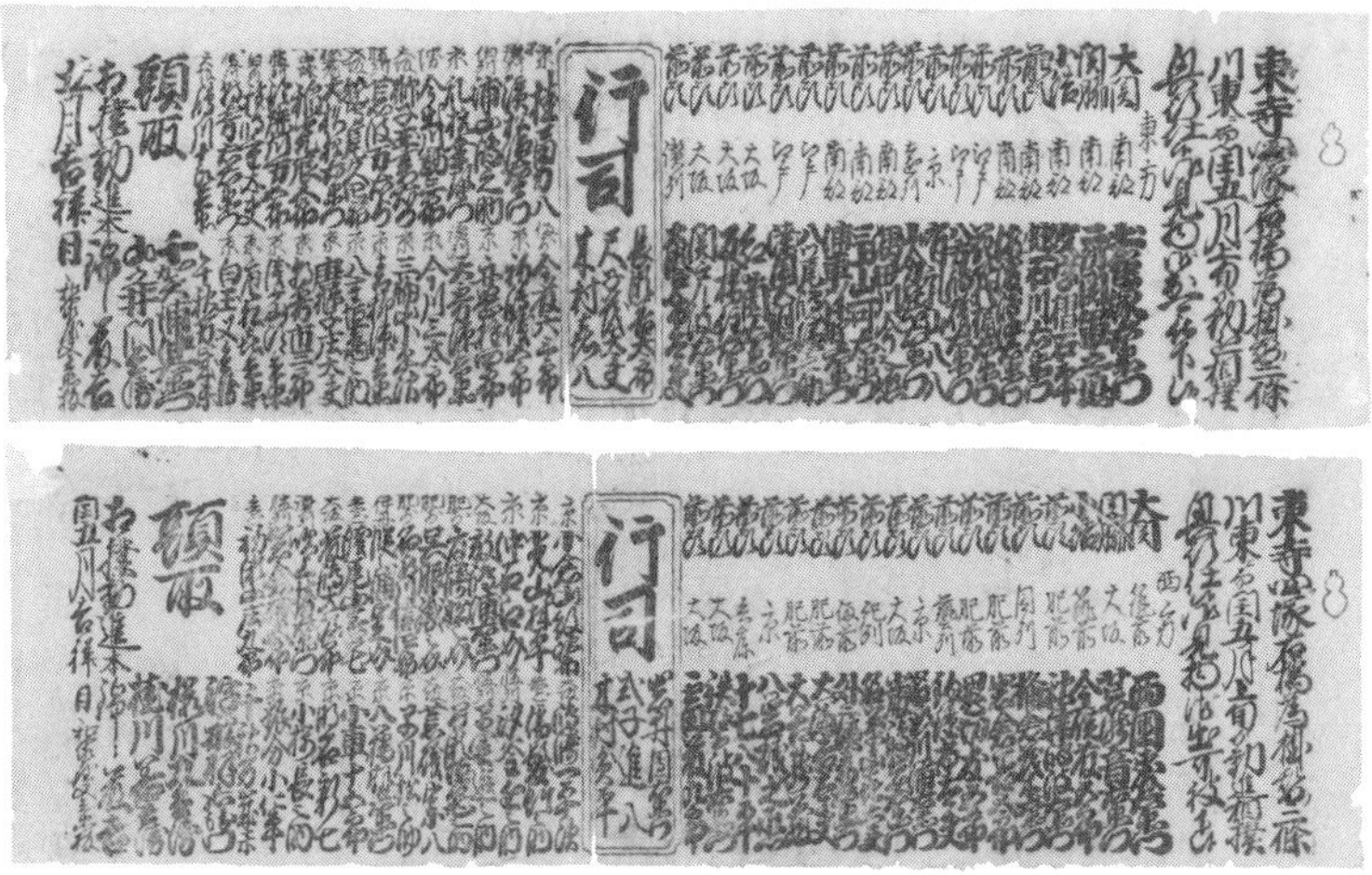

京都相撲番付　享保17年閏５月　東寺四塚石橋為掛替

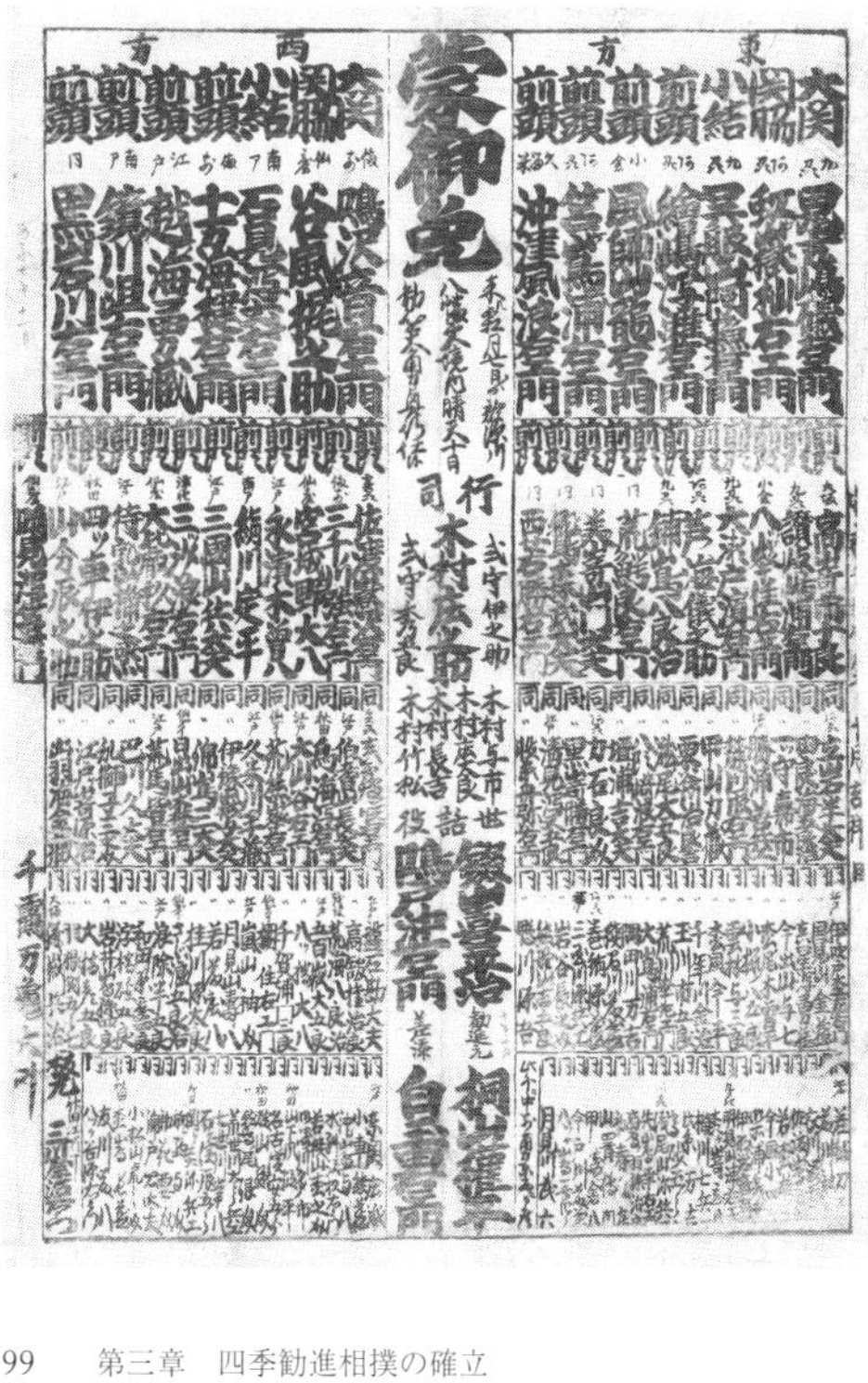

江戸相撲番付　安永７年11月深川八幡宮境内で晴天十日

明《めい》元年(一七八一)までの三一年間に、欠年なく恒常的に一季に一回限りの勧進相撲が毎年一～三回開催され、合計六二回(年平均二回)を数える。江戸での開催は冬季・春季に連続開催することが一七回ともっとも多く、次いで春季・夏季の連続開催が一一回あり、夏季・秋季開催は三回、秋季・冬季開催は二回と、宝暦・明和《めいわ》・安永《あんえい》期(一七五一～八一)の三一年間に六二回の開催があった江戸での四季勧進相撲は、必ず春季(現在の初場所)とその前後(冬と夏)を江戸で二季二回開催したのち、京都・大坂に移り、各一季一回ずつ開催して、また江戸に戻り開催するというサイクル(循環)を基本形として、時には江戸で一回のみ、あるいは三季連続開催という例外も含んだのであった。天保《てんぽう》九年(一八三八)、斎藤月岑《げっしん》の著した『東都歳事記』の三月の勧進相撲の項に「春冬二度なり、官に乞い晴天十日の間、寺社の境内に於て興行す。夏は京、秋は大坂にて興行す。都合四季に一度ずつ、年に四度なり」の説明がつけられているのは、右の宝暦～安永期の事情と合致する。

また四季に一度の江戸・京都・大坂で開催される勧進相撲興行は、「勧進大相撲」と「大」の字が入れられているように、全国の相撲取が集められた合同興行で「大」の字を加えてほかと区別した。その人数はたとえば安永七年(一七七八)三月にそれまでの晴天八日から京都・大坂なみに晴天十日興行が認められた江戸の勧進大相撲の場合、番付に記された相撲取の数は一五八人にのぼる規模になっていた。

相撲年寄仲間

徳川吉宗政権は後期に、法典整備のほか制度を確立させて、先例によって客観的な政策運用が可能になるようはかったが、そのほかに仲間化を進めて秩序化を図る政策もとった。先述した、鳶の者たちを「いろは四七組」の町火消組合に編成した事例のほかにも、江戸の町のごみを取り片づけ、永代島に運び埋め立てる作業を請け負った人々七五人が、享保十八年(一七三三)に組合設立を願い出、町奉行は翌年仲間を公認した。こうしたことも背景にして、相撲の者たちの仲間化も進んでいった。

ところで、寛保三年(一七四三)に町人が相撲取を抱えおくことの禁止が正徳元年(一七一一)以来、久々に触れられたことを先述した。これは江戸に相撲取たちが戻り、親方(師匠)の元に寄留している状態を示していよう。それから四年後の延享四年(一七四七)九月、武蔵国比企郡野本村(埼玉県東松山市)八幡宮の祭礼相撲に江戸の相撲取入間川《いるまがわ》五右衛門《ごえもん》は金四両の頼金で、入間川とともに吉野川色之《よしのがわいろの》助《すけ》・文字関綱右衛門《もじがせきつなえもん》の都合三人の相撲取を派遣し、元方(主催者側)として相撲をとった。この時、入間川はいわば二枚鑑札であったか確証はないが、主催者(野本村孫右衛門《のもとむらまごえもん》)との契約主体になっている。

それから二二年を経た明和六年(一七六九)九月、すでにともに現役を退いていた入間川五右衛門と伊勢海五太夫《いせのうみごだゆう》の二人の年寄は、野本村八幡宮の祭礼相撲(一日間)に、羽黒山善太夫《はぐろやまぜんだゆう》・佐渡嶽沢右衛《さどがたけさわえ》門《もん》・戸田川金治《とだがわきんじ》の三人の相撲取を礼金四両二分で派遣することを契約し、野本村孫四郎に宛てた証文を渡している(『東松山市史』)。江戸の年寄たちが相撲取を弟子として抱え、契約主体となっていることが確認できる。

弟子をもつ師匠である年寄（親方）は、入間川五右衛門はもちろん伊勢海五太夫も、かつて相撲取として番付に名前を連ねた者たちで、現役を退いて年寄となったものである。このような年寄たちが仲間組織をつくり、その中でおもだった二人がかわるがわる四季勧進相撲の勧進元・差添となって寺社奉行に申請をおこなった。かつて、勧進相撲の申請は興行師たちによって担われていたのが、相撲取を引退した年寄に徐々に移行していったことは述べた。四季勧進相撲が恒常的に認められた延享元年（一七四四）から六年後の、寛延三年（一七五〇）から天明元年（一七八一）までの寺社奉行所の記録「開帳願差免留」の三二年間の勧進元・差添を子細に分析してみることにしよう。

この三二年間に勧進元・差添として勧進相撲の申請者になったのは、延べ三九人であった。このうち宝暦元年（一七五一）八月の差添と宝暦二年十一月の勧進元を唐原《からはら》二郎兵衛《じろべえ》（六郎）が務めているのと、安永八年（一七七九）九月の勧進元を穂綱《ほつな》良助《りょうすけ》が務めている。この二人は相撲取や年寄の名前に該当するものはなく、おそらく興行師の町人であろう。また、行司木村庄之助が四回申請者になっており、同じく木村喜太郎が一回担っている。もう一人、明和五年（一七六八）二月勧進元になった絹嶋《きぬしま》八百八《やおはち》は相撲取ではあったが年寄名跡として見出せない。それ以外の三四人は現在の年寄名跡として継続するものである。ここから、年寄たちが江戸の勧進相撲興行の申請主体となっていたことは明白である。

この期間（寛延三〜天明元）でもっとも多く勧進元・差添を担った年寄は伊勢海五太夫で一五回、名跡を継いだ二代目伊勢海億右衛門《おくえもん》が七回と年寄伊勢海があわせて二二回となり、この時期、伊勢海が年寄仲間内で重い位置を占めていたことがうかがえる。次いで、玉垣額之助が一二回、白玉浪右衛門《しらたまなみえもん》が八回、春日山鹿右衛門《かすがやましかえもん》が六回、武蔵川初右衛門《むさしがわはつえもん》・佐野山丈助・桐山権平《きりやまごんべい》・入間川五右衛門が各五回、井筒万五郎《いづつまんごろう》・雷権太夫《いかづちごんだゆう》・木村庄之助・追手風喜太郎《おいてかぜきたろう》が各四回、鳴戸沖右衛門《なるとおきえもん》・音羽山与右衛門《おとわやまよえもん》・玉《たま》野井村右衛門《のいむらえもん》・若松平治《わかまつへいじ》・常盤山小平治《ときわやまこへいじ》・立山卯右衛門《たてやまうえもん》が各三回、放駒源七《はなれごまげんしち》・尾上唯右衛門・龍田川《たつたがわ》清八《せいはち》・田子浦源蔵《たごのうらげんぞう》・藤島甚助《ふじしまじんすけ》・久米川平蔵《くめがわへいぞう》が各二回、これに加えて一回だけ勧進元・差添になった年寄名を以下に列挙する。花籠与市《はなかごよいち》・荒汐仁太夫《あらしおじんだゆう》・片男波孝右衛門《かたおなみこうえもん》・立川七郎兵衛・間垣伴七・出來山峯右衛門・浜風今右衛門《はまかぜいまえもん》・錣山喜平次《しころやまきへいじ》・浦風与八《うらかぜよはち》・廿山要右衛門《はたちやまようえもん》・柏戸村右衛門《かしわどむらえもん》である。

以上の年寄たちが、幕府によって公認された四季勧進相撲体制を、寛延三年から天明元年まで（一七五〇～八一）の三二年間に担った顔ぶれである。

3　行司と相撲故実

吉田家へ弟子入り

延享元年（一七四四）に幕府公認となった四季勧進相撲興行の申請主体となった年寄である親方（師匠）は、勧進大相撲興行以外では、弟子である相撲取たちを地方の神社の神事奉納相撲などに派遣して礼金を受け、契約主体になり継続する態勢が整った。かつて関根戸兵衛《せきねとへえ》（山獅子戸兵衛《やまじしとへえ》）と大坂町人の興行師が個人契約して相撲興行を開催したものとは異なり、年寄(親方)が契約して弟子の相撲取を派遣する関係となっていた。このような年寄と相撲取の渡世集団にとって不可欠の存在が、相撲を裁く行司であり、かつ渡世集団に権威をもたらす故実と由緒であった。

新たな態勢が軌道に乗った寛延二年(一七四九)、中立庄之助と伊勢海五太夫の二人が肥後国熊本藩士吉田善左衛門へ弟子入りした。吉田善左衛門については第二章の元禄十二年(一六九九)京都岡崎村勧進相撲番付で述べたように、行司の筆頭に記された吉田追風のことで、万治《まんじ》二年(一六五九)に京都において細川家に召し出され、行司の家として熊本に居住していた。わざわざ江戸から熊本まで出向き、吉田家に入門して相撲故実を伝授される必要を、中立庄之助・伊勢海五太夫は強く感じたからにほかならない。

中立庄之助は、先述したように真田伊豆守の元家来で牢人して相撲の者と関わりをもったという後世(文政十一年〈一八二八〉)の由緒をもつ。「開帳願差免留」に見出せる初出は、宝永五年(一七〇八)五月に勧進元大竹市左衛門と差添で勧進相撲興行を寺社奉行に願い出た九重庄之助と思われる。次いで宝永七年正月、勧進元柳原文左衛門と差添中立庄之助が願い出ており、この時には中立に改名している。その後、中立庄之助は宝永七年閏八月、正徳二年(一七一二)八月、正徳五年八月、享保七年(一七二二)八月、享保八年六月、享保十年七月、享保十五年正月(中立仲右衛門の名前)と勧進相撲興行開催の願書を寺社奉行に提出している。この後、寛延二年(一七四九)を越えた宝暦八年(一七五八)六月の寺社奉行宛ての勧進相撲開催申請書には勧進元木村庄之助と記載され、以後も木村庄之助の名前で、宝暦九・十一年に申請者となる。すなわち四季勧進相撲が公認され軌道に乗る延享元年(一七四四)以前から、苦難の時期(享保期)にも年寄仲間の一員として、また行司として存在してきた人物であった。

文政十一年(一八二八)に九代目木村庄之助が由緒「相撲行司家伝」に書上げているところでは、中立庄之助は吉田善左衛門の存在を知って、あえて寛延二年に熊本に罷り越して門弟入りを果たしたと伝える。正徳二年と同五年には中立庄之助は松風瀬平とともに勧進元・差添を務めており、おそらく庄之助は京都相撲の事情に通じた頭取松風から、京都における相撲行司吉田追風が別格の行司であったとの、情報を伝えられたことは十分に考えられる。

吉田家は寛延二年(一七四九)八月、中立庄之助に対し相撲規式を伝え、門弟入りを許した。さらに木村と名乗り、「日本相撲行司目付」と定め、その後、木村庄之助の代替わりの節に、吉田家において神文《しんもん》(起請文《きしょうもん》)を致させ免許状を渡すこととした。免許状(『古事類苑』武技部)の文言を以下に示す。

免許状

無事之唐団扇《とううちわ》、并紅緒《べにお》、方屋之内、上草履之事、免之候、可有受用候、仍免許如件、

本朝相撲司御行司

十六代　吉田追風　印

寛延二年巳八月

江府　木村庄之助　との

木村庄之助は、無事の唐団扇並びに紅緒をつけることと、方屋（ここでは土俵の意味）のうちで上草履を用いることを、吉田家から代々免許された。木村姓は、すでに行司の名前にあるが、とくに陰《おん》陽《みょう》五《ご》行《ぎょう》説の木《もく》火《か》土《ど》金《こん》水《すい》を意識し、「東は春にて木を形取」ることから木村姓を代々名乗るよう、吉田家から申し渡された。

もう一人の熊本吉田家への入門者は伊勢海五太夫であった。幕府による延享元年（一七四四）の四季勧進相撲公認以降、三都での勧進大相撲で、伊勢海五太夫は京都・大坂の番付で前頭に載せられている現役の相撲取であった。ちなみに江戸の番付は宝暦七年（一七五七）から残っており、それ以前は伝存しないため伊勢海五太夫の江戸での相撲興行の番付は不明である。「開帳願差免留」によれば、伊勢海五太夫が年寄として江戸の勧進相撲の申請者になる初出は、宝暦六年（一七五六）七月であり、それ以降、一五回の申請者となる。先述したように、二代目伊勢海億右衛門がその後天明元年（一七八一）までに七回の申請者となっており、この期間年寄伊勢海は年寄仲間の中で重要な地位を占めていたことがうかがえる。

寛延二年（一七四九）八月の吉田家入門に話を戻すと、その当時はまだ伊勢海五太夫は現役で相撲をとっていたが、将来は年寄仲間で重責を担うものとその活躍が期待されていたのであろう。中立庄之助とともに熊本に赴き吉田善左衛門（追風）に入門し弟子入りした。吉田家から伝授されたものは「式《しき》字《じ》説《せつ》」と「力士目録」（『古事類苑』）であった。「本朝相撲司御行事十六代　吉田追風」から寛延二己巳年八月付で「式守五太夫殿」宛てに伝えられた「式字説」とは、「相撲式」の式の意義を伝えるもので、意訳をすると「式とは何か、法を取る名なり。是はわが行司家(吉田家)が世々相積み重ねて制しめたもの也、今、これを汝に伝える、汝またよくこれを用い制しめ、すなわち角觝《かくてい》場中に往てこの式に非ざる事なき也、これに遵《したが》いこれに力《つとめよ》」、すなわち相撲式とは相撲のしきたりの意味で、吉田家が代々積み重ねて制定してきたものである。今これを式守《しきもり》五《ご》太《だ》夫《ゆう》に伝えるので、相撲場中にこの式法が誤りなくおこなえるよう、遵守し努力するように、本朝相撲司御行司として式守五太夫に命じたものである。あわせて「力士目録」九カ条が伝授されたが、この九カ条は「右者文治年中、御定之法也、拙者門人之外、不相伝候、今度厚依懇望令伝授条、堅不可有他言者也、」と奥書されている。すなわち文治《ぶんじ》年中(一一八五〜九〇)に定めた法である「力士目録」は吉田追風の門人の外には伝わらないものである。このたび厚き懇望によりこれを伝授することになったが、堅く他言あるべからざるものなり、と式守五太夫に目録の伝授をおこなった。なお、相撲取をこれ以降今日まで、力士と呼ぶことがあるが、本書では混乱を防ぐために、相撲取の言葉を用いることとする。

吉田追風は、式を守るという含意をもつ「式守《しきもり》」姓を五太夫に与え、行司の門人としての目録を伝授した。伊勢海五太夫はこの当時、現役の相撲取として番付の前頭に名前を載せる者でもあった。行司式守五太夫と相撲取伊勢海五太夫はその後一人二役を続けたのであろうか。この問題を解決する史料が相撲博物館に所蔵されている。

覚

一、常州住人吉十郎、此度願いにより相撲行司古実之門弟に差加え、式守氏差遣わし、何国に於いても紛れこれ無く候、仍《よっ》て証状件の如し、

寛政五丑年七月吉日

本朝相撲司御行司

吉田追風末流式守三代

伊勢海村右衛門高弟

式守伊之助　印

英勝(花押)

式守伊重郎殿

これは寛政五年(一七九三)当時、常陸国在住の吉十郎に式守氏を遣わし、相撲行司故実の門弟に加える、という行司入門許可状である。入門許可を出す立場にあった式守伊之助英勝の肩書に注目すると、伊勢海村右衛門の高弟であり、この村右衛門は式守三代でもあるという。安永九年(一七八〇)八月に差添として勧進相撲の申請を寺社奉行におこなった柏戸村右衛門が、伊勢海億右衛門の跡を継いで三代目伊勢海村右衛門になったものである。ということは、三代伊勢海村右衛門の先々代にあたる伊勢海五太夫こそが、式守初代、式守五太夫その人となる。

伊勢海五太夫は、現役相撲取として寛延二年に吉田追風から式守五太夫の行司としての名乗りと目

録などを受けたあと、数年後には相撲年寄伊勢海五太夫の道を選んだ。宝暦六年(一七五六)七月には勧進元として寺社奉行に勧進相撲を申請している。行司のほうは高弟式守伊之助に託し、伊之助は式守姓の行司の頂点に立ち、弟子を取って、式守姓の行司を組織化することになった。

かくして木村庄之助を頂点とする木村姓行司と、式守伊之助を頂点とする式守姓行司の二つの行司の流れが確立して、相撲渡世集団の重要な一角を担う存在となっていく。ちなみに、木村(中立)庄之助と式守(伊勢海)五太夫を同格とみなすのであれば、五太夫の弟子式守伊之助は木村庄之助よりは格下ということになろう。今日に続く、立行司《たてぎょうじ》木村庄之助を式守伊之助の上位に据えることの淵源といえよう。

諸国の行司——とくに長瀬越後

江戸の相撲年寄仲間が、行司の態勢づくりに、熊本藩士の吉田善左衛門(追風)に弟子入りしたことを述べてきたが、吉田家のほかにも行司の家は存在していたが、なぜ吉田追風であったのか、もう少し検討を加えておこう。天正《てんしょう》六年(一五七八)二月二十九日、織田信長が近江国の相撲取三〇〇人を集めて安土城にて相撲を取らせて上覧した際、行司は木瀬《きせ》蔵春庵《ぞうしゅんあん》と木瀬太郎太夫が務めたことが「信長公記」に記されている。慶長《けいちょう》年間には岩井播磨の名前も見出せるほかに、元禄十二年(一六九九)の京都岡崎村天王社修復のための勧進相撲には、吉田追風・岩井団右衛門・木村茂助・吉田虎之助の行司名が見出される。同じく京都で開催された享保十七年（一七三二）の勧進相撲には、盛岡藩の相撲奉行が領内一八人の相撲取を引き連れ、行司長瀬善太郎《ながせぜんたろう》とともに上京して東方を占め、西方の九州相撲などと対戦した。この時の東方行司は長瀬善太郎と紀州藩徳川家抱えの行司尺子茂太夫《しゃくししげだゆう》と木村喜八が務め、西方行司は式守新八・木村円平が担っている（「南部相撲文書」）。

　この上京の折に、長瀬善太郎はかつて四代前の岩井播磨守が受領名を頂戴したように、自分も「此度も御高家様方のうち国名にても頂戴仕り罷り下り申すべき段、国元にても中入れ置き候」（「兼香公《かねかこう》記《き》」）と、盛岡を発つ前から国名拝領に意欲的であった。しかし「御所方筋御縁も御座なく候」と、どこに願い出るか縁もないことから、今回の勧進相撲の主体となった岡崎村が「一条様御領地にて候故、幸の儀と存じ」岡崎村の村役人中へ盛岡藩京都留守居《るすい》栃内軍蔵《とちうちぐんぞう》とともに長瀬善太郎は願い入った。一条様とは、享保十七年（一七三二）の「公卿補任《くぎょうぶにん》」（中御門《なかみかど》天皇治世）によれば、右大臣一条兼香《いちじょうかねか》四一歳であり、関白近衛《このえ》家久《いえひさ》、左大臣二条吉忠《にじょうよしただ》に次ぐ地位にあった。

　六月九日、長瀬善太郎は留守居栃内軍蔵、岡崎村庄屋三郎右衛門《さぶろうえもん》同道で一条家に上がり、一条家諸太夫入江則明《いりえのりあき》の取り次ぎで、願い通り「越後」の国名を格式のある和紙の中高檀紙《ちゅうたかだんし》に認めたものを受領する。長瀬善太郎は国名頂戴を願い出た際、先例を示しており、四代前の行司岩井市右衛門が播磨守を受領した際、「式正之時風折烏帽子《かざおりえぼし》」など装束に関する許状も先祖より伝来していることを伝えた。装束に関して、一条家諸太夫は京都町奉行に伺いを立てていた模様で、京都町奉行本多筑後守は、内々に岡崎村役人吉田佐兵衛尉と長瀬越後を招き、「装束の事、勧進相撲之間ハ着用すべからず」、と勧進相撲に公式の装束を着すことを禁じた。長瀬越後は南部家の扶持人であるといえども、「勧進之間ハ乞食《こつじき》の類の如し」であるからとした。装束を着用しなければ勧進相撲に出ることは差し支えない、とも伝えた。この件は事前に、武家伝奏を介して京都所司代牧野河内守《まきのかわちのかみ》にも伺った上のことであった。風折烏帽子をつけての正式の装束で、乞食の類のごときと賤視される勧進相撲に出場することは、京都所司代・京都町奉行、武家伝奏によって禁止されたことは注目しておきたい。

後年、文化《ぶんか》五年(一八〇八)に長瀬越後の子孫が、父祖同様に「越後」の国名を一条家に依頼し、許された。その際、長瀬越後から由緒書上げがなされ、後陽成院《ごようぜいいん》の禁裏行司であった岩井市右衛門(後に播磨守)の弟子に生方次郎兵衛《うぶかたじろべえ》がおり、生方の弟子に小笠原嘉左衛門《おがさわらかざえもん》と岩井佐左衛門《すけざえもん》とがおり、長瀬越後はその小笠原の弟子になるという。一条家では、諸太夫の嶋出羽介《しまでわのすけ》・入江式部少輔《いりえしきぶしょうゆう》が連名で「越後」の国名の許状を与えたがその際、二人から次の書付が渡された。

後陽成院御宇《ぎょう》相撲叡覧之節、岩井播磨守より相備え置き候、相撲式法ならびに制禁之儀共、故実伝来之通り、猥《みだ》りがましく相ならざる様、相守るべき旨、享保之度、亡父同姓越後え申渡し置き候えども、年久しく相成り候事に付、此度猶又其方えも申渡し候条、故実退転致さざる様、精々相守るべく候事、(「忠良公記」)

岩井播磨守から伝来する相撲式法・制禁の故実が守られるよう命じられており、そこに行司家の一つの系統をうかがわせる。盛岡における相撲の土俵は円ではなく四角いもので、そこにも独自の相撲故実をうかがわせる。

前述の諸行司家は、享保年間に「相撲伝書」を記した木村守直《もりなお》のように、それぞれの相撲式法や相撲故実を備え、自家の由緒と権威を高めようとはかっていたであろう。もちろん吉田追風も相撲故実を備え、自らの権威を高めるべく由緒も整備していた。これら数多く存在した行司家の中から、江戸の相撲年寄たちがなぜ吉田家を選んだのであろうか。行司家を抱えたり、免許状を与えたりした権威としては、吉田追風の熊本藩細川家よりも、三家である紀州藩徳川家抱えの行司尺子茂太夫のほうが上位であろう。それ以上に、盛岡藩南部家抱えの長瀬越後は、摂家一条家から国名を許されており、行司家としての権威は吉田家より上位にみえる。それにもかかわらず江戸の相撲年寄仲間は吉田追風に入門し弟子入りすることにしたのである。次に吉田追風の由緒と相撲故実について、検討しよう。

吉田追風の由緒

以下に示すのは寛政元年(一七八九)十一月に幕府寺社奉行牧野備前守の尋ねに対し上申した吉田追風の書付(「相撲上覧記」)である。寛延二年(一七四九)の中立庄之助・伊勢海五太夫入門時にも大きな違いはなかろうが、より整えられていよう。書付は八カ条あるが、意訳しながら紹介する。なお便宜のために箇条の番号を付した。

南部相撲興行之図(部分、享保17年)
四角い土俵が描かれている。

(一)　相撲之起こりは天照大神の御時より始り、朝廷にては、垂仁《すいにん》天皇御宇、相撲之節会《すまいのせちえ》行はれ候得共、いまだその作法正しからず、争いの端のみに罷り成り、勝負の裁断定めがたく、聖武天皇神亀《じんき》年中、奈良都に於いて、近江国志賀の清林と申す者を召し、御行司に定められてより相撲の式、委しく相備り、子孫相続の処、多年兵乱打ち続き、節会行われ申さず、志賀家も自然と断絶仕り候、

(二)　後鳥羽院文治年中、再び相撲之節会行われ候ところ、志賀家断絶の上は、御行司相勤べきものこれ無く、普くお尋ね御座候処、私先祖吉田豊後守家次と申す者、越前国に罷り在り、志賀家の故実、伝来仕り候旨、叡聞に達し、五位に叙せられ、追風の名を賜り、朝廷御相撲之御行司に定め置かるべき旨、勅命を蒙り、この時召し相い用い候、木鈫、獅子王の御団扇を賜り、代々相撲節会の御式相勤め申候処、また承久の兵乱起り、節会も中絶仕り候、

(三)　正親町《おおぎまち》院永禄《えいろく》年中、相撲之節会行われ候処、十三代目追風罷り出、旧例の如く相勤め申し候、

(四)　元亀《げんき》年中、二条関白晴良《はるよし》公より、日本相撲の作法、二流これなきとの事にて、一味清風《いちみせいふう》と申す御団扇幷烏帽子・狩衣・唐衣・四幅の袴、下し置かれ候、その後信長公、秀吉公、権現様御代にも、度々御相撲之式相勤め候、元和《げんな》五年四月十七日、紀州和歌山東照宮御祭礼において、御相撲之式御頼みに依り、御祭礼奉行朝比奈惣左衛門と諸事申し合相勤め申し候、之に依り御刀拝領仕り候、

(五)　十五代目追風に至り、朝廷御相撲之節会も、自然と御中絶に相成行れ申さず候、二条様御家には、相撲にて御懇の筋目御座候ニ付、他へ罷出申したき段願い奉り候処、願いの通り相叶い、万治元年

より当家へ罷り出相勤申し候、

(六)　元禄年中、常憲院様、牧野備後守様へ成らせられ、相撲上覧の節、彼方様御家来鈴木梶右衛門と申す仁、入門の御頼みこれあり、将軍家、上覧之式、一通相伝致し、品々拝領物仕り候、

(七)　元祖より私迄、都合十九代、前文の通り、禁裏その外の御方様より、追々拝領の品、今もって持ち伝え、相撲の故実伝授仕り来たり申し候、

(八)　当時諸国之行司、幷力士共へ之免許、私家より代々差出し来たり申候

以上八カ条について、その内容を検討してみよう。

第一条目は、古事記・日本書紀に伝承のある垂仁天皇の時代に、相撲節会がおこなわれたが、その作法が正しくなかったため勝負の裁定がつかず、聖武天皇の神亀《じんき》年中(七二四〜七二九)、近江国の志《し》賀清林《がせいりん》を行司に定め、相撲の式が備わった。その後、多年にわたる兵乱のため節会がおこなわれず、志賀家も断絶した、とする。吉田家の「相撲式」には、この内容をさらに詳しく記したあとに「相撲伝書に見えたり」と記されており、享保年間に成った木村守直著『相撲伝書』に依拠したことを述べている。すなわちそれ以前に吉田家独自の故実書がなかったことをうかがわせ、中世以来という家柄の古さに疑念を抱かせる。

第二条目は、後鳥羽院の文治年中(一一八五〜九〇)に相撲節会を再興したところ、志賀家は断絶し

ており、越前国在住で先祖の吉田豊後守家次が召し出され、五位・追風を賜り、「朝廷御相撲之御行司」と定めおく勅命を蒙ったという。相撲節会が後鳥羽院文治年間から続けられ承久の乱で中絶した、というのは史実にはない。また「朝廷御相撲之御行司」、あるいはこれ以降、自らの肩書きに「本朝相撲司」と再三用いるが、これはとうてい信じがたい僭称《せんしょう》というほかあるまい。『古事類苑』によれば「相撲司」とは「相撲節より一月前、左右の相撲司を任じ、参議以上を左右司に分配して諸般の事を準備せしめ、親王を以て別当となす。」とある。参議以上の公卿を相撲司に任ずるものであって、かつて木曾義仲の麾下《きか》にあり越前国に引き退いていた者（「相撲式」に記される）を、参議以上の職に任ずるとは到底考え難い。

第三条目は、正親町院永禄年中（一五五八〜七〇）に相撲節会がおこなわれたとは、史実にない。戦国騒乱真っただ中で、永禄二年（一五五九）の正月に白馬・踏歌の節会がおこなわれたのが唯一の例外で、永禄十二年までのあいだ、元日に四方拝だけは欠くことなくおこなわれたが、そのほかに節会がおこなわれた記述は「公卿補任」にはみられない。また平安時代の九六四年から甲子の年に元号を改める中国王朝の慣行（甲子革令《かっしかくれい》）を採り入れ、その後六〇年に一度、甲子の干支には改元を一五〇四年（永正元）までおこなってきたのだが、永禄七年（一五六四）には甲子革令の改元もおこなえないほど、朝廷は機能せず、公家たちは戦乱の京都を離れ地方に下国していた者も少なくない状態であった。

第四条目で、元亀年中（一五七〇〜七三）関白二条晴良より与えられたという「一味清風」の団扇や装束について、その真偽は確かめようがないが、「日本相撲の作法、二流これなき」と記すように、他の行司家に礼法・故実が存在することを認めた上で、吉田家一流こそが行司であることを主張するために、二条関白を引き出したものとの疑念の余地を残す。また、十四代追風が朝廷御相撲の式相勤め候とあるが、まだ平和は訪れてはおらず、朝廷で相撲式を必要としたとは考えられない。さらに、元和五年(一六一九)紀州和歌山東照宮御祭礼において御相撲と記すが、和歌山東照社は元和六年から造営を始め、元和七年十一月に完成し、祭礼は元和八年から始まるので、史実とは考えられない。

第五条目、吉田家と二条家とのつながりは第四条目と同様に定かではないが、万治元年(一六五八)に細川家に抱えられ、京都から熊本に行ったという。「細川藩先祖附《せんぞづけ》」によれば万治二年、吉田善左衛門は京都において細川家に五人扶持二〇石で初めて召し抱えられたと記され、この点は大過ない。

第六条目、元禄年中(一六八八〜一七〇四)に将軍徳川綱吉が側用人牧野備前(後)守成貞《なりさだ》の屋敷に御成りをしたことはあるのだが、「将軍御成り」は厳粛な儀礼で、能舞台を設け演能を見るもてなしはあるが、相撲上覧は考えにくい。

第七条目の拝領の品については確かめようがない。

第八条目の、現在諸国の行司・力士に免許状を発行することは、実態を述べたものである。

以上の吉田家の由緒とその主張に対して、江戸時代後期の博覧で知られた国学者喜多村信節《きたむらのぶよ》は『嬉《き》遊笑覧《ゆうしょうらん》』の中で、細川家士吉田氏の家説・相撲故実（八カ条の由緒書）をみるに、その始祖を相撲の行司に定めたこと「正史に所見なし、其他も推て知るべし」と書き記し、吉田家由緒に色濃い疑念を呈している。

前述した八カ条の逐条の検討においても、第五条目の細川家に抱えられたことと第八条目を除いては、史実として確かめられることはほとんどなかった。家の由緒書きとはそのように、虚実が入り混ざり客観的に証明できないことを含むことが、往々にしてある。江戸の相撲年寄仲間、中立庄之助・伊勢海五太夫にとって、吉田家の由緒が真実であるか否か、見極める能力を持ち合わせていなかったとしても、そのことはどうでもよかったのではないか。吉田追風が寛延二年（一七四九）段階において、もっとも格式ある行司家との評価を、江戸相撲年寄はおこない、京都相撲との交流からの近づきやすさもあり、入門して故実門弟となった。その結果、吉田家の史実とは乖離するまことしやかな相撲故実の内容を、江戸相撲渡世集団は、自らの権威として身にまとうことにしたのである。

第四章　軌道に乗る四季勧進相撲

1　追い風となった二つの争論

八王子出入り一件

年寄・相撲取・行司による渡世集団が組織化され、三都で開催される四季勧進大相撲と、それ以外の時期には、年寄（師匠）―弟子の単位で地方の興行に出向き渡世をする、この態勢が宝暦《ほうれき》期～安永《あんえい》期に整い出したところに、これから述べる二つの事件が相撲渡世集団にこの上ない追い風となって、その後の安定をもたらすことになった。一つ目の事件は宝暦八年（一七五八）の「八王子出入り一件」と二つ目は明和《めいわ》九年（一七七二）の「越後国相撲出入り一件」である。

年寄（師匠）―弟子の相撲取が単位となって、武蔵国比企郡野本《のもと》村八幡宮の祭礼相撲に出場し、収入を得たことは先述した。それよりも規模の大きい、地方での勧進相撲興行が武蔵国多摩郡八王子村において、年寄玉垣額之助《たまがきがくのすけ》が中心になって晴天五日興行でおこなわれた。相撲興行が始まると、八王子近辺の「えた」が見物にきて、相撲側が見物させない旨を伝えると、「えた」側が大勢で罷り越し口論に及んだ。そこで相撲側は、三日目で興行を打ち切り、江戸に帰り町奉行土屋越前守正方に訴え出た。相撲側は、年寄玉垣額之助と木村瀬平《せいべい》が訴人となり、相撲興行ができないと「家業に相成らず、大勢の年寄・門弟ども」が難儀するので、「えた」頭弾左衛門《だんざえもん》に命じて、「えた」が相撲場にこないようにしてほしいと訴えた。以上は相撲側の立場からの説明である(「南部相撲文書」)。相撲場に押しかけた「えた」側の主張は異なる。

「えた」という言葉は古く中世からあるが(盛田嘉徳『中世賤民と雑芸能の研究』)、およそ元禄期《げんろくき》(一七〇〇年頃)に幕府や藩で用いる公文書に「穢多」という文字をあてて、「かわた」や「長吏《ちょうり》」と自称していた人々を総呼するのに用いられ出した。「穢多」という文字自体に差別を含むので、本書では「えた」と平仮名書きにして用いる。第二章末の「元禄文化」で述べたように、死や血を穢れたものとし、これを避ける生類憐みの令や服忌令《ぶっきりょう》が多年にわたり命じられたことで、社会の価値観は転換した。これにともない、清めに携わる「かわた・長吏」や非人に対する賤視が強まっていったことは前述した。

八王子近辺の「えた」に限らず、各地の「えた」は興行主催者ではなくその土地(場所)の権限としての興行権をもっていたとみられる。京都では、賀茂川の河原での元禄~正徳《しょうとく》期の勧進相撲で、相撲側は興行許可料にあたる櫓銭《やぐらせん》を河原での権限をもつ「えた」側におさめていたが、やがて享保《きょうほう》期から相撲側が櫓銭納入を拒んだため争論となった(原田伴彦「近世の賤民と雑芸能」)。紀州和歌山でも「芝場《しばば》」(興行)権をめぐって、同様の争論が享保期以降生じている(藤本清二郎「江戸中期、紀州日高平野における「芝場」争論」）。享保十四年（一七二九）秋、伊豆国三島神社での勧進相撲興行においても、相撲側と「えた」側との争論が起こり、次いで元文《げんぶん》四年（一七三九）駿河国府中での勧進相撲興行でも、「えた」側の見物を相撲側が拒んだことから争論が生じていた。さらに相模国大住郡大槻村での相撲興行でも同様の争いがおこっていた。

ところで「えた」側の主張する興行権は、相撲興行に限ったものではなかった。勧進能・人形浄瑠璃や歌舞伎芝居などの興行についても、場の支配権を主張して、「えた」が興行主催者と争っていた。寛文《かんぶん》七年（一六六七）二月、金剛太夫の勧進能が開催されたところ、「えた」頭弾左衛門に断りがなかったため、「えた」側が乱入して興行を中止に追い込んだ。幕府はこの騒ぎに対し、「えた」側の主張を認め、罰していないところからも、弾左衛門の場の権利を認めていたのであろう（脇田修『元禄の社会』）。このように興行側は、もともと「えた」側に、興行場を使用するにあたって櫓銭と称して銭を支払っていた。やがて銭のかわりに木戸札（入場札）を渡すだけになり、ついには木戸札を渡さず入場を拒むほどになっていったのである。興行側による「えた」締出しの背景には、社会全体の「えた」側に対する賤視の深まりが考えられる。

こうした中で、「勝扇子《かちおうぎ》一件」と呼ばれる幕府裁許が、宝永《ほうえい》五年（一七〇八）になされた。京都の操り人形師小林新助が安房国で勧進興行したところ、「えた」側が乱入した一件について、幕府は弾左衛門側を罰した。寛文七年（一六六七）の勧進能と宝永五年の人形浄瑠璃との四〇年間余りで、幕府は

「えた」側の興行における場の支配権を否定したことになる。これは大きな転機となった。人形浄瑠璃に限らず、同様の課題をもっていた歌舞伎芝居では、二代目市川團十郎がこの争論と幕府裁許を記録に留め、その表紙に「勝扇子」と記したことで、興行する者たちに「勝扇子一件」として情報が共有されるようになった。

これは相撲の者たちにとっても重要な情報となったであろう。「えた」側に木戸札を渡さず、入場拒否をして、「えた」側の実力行使を受け、興行が中止に追い込まれるという問題は、宝暦八年(一七五八)「八王子出入り一件」で、幕府町奉行に持ち込まれ、裁判になった。町奉行所の掛り吟味役中村八郎右衛門は、「えた」頭弾左衛門と相撲年寄玉垣額之助ら双方を召し出し吟味の上で内済にしようとしたところ、相撲側の行司木村庄之助一人が残って、吟味役に対し、「禁廷節会の相撲故実、行司・相撲家筋の儀を」つぶさに上申した。九年前の寛延《かんえん》二年(一七四九)自ら伊勢海五太夫とともに、熊本の吉田追風から伝授された相撲故実を開陳し、朝廷(禁廷)の相撲節会と自らの勧進相撲興行とを結びつけたのであった。この結果、町奉行は、今後津々浦々に至るまで「えた」には相撲見物をさせないことを弾左衛門に命じ、請け証文を提出させた。相撲側にとって決定的に有利な裁許を引き出したのだが、「えた」側からみればそれまで肩を並べて相撲見物できたのが、原則としてこれ以降は相撲興行の場に姿をみせることはできなくなった。こういう形で、弾左衛門配下の人たちに対する社会的な差別はいっそう進められたのである。

越後国相撲出入り一件

相撲渡世集団に追い風となった二つ目は、「越後国相撲出入り一件」と呼ばれる事件である。明和《めいわ》九年(安永元年〈一七七二〉)七月、越後国蒲原郡新堀村(燕市)にある浄土真宗の永了寺(栄竜寺とも)の向拝新築のため、村上藩内藤家三条代官所の許可を受け、村方で素人相撲(晴天三日)を興行していたところ、近くの与板《よいた》で相撲興行をおこなっていた江戸の相撲年寄井筒万五郎《いづつまんごろう》の門弟である角文字林平《かくもんじりんぺい》と四海波勘五郎《しかいなみかんごろう》の二人の相撲取が押しかけ、開催主体の元方《もとかた》の素人相撲に対し、寄方《よりかた》となって取り組み、負かした上で、木戸銭を取り上げようとした。木戸銭を取り上げられてはならないと、村方が奪い返し、双方の争いとなったもので、二人の相撲取は脇差を振り回し、村方の者たちは竹やり・斧・鋤などを携え、乱闘になったところ、寺の住職が、脇差を振り回して死者が出てはいけないと、袈裟で脇差をくるみ、相撲取から取り上げたところ、村方の者たちは携えた道具で相撲取を滅多打ちにした。その結果、角文字林平は打ち殺され、四海波勘五郎はほうほうの体で江戸まで逃げ帰った。早速、江戸では相撲年寄から町奉行牧野大隅守《おおすみのかみ》成賢に訴えがなされ、取り上げられた。吟味の上、永了寺住職と年寄井筒万五郎は三〇日の押籠《おしこめ》(門を閉じて自宅謹慎)、村役人たちは三貫文ずつの過料(罰金)、角文字殺害に関係した村方の一一人と四海波は入牢、のちに四海波と村方の多くは牢死した。

この吟味の際、町奉行牧野大隅守は相撲年寄の伊勢海五太夫と行司の木村庄之助を召し出し、相撲故実を尋ねた。これに両者は答えて、素人の相撲とは異なる、今や相撲渡世集団に備わった相撲故実と作法を主張した。二人の吉田追風への入門から二三年が経過しており、相撲故実は身についていたものであろう。この結果、相撲故実を備えた相撲渡世集団と素人との違いを認めた幕府は、翌安永二年(一七七三)十月、全国に次の触れ(「御触書天明《てんめい》集成」三一八六)を出して、相撲渡世集団に格別に有利な権限を付与することとなった。

安永二巳年十月

角力《すもう》興行の節、木戸を建て、札銭取候儀ハ、角力渡世致し候もの之儀ニこれあり候、しかるところ国々ニおいて御料は御代官、私領は領主、地頭え願いの上、素人ども寄合角力相催し、其の外神事などの節も角力興行致し、殊に神事などのみぎり興行致し候は、畢竟《ひっきょう》先年より致し来たり候嘉例にて興行致し候付き、見物も群集致すべき故、取り締まりのため囲いなど致し候までにて、木戸を建て札銭など請け取候儀、向後無用に致すべく候、尤も勧進角力興行致し候は、角力渡世の者どもえ対談の上催し候儀は格別の事候間、其の趣相心得、在方の者ども心得違いこれ無き様致すべく候、右の趣、向々《むきむき》え寄々相触れらるべく候、

十月

触れの内容は(1)相撲興行の際に木戸を建てて札銭(入場料)を取るのは相撲渡世集団に限られること。素人が木戸を建て札銭を取ることは、今後いっさい禁止する。(2)もっとも、素人が相撲渡世集団に

「対談の上」で勧進相撲を催すのは特別に許される、という内容であった。この「対談の上」とは、相撲渡世集団に金銭を支払って「土俵免状」や「四本柱免状」などの許可を得るという内実を含んでいる。

幕府は右の触れ「素人相撲の禁止」を出した後、十二月二十七日に伊勢海五太夫と木村庄之助を呼び出し、触れの(1)(2)の内容を示した上で、たとえ素人が相撲渡世集団に断りなく木戸を建て札銭を取るようなことがあったとしても、相撲場で木戸銭を奪うなどの「騒がしき争論」を決してしないよう慎むようにと請け証文を出させ、「越後国相撲出入り一件」は落着した。

触れは幕府から在方まで行政ルートにのって伝えられる。最後は村の名主・庄屋たちにまで届けられることが、現在保存されている村役人の「御触書留」などの歴史資料(アーカイブズ)によって確認でき、村役人は村人に内容を伝える。問題は触れの内容が遵守されたかどうかであるが、これを確かめることのできる事例を次に示しておこう。

駿河国御厨地方の相撲

安永《あんえい》八年(一七七九)九月、駿河国駿東郡《すんとうぐん》御厨《みくりや》地方(静岡県御殿場《ごてんば》市・小山《おやま》町)の古沢村に鎮座する富士浅間《せんげん》神社(「一幣司《いっぺいし》浅間神社」)の九月九日の祭礼に境内で相撲が催された。この地域は、宝永四年(一七〇七)の富士山噴火の被害を受け、火山砂に埋もれたことで、農業生産力が低下しており、氏子からの財政支援に大きな期待はかけられなかった。また、富士山頂をめざす参詣者（導者《どうじゃ》）に祓いをおこない、礼銭《れいせん》や賽銭《さいせん》を受けることには、導者の古沢村通行を、竹之下村から妨げられていた。神社は格式ある立派な拝殿・本殿を備えていたが、その維持修復や造営費用は不十分であり、九月九日の祭礼の際に、神幸のあと相撲をおこない、人出を求めて収入を得てきた。ところが、同じ御厨地方の中畑《なかはた》村只右衛門《ただえもん》が自分は「相撲の頭」であり、印野《いんの》村与四左衛門《よしざえもん》・北久原《きたくはら》村常右衛門《つねえもん》・山之尻《やまのしり》村幸左衛門《こうざえもん》の三人を神社に遣わし、江戸の相撲年寄と関係をもたない祭礼相撲は罷り成らずと妨害した。そのため神幸だけおこなって相撲は中止したが、これでは神社は衰微してしまう、と浅間神社神主高村丹後《たかむらたんご》守《かみ》は大久保《おおくぼ》加賀守《かがのかみ》様（小田原藩）寺社御奉行所に訴えた。

この時もう一つの訴えもなされた。中畑村は浅間神社神主高村氏の氏子圏であり、高村氏が中畑村氏神社の支配を往古よりおこなってきた。であるにもかかわらず三年前から高村氏にいっさいの挨拶もなく、大祭礼をおこない相撲を催しておびただしい群集となっている。中畑村名主・組頭と只右衛門を尋問し、中畑村の祭礼を従来通り自分が務めるようにしてほしい、と願った。

「相撲の頭」を称した中畑村只右衛門が、古沢村浅間神社祭礼の相撲を止めさせるために遣わした三人のうち山之尻村幸左衛門は相撲に関わっていた。『山之尻村名主日記』によれば、幸左衛門は「角力取」として安永四年（一七七五）八月に勧進相撲の申請をしている人物で、安永七年五月二十六・二十七日の両日には、小田原藩の殿様御前の相撲に呼び出され、土俵に上ったことが知られている（『小山町史』）。幸左衛門が相撲取であるならば、幸左衛門らを古沢村に派遣した只右衛門はこの地域において「相撲の頭」と自称する立場にあったのであろう。実際、只右衛門の居住する中畑村の氏神社において安永五年から祭礼の際に相撲を興行して、おびただしい群集となったという。

これら安永期の御厨地方において、相撲の頭とその下の相撲取たちが積極的な行動に出、とくに長年続いてきた古沢村浅間神社の祭礼における相撲を中止に追い込んだ行動は、安永二年（一七七三）の幕府による「素人相撲の禁止」の触れを前提にした行動とみて差し支えあるまい。

晴天十日興行

二つの争論を通して、幕府から有利な裁許を、宝暦八年（一七五八）と安永二年（一七七三）に得た相撲渡世集団はその後の安定的な四季勧進相撲体制を確立・発展させることができた。この二つの争論に際して、木村庄之助と伊勢海五太夫によって幕府町奉行に上申された相撲故実が極めて有利に効果的に働いたことは先述した。さらに相撲渡世集団は、四季に一度ずつ三都で開催される勧進大相撲の江戸での二回の開催を、晴天八日から十日に延ばすことを、安永六年（一七七七）に幕府に認められた。その経緯は、寺社奉行所の記録「祠曹雑識《しそうざっしき》」に記されており、次の通りである。

江戸小舟町三丁目佐右衛門店居住の相撲年寄惣代追手風喜三郎《おいてかぜきさぶろう》と付添の鉄砲洲船松町二丁目嘉兵衛店居住白玉由右衛門《しらたまよしえもん》の二人は、寺社奉行土岐美濃守《ときみののかみ》定経に願い出た。

渡世のため年々勧進相撲を晴天八日相願い興行してきたところ、近年見物人も薄く、殊に八日興行しても初日・八日目の両日は、一向見物人がなく、無人同前(然)にて渡世に相成り兼ね、遠国より大勢の相撲取呼び寄せる往来の費用、並びに給金などを支給するのに差支え、甚だ難儀に及んでいる、そのためよんどころなく江戸表の相撲取ばかりにて興行仕り候えば、別して不繁昌にて、大勢の者ども渡世なり難く、一統嘆かわしく存じ奉り候、

京都・大坂表にては晴天十日ずつ興行さし免し候儀に付、何卒江戸表も以来十日ずつ興行仕りたく、右日数相増し候へば格別助成に相成り、大勢の者ども、末々渡世相送り候儀に付、御憐憫を以て願いの通り仰せ付けられ候様仕りたき旨願い出申し候、

以上は、相撲年寄惣代追手風と付添白玉からの願書で、江戸で年二回開催される勧進大相撲の実体がよくわかる内容である。全国から相撲取を呼び集めるには経費や給金がかかるが、かといって江戸表の相撲取だけでは興行が繁昌しない、とあるのはよく事情を伝えている。晴天八日興行では、初日と顔ぶれが落ちる八日目は不人気で観客が少なく、あいだの六日だけの収入に頼ることになるので、京都・大坂と同様に晴天十日興行を許可してほしいという願書である。

寺社奉行土岐美濃守はこれを受けて、次のように老中田沼《たぬま》主殿頭《とのものかみ》意次《おきつぐ》に伺いを立てた。まず相撲年寄からの願書を掲げたあと、江戸表は前々より晴天八日ずつ興行差免《さしゆる》してきたが、「近来不繁昌にて渡世難儀仕り候段」申し立てるので、京都・大坂にては十日ずつ差免しているように、「このたび両

日日数相増し候ても、外に相障り候筋も御座なく候間、願いの通り申し付くべく候や、この段伺い奉り候」と、相撲年寄の願い通り晴天十日興行を許可してもよいか、安永六年(一七七七)十月二十五日に老中田沼意次にうかがいを立てた。

老中田沼からの回答は十一月五日になされ、寺社奉行からの「書面伺いの通り申し渡すべき旨仰せ聞かされ」、寺社奉行は承知した。かくして、幕府によって正式に、江戸の四季勧進大相撲は、京都・大坂と同様に晴天十日興行となった。このことも、相撲渡世集団にとっては、一つの追い風となったに違いない。しかし、それらの追い風とは格段に違う幕府による後押しは、寛政《かんせい》三年(一七九一)の十一代将軍徳川家斉《いえなり》の上覧相撲の挙行であった。

2　将軍上覧相撲

横綱免許

将軍上覧相撲が挙行される二年前の寛政元年(一七八九)に、吉田追風と相撲渡世集団は、自分たちの格式と権威を高めるために、熊本藩細川家を通して幕府に働きかけを試みた。熊本藩細川家の藩政史料は熊本大学付属図書館に寄託され永青《えいせい》文庫として管理されている。その中の吉田善左衛門(追風)家に関する史料を検討した内山幹生(「日本相撲司の成立」)に依拠して、寛政元年(一七八九)十一月の相撲渡世集団・吉田追風・熊本藩江戸留守居と幕府との関係を述べよう。寛政元年十一月付で、木村庄之助・伊勢海村右衛門・浦風林右衛門・藤島甚助から熊本藩江戸御留守居様御役所に宛てて「奉願口上之覚」の願書が出された。その内容は、このたび吉田善左衛門様が熊本から出府される機会に、勧進相撲興行に見分においでいただき、「相撲之作法行司之式共ご一覧」いただくことで、作法が相正され、往々繁昌するので願いたい、というものであった。折しも深川八幡宮境内で十一月十一日から晴天十日興行が開催されるので、その期間中に一日の見分を願いたいというもので、これは、先年吉田善左衛門が出府した際にも願い出たが許されなかったので、今回の出府に際して、再び願ったものであった。おそらくは、事前に吉田追風と江戸相撲年寄・行司とのあいだで、綿密な打ち合わせがなされていたものであろう。後述するように今回、吉田追風が江戸の熊本藩邸に逗留中に、谷風梶之助・小野川喜三郎への横綱免許を実施する計画も準備していたことからも判断できる。

相撲年寄から依頼を受けた、幕府との交渉役を務める江戸留守居は、十一月十七日に老中松平定信に伺いを立てるとともに、吉田善左衛門の由緒書きを差し出し、判断を仰いだ。天明《てんめい》七年(一七八七)六月に老中首座となり、政治改革(「寛政改革」)に乗り出していた松平定信に対する緊張感からか、細心の配慮がなされている。定信からの回答は、「勝手次第」で別段に届けるまでもない、吉田追風が通例の見物をしたあと、行司たちに善し悪しを伝えればよいだけのことである、というものであったが、寺社奉行からも指図を受けるようにと回答された。

細川越中守家江戸留守居の井上加左衛門は十一月二十日に寺社奉行牧野備前守忠精に老中松平定信

への伺いと返答や、ここでも吉田善左衛門の由緒書きを届けた。これは江戸の相撲渡世集団の行司たちの要望であり、恒常的に四季勧進相撲を寺社奉行から許可された相撲渡世集団からの要望である、という趣旨を用いた。そのことで、細川家の家臣である吉田善左衛門(追風)を江戸の行司たちの上位に臨ませ、おのずからその地位を権威づける目論見といえよう。

しかしながらこの伺いに対する寺社奉行の回答は、翌寛政二年(一七九〇)三月になされ「先例出候儀もしかと致さず、(中略)興行の場所へ差出され候儀は御見合わせ候方と存じ候」と、吉田追風を相撲興行場所に差出すのは見あわせよ、という内容であった。相撲渡世集団・吉田追風・細川家の目論見ははずれた。しかしこの際、吉田追風は由緒書きなどを幕府老中松平定信や寺社奉行に提出する機会を得た。提出された吉田追風の由緒書き上げ八カ条は、第三章で詳述したように、五・八条を除くと史実として確認できるものはほとんどない代物であったが、これに加えて、十一月十九日に吉田追風は谷風梶之助と小野川喜三郎に横綱免許を与えた。相撲渡世集団の構成員で重要な相撲取の頂点の地位に対し、横綱という称号を与え、吉田追風の故実門弟の許状を出すことで、それらの上位に自らが存在することを示した。次に谷風梶之助に宛てた故実門弟入りの証状と横綱免許状(相撲博物館所蔵)を読み下しにして示す。

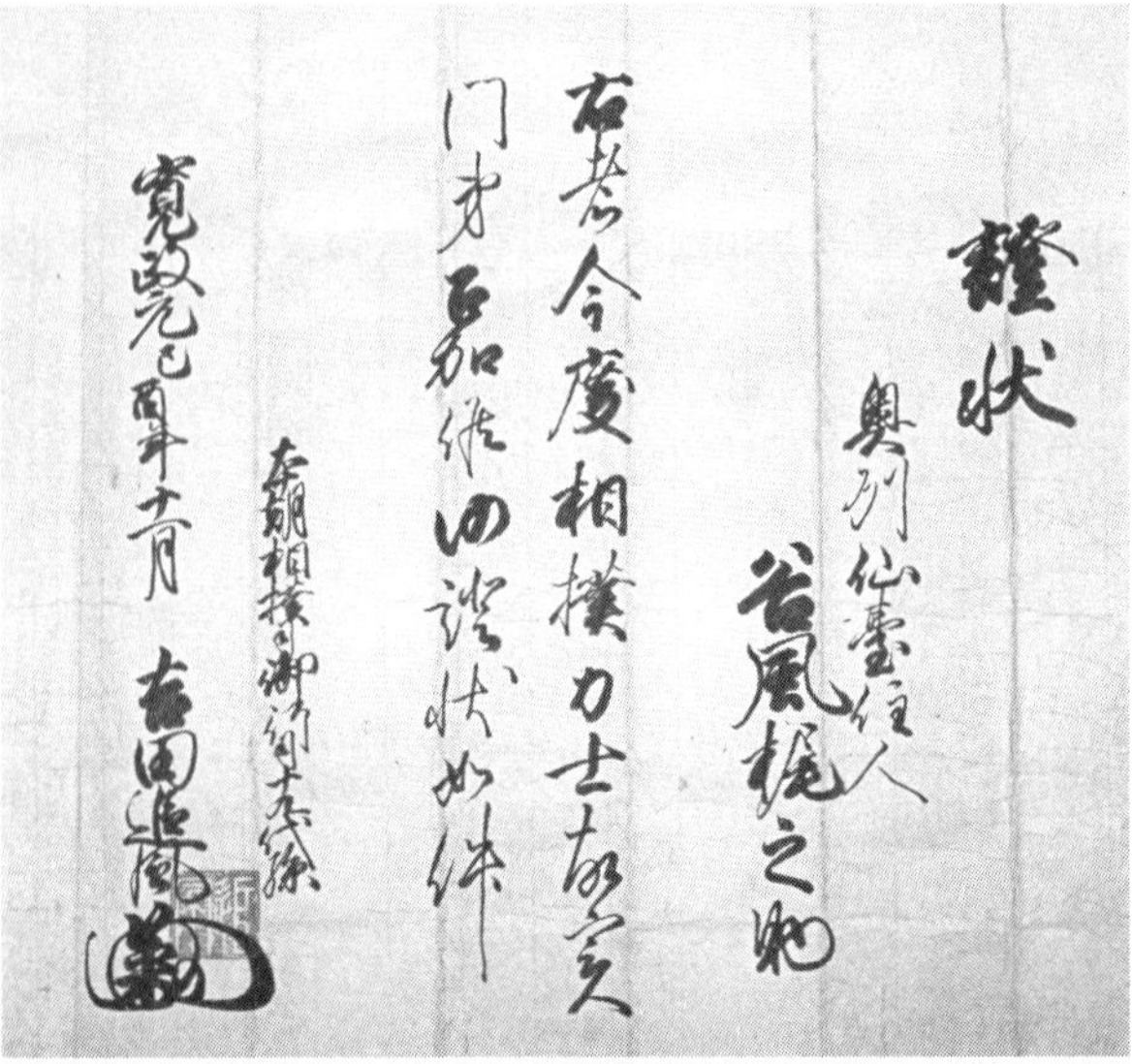
證状
奥州仙台領住人
谷風梶之助
右者今度相撲力士故実
門弟ニ加候仍證状如件
本朝相撲司御行司十九代
寛政元己酉年十一月
吉田追風

谷風故実門弟證状　吉田追風　寛政元年

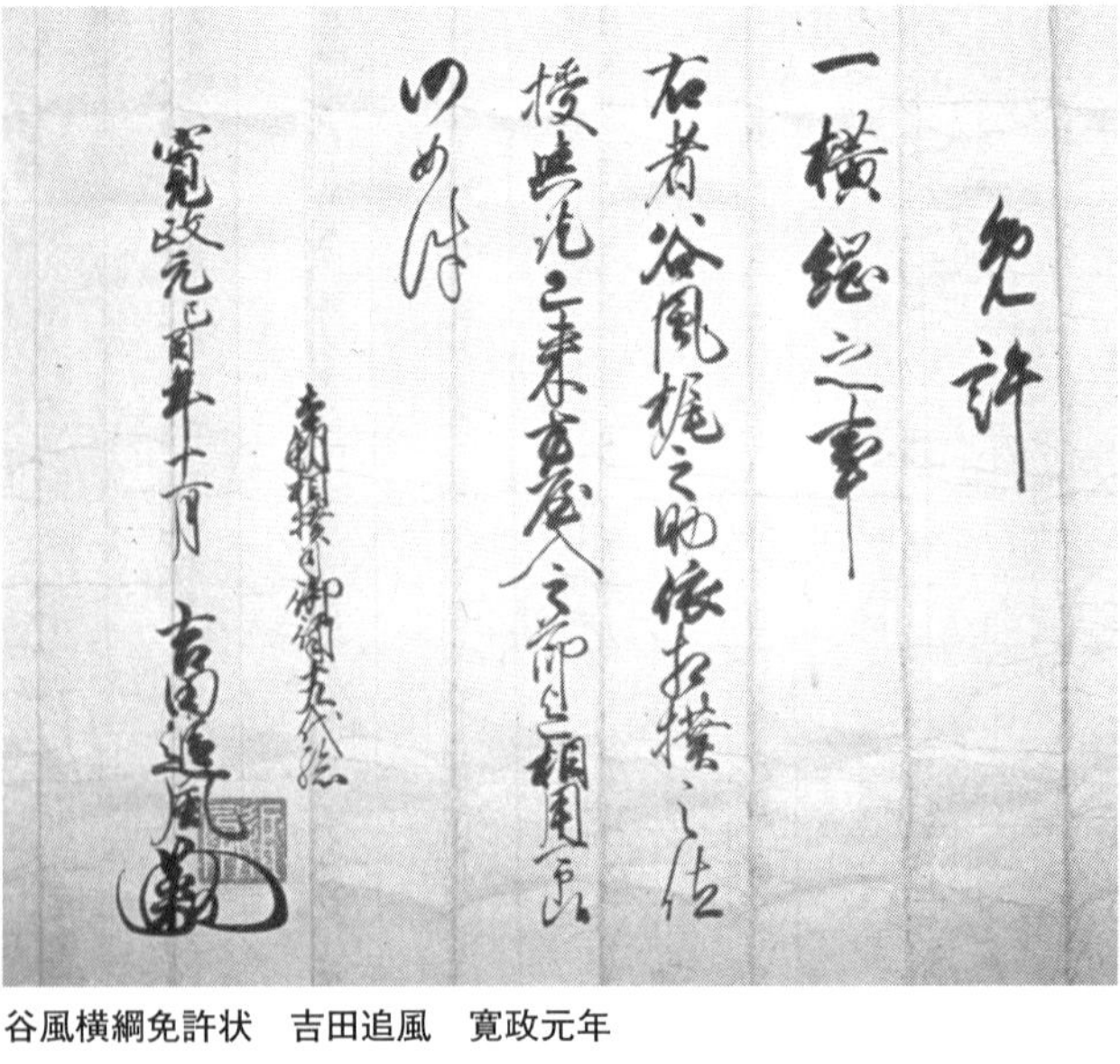
免許
一　横綱之事
右者谷風梶之助依相撲之位
授與候已来方屋入之節迄相用可
仍如件
本朝相撲司御行司十九代
寛政元己酉年十一月
吉田追風

谷風横綱免許状　吉田追風　寛政元年

証状

奥州仙台住人
谷風梶之助

右者、今度相撲力士故実門弟召加え候、仍て証状件の如し、

寛政元己酉年十一月

本朝相撲司御行司十九代孫
吉田追風　印
花押

免許

一　横綱之事

右者、谷風梶之助、相撲之位に依り、授与せしめ畢、已来方屋入之節迄、相用い申すべく候、仍て件の如し、

寛政元己酉年十一月

本朝相撲司御行司十九代孫
吉田追風　印
花押

谷風梶之助（三代目）は仙台出身で片倉侯（白石城主）の抱え、江戸相撲年寄関ノ戸《せきのと》億右衛門の弟子で、

寛政元年（一七八九）の番付は三都ともに関脇であった。対する小野川喜三郎（才助）は大津出身で師匠は京都頭取草摺岩之助《くさずりいわのすけ》、のちに大坂頭取小野川斎助の養子になる。久留米藩有馬家の抱え相撲であった。小野川も谷風同様に番付は関脇であった。番付上位の大関ではなく関脇が横綱に選ばれたのは、大関に名を連ねていた「仁王の如き」九紋龍清吉《くもんりゅうせいきち》・巨漢の鷲ケ浜音右衛門《わしがはまおとえもん》に比べ、見栄えのよい両関脇であったからであろう。谷風への横綱免許は、江戸の相撲取であり、何の支障もなかった。これに対して小野川は大坂相撲であり、吉田家は横綱免許を計画するにあたり、抱えていた久留米藩有馬家に事前に伺いを出し許可を求めていた。寛政元年十一月付で、久留米藩有馬中務大輔の使者から、小野川喜三郎が吉田追風に入門を願う形で承諾の旨が届けられた。有馬家の同意を、前もって求めたところに、吉田追風の用意周到をみることができる。

細川家江戸屋敷の吉田善左衛門の居所となる小屋において、両人に「証状」と「免許状」が伝授された。前代未聞の横綱免許を谷風・小野川が受けたのだが、谷風が選ばれたのに比べ、なぜ小野川が吉田追風たちによって選ばれたのか、判断材料となる史料は不詳である。吉田追風が大坂相撲に影響力を及ぼすためであった可能性は否定できまい。いずれにしても、かつて寛延二年（一七四九）に中立《なかだち》庄之助と伊勢海五太夫が入門して以来、江戸の相撲年寄と行司の上位に位置して権威となってきた吉田追風が、今度は、相撲取たちの頂点の象徴的な地位として横綱を免許し、故実門弟に召し加えたことで、直接相撲取の上位に立つ権威となったのである。しかも、白い綱には垂《しで》をさげ、横綱に神事を連想させる効果ももたせた。どこからこの着想を得たのか不明だが、吉田追風の描く相撲渡世集団の組織は、年寄・行司に続き、横綱免許によって、着実に形づくられた。

上覧相撲

初代式守伊之助が隠居して名乗った式守蝸牛《かぎゅう》の著した『相撲隠雲解《いんうんかい》』に記された「上覧之一式」(『古事類苑』武技部)によれば、寛政三年(一七九一)四月、町奉行池田筑後守長恵は、その春(四月十五日から)江戸本所回向院境内でおこなわれた晴天十日大相撲興行の勧進元錣山《しころやま》喜平治と差添の伊勢海村右衛門を呼び出し、「相撲上覧之御内意」を告げ、次の書付を下した。

心覚

一 当時参り居り候相撲の者、ちらすまじき事、

一 相撲名前、東西と分け書き出すべき事、

一 相撲式の事

右、これを取調べ糺しにて、廻し立派に用意致すまじき事、

右の趣承り、何となく相撲人ども権威にほこり、がさつがましき儀これ無き様、申し付くべき事、

一 前書取調べ候趣は、相撲人ども申合せは格別、みだりに申し触れまじき事、

四月

町奉行が、口頭に留めず、しっかり書付に記して相撲年寄に伝えたところに気構えがうかがえる。その内容は、回向院での勧進大相撲に各地から集められた相撲の者を留めおき、分散させないこと、その相撲の名前を東と西に分けて書き出すこと、相撲式を取り調べて提出することを命じた。その上で、廻しは立派には用意せず、相撲上覧の内意を受けて、相撲人どもが権威に誇り、がさつになることがないように命じた。以上の内容は、相撲渡世集団の内々で申し合わせるのはよいが、みだりに関係者以外に伝えてはならない、とも命じた。

かつて享保十七年(一七三二)に、盛岡藩の行司長瀬越後が摂家一条家より越後の国名を拝受した際、京都町奉行本多筑後守忠英と京都所司代牧野河内守英成は、一条家の認めた烏帽子などの行司装束について、これを「勧進相撲之間ハ着用すべからず、是扶持人といえども勧進之間ハ乞食の類の如し」であるとの意向を一条家に伝えたことは前述した。このようにかつて勧進相撲を「乞食の類の如し」と認識していた幕閣たちであったから、今、将軍上覧となれば相撲の者たちが「権威にほこり」と予想するのは至極もっともであった。

五月二十三日、勧進元錣山と差添伊勢海の二人は、町奉行池田長恵役宅に書付を持参したところ、土俵絵図並びに相撲取の名前を二枚ずつ、明日持参するように命じられたので、二十四日、「相撲之式」並びに上覧場所絵図を差出した。その上で二十六日に、池田長恵役宅において、錣山と伊勢海が呼ばれ、正式に上覧相撲を仰せられ、これを有難くお受けした(竹内誠は、典拠史料の違いからこれを五月二十八日として、上覧相撲を六月五日におこなうことが申し渡されたとする)。六月五日に向けて準備に取り組み、六月二日に場所の見分を済ませ、相撲の取り組みや総人数の人別を差出した。六月四日にも書付を渡して翌五日、錣山と伊勢海が町奉行役宅に呼び出され、改めて十一日に相撲上覧を命じられ受諾した。

伊勢海村右衛門(式守五太夫三代目)は「相撲之儀ハ、古来禁庭節会之祭事相勤来たり候相撲ノ司、御行事吉田追風末流、吉田善左衛門ト申す仁、」が細川越中守殿御家来にて、幸い此の度勤番にて御当地(江戸)に罷り在り候間、なにとぞ吉田追風を召し出し、「上覧の御式」を尋ね下されるようにと、願い出た。初めての将軍上覧相撲は大いなる喜びであったが、相撲年寄・行司にとっては、つつがなくおこなえるか不安も去来したに違いあるまい。先々代の伊勢海五太夫が吉田追風に入門した寛延二年(一七四九)から四二年の歳月が流れ、江戸勧進相撲の独自の法式と吉田家の「相撲式」とに齟齬が生じていたとしても不思議はない。その不安解消のために吉田追風に依存し、その登用を幕府に願ったのである。これに対し町奉行は、吉田追風を用いる必要はなく、勧進相撲やその他の大名御前の相撲の法式でよいとの考えであった。相撲年寄たちは、再度、吉田追風の登用を願うが、幕府側はその必要はないとの態度で、時間が経過した。やむなく大名の御前相撲の格式をもって、土俵、四本柱、巻絹水引の準備を進めたところ、六月十日になって、町奉行ではなくいきなり老中戸田采女正《うねめのしょう》氏教《うじのり》から、吉田追風を召し出し、「将軍上覧式」を古法の通り務めるよう命じた。急転直下の幕府の方針

谷風と小野川の対戦
行司は木村庄之助が描かれているが、上覧相撲では吉田追風となった。

変更であった。呼び出された吉田追風は急遽、相撲年寄・行司を呼び寄せ、作事方役人や人足に指図を出し、土俵を築き直した。

上覧の当日(六月十一日)、吉田追風は土俵の中央に幣束を七本立て、神酒・熨斗《のし》・供物の三方を飾りおき、柿色の素襖《すおう》・侍烏帽子を着用し罷り出、土俵の上に筵《むしろ》を敷き、天長地久(天地が永久に不変)、風雨順治の祭事を暫くおこなった。祭事が済むと、土俵の上に飾りおいた品々を、行司四人が東西から進んで撤去した。行司たちは当日一四人おり、その装束は素襖に侍烏帽子、木剣を帯していた。また、年寄は三六人(木村庄之助・式守伊之助をあわせると三八人)が、染帷子《そめかたびら》に麻の上下を着用し、土俵場にかわるがわる詰めた。

相撲取はあわせて一六四名が参加し、東西

に分かれて取り組みを進めていった。八二番目の結びの一番は、かねて寛政元年(一七八九)十一月に横綱を免許されていた谷風と小野川の一番となった。この取り組みのみ、吉田追風が土俵に上がり、行司として取り裁いた。将軍以下幕府要人たちの注目を浴びたこの一番は、仕切り直しを繰り返し、いよいよ両者が取り組む寸前に、立ち合いの呼吸が合わずに立ち遅れた小野川を、行司が一方的に「気負け」として、谷風に勝ち名乗りを上げたという。一人、行司吉田追風の立場のみを際立たせる結果に終わった。

かくして、寛政三年(一七九一)に江戸城吹上の庭で挙行された将軍家斉の初の上覧相撲は、吉田追風と相撲年寄・行司たちの考える通りに実施された。将軍上覧によって、相撲渡世集団は「権威にほこり」、素人相撲や弾左衛門との格別の違いを自認したに違いあるまい。しかも、その集団の権威を保証した吉田善左衛門(追風)とその由緒や相撲故実も、たとえ史実と乖離する虚構を含もうとも、最高権力者である将軍の上覧によって、いまやその乖離は一挙に埋められることになった。その日から、江戸時代を通して、じつは今日に至るまで、奈良時代以来の朝廷の相撲節会と近世勧進相撲とは、吉田善左衛門(追風)家の故実を介して接続させられることになったのである。

また、上覧相撲の当日、取り組みの始まる前に土俵中央に七本の幣束を立て、神酒・熨斗・供物の三方を飾りおき、天長地久、風雨順治の祭事をおこなったことは、現在の土俵開き(土俵祭)の出発となり、横綱を免許された相撲取が注連縄《しめなわ》のような綱と垂《しで》を下げての土俵入りを始めたことで、相撲が

「神事」であるような様相を呈することにもなった。そこから、「神聖な土俵に女性を上らせない」という現在なお語られる理屈の根拠が生まれた。しかし、前述したように五代将軍徳川綱吉政権が、死や血を穢れたものとして排除する政策をとったことで、女性の生理に対し穢れたものとする価値観が形成されただけのことであり、因習は改めるべきであろう。それに加えて、相撲を「神事」であるかのような様相は、行司吉田善左衛門(追風)の創作であったことにも目を向ける必要があろう。江戸時代から現在まで、神祇道(神道)の祭祀者である神職身分は厳格な修行と公家の吉田家や白川家の免許や国の資格を要してきた。相撲の行司は厳密には神を祀る神職とはいえない。とはいえ前述したように、吉田追風の由緒書きや相撲式が虚実取り混ぜたものであっても、これを黙認する心性と共通するものなのであろうか。

幕府の意図

ではなぜ、相撲渡世集団にとってこの上ない追い風となった将軍上覧相撲の企画が、幕府側から持ち上がったのであろうか。十一代将軍徳川家斉の個人的な恣意があったのではあろうが、天明の飢饉や江戸の大規模な打ちこわしを経験し、その後も天皇・朝廷とのあいだに尊号問題が持ち上がるなど多事多難の時期に、老中松平定信による寛政改革の真っただ中での将軍上覧相撲の挙行の理由については、検討が必要である。相撲渡世集団や吉田追風、細川家の働きかけがあったのかどうかも、関心ある課題である。竹内誠は「寛政改革を断行してきた幕閣内において、上覧相撲の実施をめぐる政策的判断の対立が生じ」ていたことの指摘だけをしている。

老中首座である松平定信の意図はどこにあったのであろうか。

ここで同時期に、幕府の政策で参考になる事例があるので、紹介しておきたい。寛政三年(一七九一)四月幕府は全国触れを出して、陰陽道の職業を致すものは、京都の公家土御門家の支配を受けることとし、土御門家より免許を受けその下知(命令)を守ることを命じた。つまり、全国に存在する陰陽師の支配は、土御門家が本所としておこなうことを保証したものである。では陰陽師とは何か、説明しておこう。江戸時代には、誰もが仏教寺院の檀家になって、僧侶からキリシタンではないことを証明する寺請けを受ける制度を、幕府は国全体に徹底した。だから人々はみな仏教徒となったのだが、それ以外の信仰をもつことも容認されていた。神社の神職には、五穀豊穣の祈念や収穫感謝の祭事を依頼し、修験者(山伏)には心身安穏の祈禱を依頼し、薬草・丸薬などの処方を受けることもあった。陰陽師には、方位を占ってもらい、家を建てる時には家相図を作成してもらう。また、吉日・凶日の日取りを占ってもらう。その他の宗教者も、本寺や本所を頂点に戴く集団を組織化することで、幕府から認知され活動した。

陰陽道では、天和《てんな》三年(一六八三)に霊元天皇の綸旨《りんじ》により公家の土御門家の陰陽道支配が認められ、これを将軍徳川綱吉が朱印状を発給して追認した。本所として土御門家は陰陽師の編成を試みたが、全国的にはところどころまばらな状態であった。土御門家は、諸国の陰陽師を組織化するために、幕府から全国触れを出してほしいと、宝暦年間から再三、武家伝奏を通し京都所司代から老中に願書を差出した。明和二年(一七六五)の願書の後、天明八年(一七八八)松平定信を中心にした幕閣に一新したところで、土御門家は願書を提出した。老中は寺社奉行に評議を命じたところ、寺社奉行の判断はいったんは土御門家からの願書はもっともであるから、触れを出しても差し支えない、というものであった。この旨を上申された老中は、寛政元年(一七八九)に触書の作成を寺社奉行に命じた。しかし寺社奉行は慎重で、先例を調べ、触れを出すに至らないと後退した。土御門家はさらに愁訴を繰り返し、ついに寛政三年に実現し、幕府から全国触れが出されることになったものである。

寛政三年(一七九一)に幕府は、明和二年(一七六五)からでも二六年このかた検討し必要を認めなかった土御門家の陰陽師支配の全国触れを、方針転換して決定した。老中松平定信の意図は、天明七年(一七八七)の江戸の大規模打ちこわしのあと、いかに江戸の治安維持をはかるかという課題に取り組んでおり、たとえば寛政二年に石川島に人足寄場を設けて、無宿人の統制をはからせたように、身分や居所の定まらない無宿をはじめ、その日暮しに近い下層の宗教者や芸能者たちの人別を改める必要に迫られていた。山伏や願人坊主《がんにんぼうず》などのほか、陰陽師や易者たちを統制するために、幕府は本寺や本所に人別改めをさせ、江戸にいる宗教者が本寺・本所の人別帳に記載される確かな身分の持ち主であることを点検して、治安を保つ方式をとった。陰陽師であれば、すでに土御門家が本所として存在するものの、その体制を強化する全国触れを出すのは、幕府に必然となったのである。京都の公家土御門家は、本所として諸国の陰陽師に職札《しきふだ》と呼ばれる免許状を発行し、貢納料を取得して収入とした。日々の占いなどの活動を通して檀家から収入を得た陰陽師は、土御門家に貢納料を納めるかわりに免許状(職札)を取得し陰陽師としての身分を確保することができたのである。

相撲渡世集団についても、吉田善左衛門(追風)は相撲年寄と行司、横綱たちに故実門弟としての免許状を与え、弟子とすることによって、相撲渡世集団の頂点に立つことができた。その地位を寛政三年(一七九一)、将軍上覧相撲の挙行によって、幕府から認知されたのである。換言すれば、幕府側は吉田善左衛門(追風)を本所とする相撲渡世集団として組織化できることに期待した。ただし正式に、明確に、吉田善左衛門を相撲の本所に公認して集団化を命じることはなかったことには注意が必要である。しかし、吉田追風は積極的に江戸以外の諸国の頭取を配下におさめること、とくに京都・大坂の相撲渡世集団を配下に入れる意欲をもった様子がうかがえる。

3　公家家業と五条家

吉田家と大坂相撲

吉田家による江戸の相撲渡世集団の組織化は寛政元年(一七八九)の谷風・小野川横綱免許で整った。その際、大坂の頭取小野川斎助の弟子で養子となった小野川喜三郎に横綱を免許したことは、吉田追風が大坂相撲に影響力を及ぼす行動であった。これに対して、京都の公家五条家から反発がなされた。内山幹生（前掲論文）によれば、五条家雑掌《ざっしょう》の窪田乾佑《くぼたかんすけ》が熊本藩京都留守居に対し、小野川の横綱免許に際し、五条家に断りもなくおこなったことを糾弾した。そのため、小野川は吉田家から受けた横綱と紫化粧廻しを返上した。

さらに吉田追風は、寛政五年（一七九三）四月に大坂相撲の頭取たちに対し「定」八カ条を提示し、一〇人の頭取から連署名を提出させた。そこには、行司尺子一学《しゃくしいちがく》の名前も記載されている。尺子は紀州藩徳川家抱えの行司であるが、大坂相撲とのつながりをもっていた。頭取の名前は、三芳野藤《みよしの》吉・呉服瀧右衛門・藤嶋政右衛門・揚羽《あげは》清七・押尾川《おしおがわ》巻右衛門・三保ケ関《みほがせき》喜八・陣幕《じんまく》長兵衛・嶋ケ崎《しまがさき》七兵衛・枝川《えだがわ》藤八・小野川嘉平治である（ちなみに昭和二年〈一九二七〉に東京大角力協会と合併したのち現在の年寄名跡として、藤島・押尾川・三保ケ関・陣幕・枝川・小野川は継承されている）。八カ条の内容は、①公儀法度を守る、②喧嘩口論・酔狂を慎む、③頭取の数を一〇人に固定し、頭取中で熟談する、④頭取の退役は勝手におこなわず一統で申し合せ吉田追風の差図を受ける、⑤頭取は素人から差図を受けてはならない、⑥頭取に悪しき者を加えてはならない、⑦頭取が退役した後任は頭取中が熟談して熊本へ願い上げ差図を受ける、⑧相撲の儀につき吉田追風の差図に背かない、であり、一〇人の頭取は印形を捺して誓約した。すなわち吉田追風が頭取一〇人の上位に立ち、人事承認権をもち、相撲式を守らせる内容になっているが、とくに、相撲の者ではない素人（悪しき者）の介入を禁じていることは特徴的である。

ところで大坂相撲は、元禄十五年(一七〇二)から堀江新地振興のための勧進相撲が認可され、宝永三年(一七〇六)関根戸兵衛が呼ばれて勧進相撲興行に出場していた。その後、享保十年(一七二五)以降、勧進相撲が年一回開催されるのが恒例となり、延享《えんきょう》元年(一七四四)の四季勧進相撲公認以降は、夏か秋に一度大相撲興行がなされてきた。飯田直樹によれば、年一回の大相撲開催場所は、安永三年(一七七四)以降、堀江新地と難波新地とで隔年に開催されるようになる。また享保四年以降は、相撲取でない素人(町人など)が勧進元になることが禁止された。つまり延享元年以降は、素人ではない頭取たちが勧進元になる勧進相撲が恒常的に開催され、大坂相撲渡世集団の組織化がみられるようになっていた。それから、およそ二〇年後の寛政五年(一七九三)に大坂の相撲頭取一〇人と行司に対し、それらの上位に位置する立場から吉田追風が、「定」八カ条を出したものである。

公家の家業

江戸時代の公家の一つ五条家が、なにゆえ京都・大坂の相撲集団と関わりをもつのであろうか。それにはまず江戸時代の公家のおかれた位置から検討していくことが求められる。

寛永《かんえい》六年(一六二九)十一月、後水尾天皇が突然譲位し、明正女帝(二代将軍徳川秀忠の女《むすめ》和子が母)が即位した際、秀忠を支えていた年寄土井利勝・酒井忠世・京都所司代板倉重宗・金地院崇伝の四人が、京都において、五摂家に厳重に朝廷統制の任務を伝えるとともに、武家伝奏を幕府に従う公家に改めた。これ以降、摂家が交代でなる関白と、二人の武家伝奏が朝廷を内側から統制する要の役職となり、これを京都所司代・町奉行ら武家が外側から統制する体制が整った。幕府は天皇・朝廷のもつ機能を独占利用し、国家安全や五穀豊穣の祈禱など国家祭祀を担わせ、元号宣下や官位叙任をおこなう国制上の機能を担わせた。天皇や朝廷の構成員である公家たちに、幕府は御料や家領《けりょう》を与え、武家と同様に領地からの年貢米を財政基盤とさせた。四代将軍家綱が寛文五年(一六六五)に大名・公家・寺社にいっせいに領知宛行状を与えた「寛文印知《かんぶんいんち》」で、五条家は一七一石余りの家領があてがわれた。摂家九条家が二〇四三石余り、近衛家が一七九七石余りでもっとも多く、二〇〇〜三〇〇石が多数を占めた。家領を与えられなかった公家もいた。後水尾天皇時代に取り立てられた新家のうち一二家は三〇石三人扶持である。その後の天皇に取り立てられた新家のうち一四家も三〇石三人扶持で恵まれなかった。

公家は殿上人と呼ばれ昇殿できる堂上《とうしょう》公家とできない地下官人《じげかんじん》に大別できる。堂上公家は寛延三年(一七五〇)当時一三三家(そのうち新家六五家)あり、地下官人は天明七年(一七八七)当時七二八人を数えた。堂上の公家は、摂家《せっけ》(五家)・清華家《せいがけ》(九家)・大臣家(三家)、残り一一六家が羽林家《うりんけ》・名家《めいか》で五つの階層に分かれ、家格に応じた官位が叙任され上下の秩序が保たれた。公家は、将軍から家領(知行)があてがわれるかわりに役儀(義務)を負った。慶長《けいちょう》十八年(一六一三)徳川家康は「公家衆法

	家業		家
1	摂家		朝廷の公事・有職・儀式などを担う
2	親王		
3	清華		
4	大臣家		
5	羽林家		
6	名家		
7	羽林名家之外		
8	新家		
9	神祇伯		白川、吉田
10	和歌		二条、冷泉、飛鳥井、三条西 現在は中院、阿野、水無瀬も歌家として励んでいる
11	文章博士		高辻、東坊城、五条
12	明経		舟橋
13	能書		清水谷、持明院
14	神楽		綾小路、持明院、四辻、庭田、五辻、鷲尾、藪内、滋野井
15	楽	和琴	四辻、大炊御門
		琵琶	伏見、西園寺、今出川、園、綾小路
		箏	四辻、正親町、綾小路、藪内
		笛	大炊御門、綾小路、徳大寺、久我、三条、甘露寺、橋本
		笙	花山院、清水谷、松木、四条、山科
		篳篥	綾小路
16	蹴鞠		飛鳥井、難波、冷泉、綾小路 現在は冷泉、綾小路はその道断絶す、この外に賀茂の社司が蹴鞠のときに召し加えられる
17	装束		三条、大炊御門、高倉武家、山科 現在は三条、大炊御門はそのこと断絶
18	陰陽道		賀茂家は近代断絶、庶流あり 安倍家は土御門家
19	外記	史	清原、中原

〔出典〕「諸家家業」寛文８年(1668)をもとに作成。

表7　公家の家業

度」を発布して、公家の役儀を、禁裏小番《きんりこばん》と家々の学問（公家家業）の二つとした。禁裏小番とは、天皇の居住する禁裏を、堂上公家が昼夜二交代で守衛する番役であった。家々の学問＝家業（家職）とは、公家の家々に世襲される職務や技能をいう。神祇を司る白川家や吉田家、陰陽道の土御門家は、朝廷が儀式をおこなう場合に、諮問を受けて日取りを答える。装束については、山科家・高倉家の家業で、たとえば諒闇《りょうあん》中の神事担当者の装束の問い合わせに、家に蓄積された記録などを勘案して答えを出す。和歌を家業とする冷泉家など、蹴鞠《けまり》を家業とする飛鳥井《あすかい》家・難波家など、そして、文章博士として高《たか》辻《つじ》・東坊城《ひがしぼうじょう》・五条家が寛文八年（一六六八）に作成された「諸家家業」という史料に載せられている。文章博士とは、たとえば元号を改めなければならなくなった時、まず新元号の候補を中国の古典の中から採り出し、いくつもの候補の中から天皇の意向を生かす形で幕府・将軍が決定する。最初の候補は学問や漢籍などに精通した菅原氏の高辻・東坊城・五条の三家が勘文《かんもん》（候補）を作成する。五条家の家業はそういう役割であった。

公家の家職争論

宝暦期（一七五一〜六四）に入ると、公家の財政窮乏が顕著になる。武家はもちろん、封建領主である公家も、家領からの年貢米や給禄によって生活を支えており、米価安は収入減となり諸物価高騰により、とくに小禄の公家たちの財政窮乏は深刻であった。宝暦二年、三〇石三人扶持の公家一二家は年間金五〇両を装束料として拝領したいと武家伝奏を通して幕府に願い出た。その他の三〇石三人扶持の公家も繰り返し願い出たが幕府には受け入れられなかった。窮乏は小禄の公家に止まらなかった。摂家九条家も窮乏し、家領を返上するので金二万両の拝借を幕府に願い出て、断られている。

幕府に援助を願う方法をとる一方、実現しないとなると、公家たちは種々の方法で収入の道を求めた。口向役人《くちむけ》(地下官人)が能興行の舞台に出たり、御霊会の囃子《はやし》に出たりして副収入を得ることや、菅原氏の氏の長者である高辻家の屋敷内にある天満宮が信仰を集め、参詣人が群集するほどで賽銭収入を多大に得ることとなり、摂政から禁じられた。しかしそれよりも、公家の家業(家職)に基づき免許料を得るのは有効な手段と考えられた。

寛文五年(一六六五)幕府による「諸社禰宜神主法度《しょしゃねぎかんぬしはっと》」発布によって、吉田家による全国の神社神職の組織化は着実に進んでいった。これに対し神祇伯《じんぎはく》家の白川家は宝暦年間から、まず畿内にある神社神職に働きかけ、さらに広範囲に広げて、各地の神社神職を配下に収めようとし、既存の吉田家の神職組織と抵触し、以後幕末まで争論を引き起こす。吉田・白川両家の行動に触発され、土御門家も諸国の陰陽師を組織化するために、幕府から全国触れを出してもらうよう、再三願い出た上で、寛政三年(一七九一)に触れが出されたことは前述した。蹴鞠の飛鳥井家と難波家との家職争論も起こっている。蹴鞠は大名や町人にまで浸透し、蹴鞠をおこなう時の装束などの免許を発給する際の収入をめぐって、争いが生じた。いずれも収入を求めての競合であった。

五条家の家職

五条家は文章博士の家業(家職)に基づいて、何らかの免許状を出して収入を得ることはなく、朝廷の運営に寄与するのみであった。宝永五年(一七〇八)の『新改正　当御公家鑑《とうおくげかがみ》』では五条為範《ためのり》の家領が一四一石余りと記されており、家領からの年貢収入は限られている。天明七年(一七八七)の『新刊雲上明鑑《うんじょうめいかん》』では「五条少納言為徳朝臣」が「従四位上　侍従　文章博士」と記されている。同様に文政《ぶんせい》九年(一八二六)の『万代　雲上明鑑』でも、「五条大内記為定朝臣　正四位下　文章博士少納言侍従」と記されるが、天保《てんぽう》十五年(一八四四)『雲上明覧大全』には「相撲之御家　五条式部大輔為定卿　正三位」と記載が改まる。幕末の慶応《けいおう》元年(一八六五)の『雲上明覧大全《うんじょうめいらんたいぜん》』も同様に「相撲之御家　五条大学頭《だいがくのかみ》為栄《ためしげ》朝臣　従四位上　侍従少納言」と記され、「相撲之御家」は遅くとも天保十五年以降幕末までこれら「公家鑑」に記載され続けたものであろう。

「公家鑑」の記載から、五条家の立場を検討したのだが、「公家鑑」の記載というのは、認識がじわじわ社会に浸透し、認知された情報が反映する性格があり、したがって厳密にいつから「相撲之御家」となったのかは確定できない。それより以前、文化《ぶんか》十一年(一八一四)に奥田吉従によって著された『諸家家業記』は参考になる。これは公家家業について記され、寛文八年(一六六八)に作成された「諸家家業」と比べ家業の数が増加している。この一四六年の間に公家たちが独自に家業として活動を続け、社会に認知された結果である。寛文八年(一六六八)にはなかった「鷹」の家として西園寺

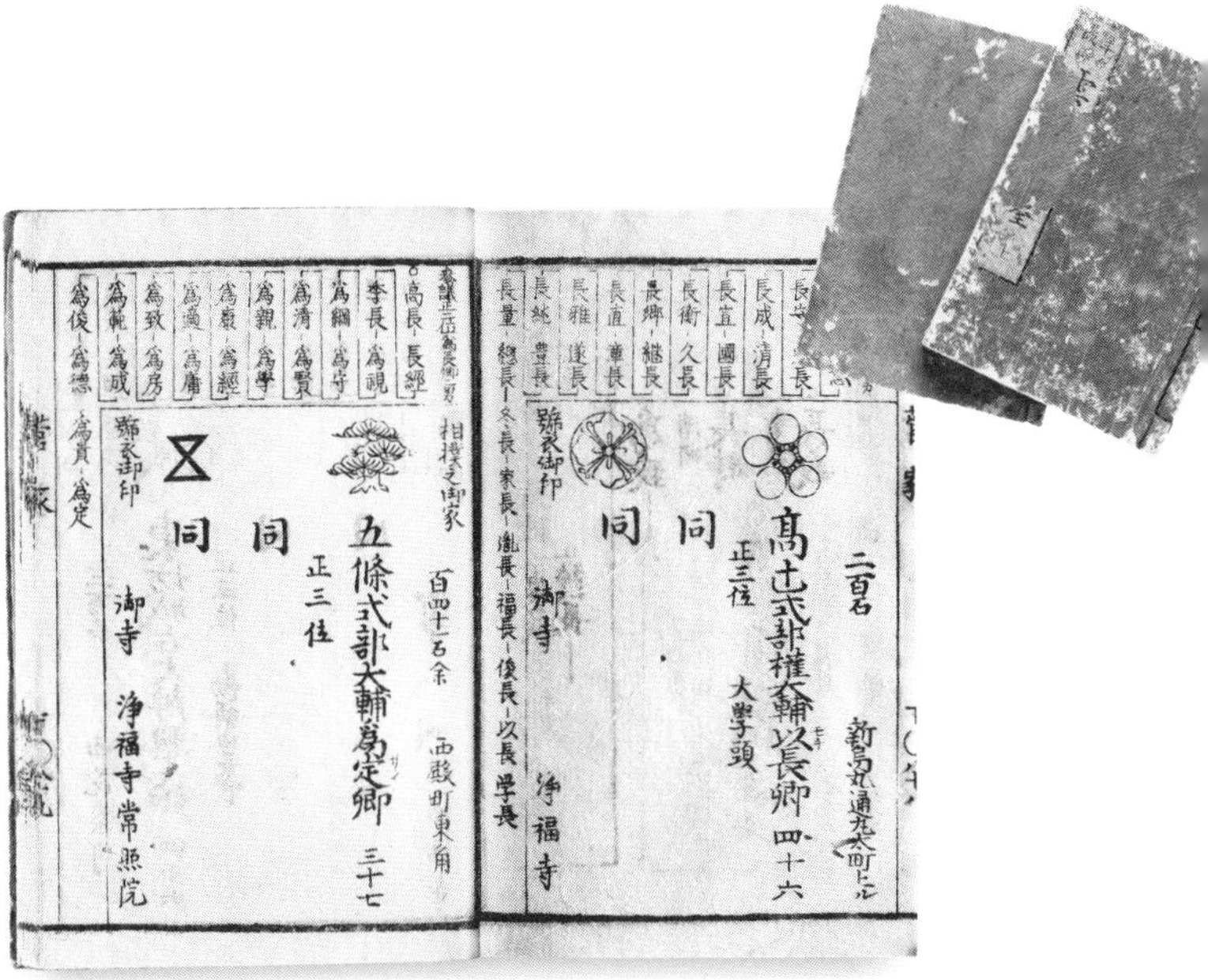

『雲上明鑑』　左頁の五条家の記載の右肩に「相撲之御家」が見える。

家・持明院家が記され、付録として、「釼璽《けんじ》」の作法の家として中山家・庭田《にわた》家が、「包丁」の家として四条家が、「医道」の家として錦《にしき》小路《こうじ》家が、「卜筮《ぼくぜい》」の家として伏原家が、「鞍」をつくる家として山井家が、「香」の家として三条西《さんじょうにし》家、「立花」の家として園《その》家が記され、それらと並んで、「一、五条家を相撲之家之様に申候、右は菅家にて野見宿禰《のみのすくね》之後胤たるを以、自然に其様に心得来り候由、」との記述が見出せる。すなわち文化十一年当時、五条家を相撲の家のようにいうのは、野見宿禰が菅原氏の先祖であることからおのずとそのように心得るようになったと述べる。

しかし、菅原氏には高辻家・唐橋《からはし》家・東坊城家などの家々もあり、五条家だけが野見宿禰の末裔というわけではない。おのずとそのようになったとあるが果たしてどうか。宝暦期から顕著になった、家職を通して財政を立て直そうとする多くの公家たちの積極的な活動の中で、五条家も積極的に「相撲の家」をめざし出したのではなかろうか。寛政元年(一七八九)の小野川への横綱免許について、五条家から吉田家・細川家に抗議をしたことは、五条家に「相撲の家」意識がすでに備わっていたことの証左となろう。それから三年後、寛政四年臘月《ろうげつ》(十二月)付で正二位五条前大納言菅原宣実《よしみ》(五条為徳《ためのり》か)が「角力一件五行配当目録」の表題で相撲故実目録を記しており、駿河国駿東郡竹之下村(静岡県御殿場市)鈴木孝典家に伝えられている。竹之下村は前述した御厨地方の相撲取がいた中畑村・山之尻村の近隣である。五条家からの目録の内容は「本朝角力吉例之事　角力濫觴之事　角力古実之事　取組勝負附之事　勧進角力最初之事」その他について五条家の独自の説明が叙述されている。その最後に「角力家業浪人之輩ハ道中絵《え》符《ふ》人馬宿継の帳面免除ス」と記され、後述する大名抱えではない浪人身分の相撲取の道中絵符の発行を五条家が許可することを明言している。

このように五条家は「相撲の家」としての実体をつくり上げていくのだが、その際五条家が絵符を発行し、相撲の者たちの道中での宿継での便宜をはかったことは、五条家の吸引力を強めるものであった。文化十年(一八一三)木村庄之助が行司入門許状を発給した際の肩書に、「本朝相撲司御行司吉田豊後守追風十九代　藪《やぶ》二位左中将殿木村若狭守正規《まさのり》　日本角力行司目付五条殿家」の三者を肩書に記して木村庄之助正武と名乗っている。さらに文政九年(一八二六)の行司免許状でも木村庄之助の肩書は、「本朝相撲司御行司吉田豊後守追風廿代　藪二位左中将殿家木村若狭守正規　五条殿家日本角力行司木村庄之助」とあり、従来の吉田追風に加えて藪二位左中将と日本角力行司目付の五条殿を肩書に加えたのは、江戸相撲行司の木村庄之助が新たな権威として、文化期以降は諸公家に接近し、朝廷権威を希求するように傾斜していったことを示していよう。ちなみにもと高倉と称し装束の家である藪家と相撲とのつながりについては未詳であるが、行司の装束の教示を受ける関係であろうか。

加えて、四季勧進大相撲をはじめその他の地方巡業では、相撲の者たちは常に道中を巡業するので、その際、宿継で特権を保証する絵符を得る実利が公家たちに期待できたことも、接近の理由であろう。第五章で詳述するが文政十年(一八二七)十月「相撲取身分之儀ニ付松平周防守殿より問合」において、「相撲取共旅行致し候節、抱え之分ハ其屋敷ニより人馬駄賃帳受取旅行致し候、浪人相撲者京都桑原家・飛鳥井家・五条家、右者相撲ニ付由緒有之候家柄ニ付、右三家え相願い、人馬駄賃帳貰受け旅行致し申し候」と回答している。すなわち、大名抱えの相撲取は大名から、大名抱えではない相撲取は公家の桑原・飛鳥井・五条の三家から、人馬駄賃帳を貰い受けて旅行すると、江戸相撲行司は答えている。桑原家は五条家の分家で同じ菅原氏であるが、飛鳥井家は藤原氏で相撲との関わりは不詳である。蹴鞠・和歌・書道の家として家業に精力的であり、相撲の者に絵符の便宜を図って収入につなげようとしたものであろうか。

江戸の行司家木村庄之助は、寛延二年(一七四九)に熊本藩細川家吉田善左衛門(追風)に入門して以来の吉田追風の権威に加え、遅くとも文化十年(一八一三)以降は京都の堂上公家五条家・藪家・桑原家・飛鳥井家をも権威として担いでいたことになる。天皇・朝廷の権威がおよそ一八〇〇年以降幕末に向けて浮上してきたことに、敏感に反応した木村庄之助のもつ、時代の趨勢を読む柔軟な姿勢がここでもうかがえる。

公家と相撲

五条家が「相撲の家」と認められるまで、五条家なりの努力があったものであろう。ここでは五条家と関わりがあった京都相撲・大坂相撲と公家との関係について検討を加えよう。武家とは違った意味で公家たちも相撲を楽しみにしていた様子である。四季勧進大相撲が幕府に認められてから、京都でも四季に一度の大相撲とそれ以外の勧進相撲も催されていた。宝暦二年(一七五二)六月、二条河原でおこなわれていた勧進大相撲に、堂上公家が見物に現れていたのを見咎めた京都所司代は、武家伝奏に対し、このような場所に公家が徘徊してもよいのか、と問いただした。武家伝奏は、見物を禁止している歌舞伎芝居とは違って、相撲場にはこれまで強い禁制はなかったと答えた。しかし今後、相撲場などの、群集が見物する場所へ堂上公家が徘徊し立ち入ることのないよう、武家伝奏は諸公家に命じて、この件をおさめた。堂上公家は天皇の居所である禁裏を取り囲むように屋敷を構えていわゆる「公家町」で生活をしていた。洛中を離れ、賀茂など洛外に出向く場合は、武家伝奏を通して京都所司代に許可を得る必要があったほどに、公家の行動は統制されていた。相撲見物に行けば、目立つ存在となり、所司代にまで伝わるということである（「兼胤記《かねたねき》」）。

ところが宝暦四年（一七五四）九月、またまた堂上の公家が勧進相撲の場に、ひそかに出入りしているのが発覚して、これが問題となっている。宝暦四年八月一日より二条河原で開催された勧進大相撲に公家が見物に行ったのであろう。この大相撲の勧進元は七ツ森《ななつもり》折右衛門、頭取として桜川《さくらがわ》九兵衛・玉川八十八・篠竹《しのたけ》定七・丸嶋《まるしま》長右衛門・浮船《うきふね》羽右衛門・有知山《うちやま》八八《やはち》・泉川正五郎・船岡権右衛門の名前が番付に記されている。ちなみに行司は木村清九郎・吉岡磯五郎・木村卯之助・岩井嘉七・木村幸治郎・吉岡七之助であった（「京都番付」『江戸時代相撲名鑑』）。その後、宝暦七年以降も京都所司代は、しばしば堂上公家が人々の群集する地に徘徊することを禁じていることからすると、公家たちの行動は止まなかったのであろう。

4　一条家と相撲

一条右大臣御前相撲

公家たちにとっても、相撲は魅力的な楽しみであったにもかかわらず、幕府から行動が統制され、勧進相撲の開催される場所に行くことができないとなるなか、右大臣一条忠良《ただよし》は自分の屋敷内で、文化五年（一八〇八）七月二十八日に御前相撲を内々におこなわせた。この当時、光格《こうかく》天皇のもと関白鷹《たか》司政熙《つかさまさひろ》、左大臣二条治孝《はるたか》に次ぐ地位に右大臣一条忠良（三三五歳）はあった。一条家の屋敷は近衛家には劣るものの、他の堂上公家とは比べようのないほどの広さをもっていた。一条忠良の日記『忠良公記』によれば、その庭に仮の土俵を構え、四方に竹を立て、これに注連《しめ》を引き、巽《たつみ》の方（南東）にある竹に弓・扇子・筥《はこ》を結ぶ。土俵の中央に大幣《おおぬさ》一本（これは黄紙でつくる）、神酒、塩鯛、洗米、塩などを三方に乗せ、左右に手桶を設けた。現在の土俵祭に通じる、仮とはいえ土俵や四本柱に代わる四方に竹を立て、土俵上に幣と三方の上の供え物など、その式は京都相撲の法式でおこなわれたものであろう。行司の木村玉之助・木村寅吉・木村森之助・木村庄次郎の四人が担ったものであろうが、五条家の故実によるかどうかについては未詳である。

いよいよ相撲の取り組みである。東西それぞれ二二人ずつの相撲取が半数の一一番だけ組み合った。それでも午前八時から一一時まで、取り組みは三時間を要した。

表8の相撲取の頭書きの国名は、大名抱えの相撲取の場合は大名の国名、たとえば玉垣額之助は「雲州」＝出雲国松江藩松平家の抱えである。また大坂とある四人と江戸とある一三人は、大名抱えではなく大坂頭取と江戸年寄の弟子たちである。おそらく二七人が大名抱えとみられ、また大坂の黒鷲・三保ケ関・鷲ケ浜などもあわせ有力な相撲取が選り抜きで参集している。この年、文化五年（一八〇八）七月には大坂難波新地や京都二条川東で勧進大相撲が開催されており、この合同興行に集められた相撲取は、たとえば玉垣額之助は京坂の両場所で東大関の最高位であり、鳴滝文太夫は大坂で

東関脇、三嶽山徳右衛門は大坂で西方大関であり、鬼面山与一右衛門は大坂場所で西大関であった。これらの番付の上位から、有力な者たち四四人を選び、京都の右大臣一条家屋敷での御前相撲に参加させたものであろう。ただし御前相撲の一一番の取り組みに、三嶽山徳右衛門だけは出場したが、残りは出羽里徳太郎より下位の相撲取による取り組みで、上位の相撲取は顔見世のように土俵入りをおこなっただけであった。一条忠良の日記には、一一番の勝負のあとに「土俵入り等誠に珍しき見物な

東方		西方	
雲州	玉垣額之助	秋田	三嶽山徳右衛門
同	鳴滝文太夫	阿州	鬼面山与一右衛門
庄内	春日山鹿右衛門	久留米	荒馬源弥
因州	真鶴政吉	阿州	緋威力弥
同	桟初五郎	同	鏡岩濱之助
大坂	黒鷲浦右衛門	久留米	揚羽空右衛門
讃州	緑川庄七	阿州	諭鶴羽峯右衛門
因州	濱ケ関周五郎	大坂	鷲ケ浜権太夫
大坂	三保ケ関重五郎	阿州	鋸清吉
明石	雷吉平	久留米	越之川政五郎
庄内	出羽里徳太郎	姫路	大鳴門音右衛門
尾州	八尾ケ関吉太夫	同	高見山彦蔵
羽州	松浦潟卯八	同	高砂浦右衛門
越州	箕島鉄之助	大坂	白山磯右衛門
江戸	甲豊之助	江戸	関之梅清吉
出雲	荒滝良助	同	関之川作右衛門
江戸	押勝増五郎	同	万力助三郎
同	衣川長次郎	同	沖之石哥蔵
因州	稲荷崎弁助	同	鉄ケ島松吉
同	弓ヶ浜辰五郎	同	玉簾八五郎
江戸	相引辰五郎	同	上総山伝蔵
同	羽取山徳蔵	同	染川久兵衛

表8　一条家御前相撲の相撲取

り」と記されている。
一条右大臣から相撲の者たちに給わりものがなされた。行司木村玉之介《(助)》へ唐団扇《とううちわ》紫の組緒一筋が遣わされた。東西の関取へ扇子(普通の骨、青紫金箔)二本ずつが遣わされた。また菓子(大饅頭)二〇〇盛りを広蓋に入れて二つを東西へ遣わされた。表座敷や奥向きではない日常の生活空間である「口向《くちむけ》け」において、酒・肴・蒸し物などが遣わされた。一条忠良の母公も見物し相撲人へ金一〇〇〇疋を与えた。また御前相撲には、中山前亜相(前大納言忠尹)、庭田侍従(重嗣)が入来し見物し、座敷で家僕が酒膳を勧めた。なお、五条為徳のことは一条の日記に記されていない。家来たち多数が立ったまま見物したが、そのほかの者の見物はいっさいなかった。この日は「内々に相撲を覧る」と記している通りで、親しい中山・庭田の二人の堂上公家だけが招かれて見物したものである。

この御前相撲を企画準備したのは、誰であろうか。当日屋敷に入った頭取は鯨波《ときのこえ》喜平治・世話人時《とき》之濱《のはま》弥助それに頭取朝日山森右衛門と世話人高崎市右衛門であった。鯨波・時之濱は京都相撲頭取で、朝日山と高崎は大坂相撲頭取であったから、京都・大坂相撲合同で、右大臣一条家御前相撲が開催されたものであろう。行司木村玉之助が活躍したことは唐団扇の拝領のほか、頭取鯨波とともに「今日館《たてい》入り申し付くる旨」が口向で沙汰されたことから、この京都相撲の二人がとくに中心を担っていたのであろう。摂家に勤める諸太夫・侍・御用人・御側席・御使番席・御奏者番席などと呼ばれる家来たちとは異なり、外部で仕事をもつ商人や神主・僧侶・医師・百姓などで、摂家に「出入りの者」と認められたり、「館入りの者」、「家来列」として認められたりした者が存在した。家来の者を介して、礼金を納めて「出入り」や「館入り」が認められると、自分の家に摂家の家紋をつけた弓張提灯や小田原提灯、たとえば「一条家御用」と書かれた掛札・差札を「御預品」の形で、しかるべき時に掲げて摂家の権威をかざすという関係となった（中村佳史「摂家の家司たち」）。頭取鯨波喜平治と行司木村玉之助は、その日「館入り」が認められた。二人にとってこれは大きな褒美であった。

ところで、京都の相撲頭取と行司を一条家に口入をした者が存在した。一条忠良の日記には「兼日沙汰しむる町人荒物屋大坂住の者、東福寺芬陀院《ふんだいん》弟子俗縁之者之由、家来館入相願、今日来たり末広・肴等之を献ずる也、是又口向之沙汰也」とされる。一条家の菩提寺である東福寺の塔頭《たっちゅう》芬陀院の弟子である大坂の町人荒物屋が、かねて家来の「館入り」を願っており、今日末広・肴などを献じたが、是又、口向の沙汰であるとした。荒物屋が前もって御前相撲を諸太夫以下の家司と交渉し、相撲の者に働きかけたものであろう。実現した御前相撲の日にも荒物屋は屋敷を訪れ献上品をもって家来となる「館入り」を願ったという内容であろう。「館入り」には礼金が必要であるが、一条家当主の日記にはそのことは記されず、当主が直接関わる内容ではなく諸太夫をはじめとする多数の家来たちによる口向の沙汰としている。おそらく、前もって荒物屋は礼金（およそ一〇〜一五両）を包んできたものであろうが、それとも、御前相撲を働きかけて実現させたことは、礼金以上の献納であったとも考えられる。

長瀬越後と一条家

御前相撲の一年前、盛岡藩南部家の相撲行司長瀬造酒助《ながせみきのすけ》が文化四年（一八〇七）京都に上り、一条家より父祖同様に「越後」の国名を拝領することをめざしていた（「南部角力」・「相撲行司関係」相撲博物館蔵）。かつて長瀬越後が一条家から越後の国名を受けたのは享保十七年（一七三二）六月九日のことであり、七五年も前のことであった。なぜ文化四年に一念発起するかのように長瀬造酒助が京都一条家に働きかけようと考えたのであろうか。おそらくは、後述するように盛岡藩主南部大善太夫《なんぶだいぜんだゆう》利敬が、「武家の相撲」を再興しようとした一環ではなかろうか。

長瀬造酒助をはじめとする盛岡藩南部家は、前もって一条家に趣旨を伝えた上で、南部家御用達の京都町人浜口安右衛門へ取り扱いを命じた。浜口安右衛門は一条家諸太夫難波備前守から内々に話を聞き、当主一条や諸太夫など家来に献上物や理解を得るためのもてなしである「会釈《えしゃく》向き」などを聞きあわせた。たとえば「一条様へ　白羽二重《しろはぶたえ》　弐疋《ひき》　御扇子　一箱　御肴　一折り」、「諸太夫へ金三百疋宛　当役　岡本治部大輔兼書博士　同　入江式部少輔兼土佐守　同　難波宮内権大輔兼備前守（以下略）」などと「用人」に至る家来たちへの献上品の教示を受けて、多額に上る献上品を差し上げた。これは相撲行司長瀬造酒助個人でなし得るものではなく、京都留守居のような盛岡藩役人によって進められたものであろう。

その際、長瀬造酒助は、文化四年（一八〇七）三月付で「口上ノ覚」を一条家諸太夫難波宮内権大輔様宛てに差出している。その内容は、先祖の行司長瀬が享保十七年(一七三二)六月九日に越後の国名を仰せ付けられたように、自分にも越後を仰せ付け下さるように願い上げるので、よろしく御とりなしを願い上げる、というものであった。その結果、翌四月、一条様から仰せ書きが下された。その内容は、「南部大善太夫殿家来長瀬越後と申す者、後陽成院御宇相撲叡覧《えいらん》の節、行事相勤め候岩井播磨守と申す者より故実を代々伝来せしめ、罷り在り候に付き、南部家御由緒これ有る上に、越後義も従来御館入の者に付き、享保年中当越後亡父越後代、伝来故実の通り、形屋飾り等も相用い候様、申し渡させ置き候えども、年久しく相成り候に付き、猶又叡覧の故実を初め、伝来の儀退転致さず候様申し渡させ候御事候」と、このように「形屋飾り」つまり四本柱の飾りなどの相撲故実を伝えるためにも越後に命じるとの趣旨である。この意を受けて諸太夫の嶋出羽介と入江《いりえ》式部少輔は長瀬越後に対し「越後儀南部家士分の事に付き、勧進相撲等へは罷り出ず、南部家相撲一覧の節、または諸侯方相撲一覧の節、相勤め候事もこれある由に候、」と長瀬越後は南部家や諸侯の相撲、つまり「武家の相撲」に出場しても、勧進相撲などへは出てはならないことを申し渡した。この趣は「行事・相撲頭取などへも申しとおし置くべく候事」と、この情報は行司・頭取にも広く共有することとした。

享保十七年(一七三二)閏五月の京都の勧進相撲や同十九年九月の京都勧進相撲と大坂勧進相撲に先代の長瀬越後は行司として番付に載せられていた。しかしながら文化四~六年(一八〇七~〇九)の京都・大坂勧進相撲に当時の行司長瀬越後の名前が見出せないのは、そのことを反映してのことであろう。

　翌文化五年（一八〇八）閏六月、国元において長瀬越後は盛岡藩に、正式に一条家から届いた「越後」の国名を受領したことの報告をおこなった。一条家からは檀紙《だんし》の竪紙《たてがみ》に「今度国名ノ事、願いに就き沙汰せしむの処、先例に任せ越後ト称すべき之旨に候者也」と文化五年三月十一日付で二人の諸太夫（保田兵部少輔・難波備前守）連名で「長瀬越後とのへ」の文書と、檀紙に「越後」の国名が記された文書が添えられた。

　盛岡藩主南部利敬は文化七年（一八一〇）三月に相撲取を二七人取り立てて御新丸においたという（『盛岡市史』第五分冊）。相撲取の中に、砂子山《すなごやま》金兵衛・大扉《おおとびら》啓之助・鱗《うろこ》国七・摺墨《するすみ》駒之助が含まれる。盛岡藩の「武家の相撲」はかつて元禄七年（一六九四）十二月二十六日に「今度御簡略に付て御相撲相止められ」、二十八日に相撲の者一七人、行事一人に御暇下され本所に返された（『藩法集九盛岡藩上』）。その後、再興されていたが、天明の凶作により天明四年（一七八四）十二月十四日付で御相撲頭に対し「御相撲暫く御止成され候間、永之御暇下し置かれる旨仰せ出ださる、江戸・京・大坂ともに角力執行《しゅぎょう》致したく候はば勝手次第に罷り登り執行仕るべく候、但し、右執行の内、江戸表において御覧も遊ばされ候節は、御屋敷え罷り出で申すべき旨仰せ出ださる」と、相撲を止め、相撲頭に永御暇が出された。三都での相撲執行（修行）は勝手次第とし、江戸屋敷で殿様のご覧がある時には屋敷にくるよう命じられた。この時、抱え相撲の七ツ瀧《ななつたき》岩平・金丸貫門右衛門・雪ノ浦松之丞へも永御暇が下された。この天明四年からでも二六年が過ぎ、文化七年(一八一〇)に相撲を好んだ南部利敬は、大名抱え相撲を再興させ、その一環として長瀬越後の一条家への「館入り」が目論まれたのである。

5　吉田追風の地位

長瀬越後の封じ込め

文政二年(一八一九)二月二日、盛岡藩は長瀬越後に対して「相撲行司永く仰せ付けられ候間、家職と相心得申すべき旨、仰せ出ださる」(『藩法集九盛岡藩下』)が命じられた。この文言のうち、その家職とは南部家相撲一覧や諸侯方相撲一覧の節に限られ、決して勧進相撲には罷り出ることのない限られた範囲を条件としていた。木村庄之助の文政十一年(一八二八)の書上げでは、長瀬越後を盛岡藩に封じ込めた結果を受けて、次のように書き記されている。すなわち、吉田善左衛門(追風)の往古よりの本朝相撲司の地位を前提にした上で、吉田善左衛門の門弟に四人あり「南は日高、北は水本、西は金田」があって「東は木村と四姓に分けられ、日高・金田は断絶いたし、水本は南部大善太夫様家来に当時子孫これあり、長瀬越後と申す、右御領分に相撲興行これある節は行司相勤め、他国へは一切出申さざる故、庄之助儀吉田家にて高弟に相成り、日本相撲行司目付と定められ」たと書き上げている。日・水・金・木などと見え透いた陰陽五行説の中にも、長瀬家の存在は否定できなかったものの、南部領内封じ込めはもはや確実になったとの自信が伝わってくる。

吉田追風と五条家との争い

吉田善左衛門家は、代々世襲して追風を名乗り、「本朝相撲司御行司」を称した。しかし盛岡藩の行司長瀬越後は、摂家一条家の「館入《たてい》り」となり行司の由緒では吉田追風を超えるものがあったが、これを南部領に封じ込めることに成功した。文化期以降、吉田追風は「行司目付」の木村庄之助と式守伊之助に対し、その代替わりの際に神文を書かせて免許状を与え地位を保証した。木村庄之助と式守伊之助はそれぞれ行司の弟子を取り、木村姓・式守姓を与えて門弟とし統率した。吉田追風はまた、相撲年寄に対して、吉田家の故実門弟たる免許状を発行した。三十数人の年寄はそれぞれが多数の相撲取を弟子として抱えていた。さらに吉田追風は、現役の相撲取の最適の者に横綱の免許を与え、とくに将軍上覧相撲開催と密接に照応させ、勧進大相撲興行でも横綱土俵入りをおこなわせ人気を博した。

吉田善左衛門家は以上のように組織化をおこない、おもに江戸を中心にした相撲の者たちを集団化したのであるが、これを全国的な組織とするには、京都相撲・大坂相撲集団や公家の五条家との関係を解決する課題が残されていた。

五条家は、寛政年間には相撲故実を地方(駿河国御厨地方＝静岡県御殿場市)の相撲の者に伝えていたように、文章博士となる家業に加え、「相撲の家」と目されるための努力を積み重ねてきた。江戸相撲を含め、道中通行の便宜をはかる絵符の発行をおこなって影響力を及ぼしていた。こうして文化十一年(一八一四)に著された『諸家家業記』に、五条家は「相撲の家」と記されるようになった。

その後、文政十年(一八二七)三月、「五条殿役所」の名前で大坂相撲の頭取中に対し、「掟」(『思文閣古書資料目録』二二八号)七カ条を発給した。その内容は、公儀法度を守り、猥《みだ》らなことや酔狂をしてはいけない、道中の通交で権威がましくせず、諸人に失礼をしないよう、家業に精を出すようにする。喧嘩口論をせず、徒党を厳禁する。これら七カ条のあとに、頭取は師匠としての指導をするよう命じた。ところでこの「掟」は古来より遣わしてきたものであるが「今般焼失に付き願い申す」ので遣わしたとの奥書がなされている。

かつて寛政五年(一七九三)に吉田追風が大坂頭取一〇人に「定」を出し連印させたことは先述した。これに対抗するかのように五条家が、その三五年後に大坂頭取に「掟」七カ条を発給したのだが、文政十年に新たに命じたものではなく、もともとおこなってきたが「今般焼失」したので願いにより再発行するものとの体裁をとった。焼失の真偽のほどは確かめようがないものの、この時点で大坂相撲に関与しようとする五条家の意欲を読み取ることができる。

この年(文政十年〈一八二七〉)、五条家当主為定(一四歳)は従三位に叙され文章博士に任じられたが翌年には博士を辞している。そのことと「相撲の家」をめざす意欲と結びつくかは不明であるが、文章博士にはそののち幕末まで五条家当主は任じられていない。「掟」を発給した「五条殿役所」とは、家来である雑掌が主体になり、土御門家など他家の公家雑掌の動向に刺激され、家職として「相撲の

稲妻雷五郎横綱土俵入り
（五渡亭国貞画、文政11 ～ 13年）

阿武松緑之助横綱土俵入り
（五渡亭国貞画、文政11 ～ 13年）

両横綱の太刀持ち・露払いともに土俵下に描かれている。

家」をめざしたものと推測される。文政十一年六月、大坂場所において阿武松《おうのまつ》緑之助が横綱を締めて土俵入りしたことに、五条家は咎めだてし、抗議の行動をとった。阿武松は能登国鳳至《ふけし》郡の出身で江戸年寄の武《たけ》隈《くま》のちに錣山《しころやま》の弟子となり、江戸相撲番付で東大関を占めていた小柳常吉が、文政十年三月に改名し阿武松緑之助となったものである。当時長州藩毛利家の抱えであったことから、萩の名勝地「阿武の松原」にちなんだ改名であった。文政十一年二月、吉田追風によって横綱免許がなされ、その年六月からの大坂相撲で横綱土俵入りをおこなった。内山前掲論文によれば、長州藩毛利家留守居から横綱免許の内々の依頼によって、吉田追風が免許したものであった。

大坂場所での阿武松による横綱土俵入りに対し、五条家の抗議とは、三人の雑掌（森将監・窪田乾祐・前田主殿）から大坂相撲頭取中に宛てて文書が送られた。その内容は、阿武松が五条家の家来であるにもかかわらず、何方よりの免許で注連縄を締めて土俵入りをするのか、五条家に届けもなく不都合であるというものであった。阿武松を五条家の家来と主張する根拠はなく、おそらくは相撲の者たちは「相撲の家」である五条家の、すべて家来である、という希望的な建て前を立ててのことであろう。

その一方で五条家の雑掌たちは、文政十一年（一八二八）七月稲妻雷五郎に横綱に似た注連縄と紫色の化粧廻しを免許する。稲妻は常陸国出身で江戸の年寄佐渡ケ嶽澤右衛門の弟子であり、同年六月の大坂勧進大相撲、七月の京都勧進大相撲の番付で東大関に載せられた、当時、出雲国松江藩松平家の抱えであった。松江藩から五条家への働きかけがあったものと推測される。また五条家にしても、吉田追風が阿武松に横綱免許をしたことに対抗する意図からの、稲妻への免許であった。今度は、吉田追風が五条家に抗議する。もっとも、吉田追風から五条家へ直接の抗議ではなく、京都留守居と国元の熊本藩の判断と交渉に委ねられた。

稲妻雷五郎への五条家による注連縄などの免許について、熊本藩京都留守居島田次兵衛からの問い合わせに答えた、江戸の相撲年寄たち五人と帳元根岸治右衛門の連印の「口上之覚」（文政十一年〈一八二八〉十二月二十八日付）によれば、稲妻雷五郎が五条家から免許された注連縄・化粧廻しを用いるならば、江戸相撲は来春より雇い入れないことを議定した、と「廃業勧告」ともいえる強い姿勢を示した。さらに熊本藩は、五条家に対し公の裁許も辞さず、との姿勢を示した。最終的には、熊本藩・吉田追風に対し、五条家は文政十二年三月十五日に、今後相撲取共へ注連縄・紫化粧廻しを下すことはしない、と伝え後退をよぎなくされた。

この一連の交渉の中で、京都留守居と五条家雑掌とは穏便に済ますことを望み、吉田追風が五条家に挨拶することで円満に済ますことを、吉田に要請したが、吉田追風は「いまさら五条様へ御礼御出入りなどをする訳」もないと拒む。熊本の細川家中の考えは、京都留守居とは異なり、吉田家が五条家の指揮を受け、御支配のようになってはならないという立場をとり、そのためにも摂家二条家を頼る方法があると考える。しかし、二条家は雑掌までもが金銀を好むので、出費が嵩《かさ》んでしまうと心配する公家世界に通じた京都留守居の情報を勘案し、幕府に江戸留守居から願い上げ、たとえば陰陽道の取計いにおいて、日本国中いっさい土御門家の支配たるべき旨御沙汰がなされたように、諸国一統に相撲方はいっさい吉田家の差図を受け候様にお触れ流しを願えば、もし吉田家の差図に違背する者があれば、公辺のお達しを背くことになり屹度《きっと》取り締まられることになる、との考えを示す。また、熊本藩国元では、吉田追風の由緒書上げの内容について、二条家とのつながりや本朝相撲司の勅命について、史実を探究することは困難であり、朧にしたままにしておくことが賢明であるとの態度をもっていた(内山前掲論文)。吉田追風の由緒を、熊本藩もすべて史実とは認めていなかったのであろう。由緒書きや系図など、江戸時代においては、作為と史実とが組み合わさって作成されることが通例であり、あえて信憑性を追求しないことで、その場を凌いでいく態度は、この時代の社会に共通してあったように思われる。

その後の吉田家と五条家

土御門家が諸国陰陽道支配の権限を幕府の触れによって保証されたようには、吉田追風家と五条家のいずれも、諸国の相撲を取り締まる権限を、幕府から触れによって保証されることは、いっさいなかった。しかし寛政三年(一七九一)以来の将軍上覧相撲によって、吉田追風の由緒や相撲式は公認され、組織化と統制の役割が期待されたことも事実である。幕府によってその地位が保証されることに勝るものはない。京都の天皇・公家たちは幕府の下で掌握され、統制されていたのである。その統制のもとで公家たちは財政窮乏の解決のために、家業(家職)を通して収入を得る方策をとった。五条家は、文化期から「相撲の家」を家業として、雑掌(家来)たちが活動を進め、ついには吉田追風の地位を脅かすような対抗心をもった。しかし、文政十一年(一八二八)の阿武松と稲妻への横綱免許をめぐって、五条家は争論に敗れた。かといって、吉田追風が全国の相撲を単一の組織にまとめ上げたものではなく、京都相撲・大坂相撲の集団はある程度の独立性を保ち、四季勧進大相撲では三都において互いに合同興行をおこなう関係は保たれていた。

五条家は、その後も存在し続けるが、注連縄・紫化粧廻しをおのずから免許することはなかった。

不知火諾右衛門横綱土俵入り（香蝶楼国貞画、天保13～14年）
太刀持ち高根山政右衛門・露払い黒雲龍五郎は土俵下に描かれている。

谷風・小野川・阿武松・稲妻に引き続く横綱は、天保十一年（一八四〇）十一月に、吉田追風から免許された不知火諾《しらぬいだく》右衛門《えもん》であった。不知火は肥後国の出身で、大坂頭取の湊《みなと》由良右衛門《ゆらえもん》の弟子になり、江戸の大相撲に呼ばれた時には年寄の浦風や雷の弟子となり、出雲国松江藩、のちに肥後国熊本藩の抱えとなった。天保十一年六月、大坂相撲で東大関、十月に江戸相撲で西大関の頃、横綱免許を受けた。不知火は引退後に大坂の頭取湊に改め勧進元を務めたように、大坂の相撲取といえた。しかし五条家からの口出しがなされた様子はみられない。

次の横綱秀ノ山雷五郎は弘化《こうか》二年（一八四五）九月に吉田追風から免許を受けた。秀ノ山は陸前国出身で江戸の年寄秀ノ山伝次郎の弟子になり弘化二年二月に江戸で西大関の頃横綱免許を受けた。引退後は年寄秀ノ山雷五郎となり勧進元・差添を務めた。さらに文久《ぶんきゅう》元年（一八六一）九月、雲龍久吉《うんりゅうひさきち》が吉田追風から横綱免許を受ける。雲龍は筑後国出身で大坂頭取陣幕長之助の弟子になり、のちに江戸の年寄追手風喜太郎の弟子になり、さらに養子となって、引退後は年寄追手風喜太郎として勧進元・差添を務める。

文久三年(一八六三)十一月、不知火光右衛門が吉田追風から横綱を免許された。不知火は肥後国出身で大坂頭取の湊諾右衛門《みなとだくえもん》の弟子になる。江戸では年寄境川浪右衛門を師匠とする。大坂の相撲取といえる不知火は西大関の文久三年十一月に吉田追風から横綱免許を受け、明治五年(一八七二)に引退後は頭取不知火となる。この場合も、五条家は横綱免許に関わることはなかった。つまり、文政十一年(一八二八)から文久三年(一八六三)頃まで、およそ三五年間は、大坂の相撲取の免許であっても、五条家は関与できない状態が続いていた。

しかし慶応三年(一八六七)一月、五条家から陣幕久五郎に横綱免許がなされ、その後十一月に吉田追風からも免許がなされた。陣幕は出雲国の出身で尾道の初汐《はつしお》久五郎に弟子入りし、弘化五年(一八四八)に大坂相撲の頭取朝日山四郎右衛門の弟子になる。その後江戸の年寄秀ノ山雷五郎に弟子入りし、阿波国徳島藩蜂須賀家の抱えとなり、次いで文久三年(一八六三)に出雲国松江藩松平家の抱えになり、さらに元治《げんじ》元年(一八六四)には薩摩藩島津家の抱えになった。慶応三年(一八六七)正月に五条家、十一月に吉田家から横綱免許を受け、明治元年(一八六八)大坂相撲の頭取となる。明治二十一年(一八八八)に東京に戻り、明治三十三年(一九〇〇)に深川八幡宮に横綱力士碑を建て、横綱の初代〜三代に、明石《あかし》志賀之助・綾川《あやがわ》五郎次・丸山権太左衛門を当て、自らは十二代横綱としたことでも知ら

相生松五郎
陣幕久五郎
式守伊之助
一雄斎国輝画

れる。

陣幕久五郎に対して、慶応三年(一八六七)正月に五条家が、以下のように横綱を免許した(相撲博物館所蔵)。

(花押)

横綱之事　薩州国人角力者　陣幕久五郎　依願被許候　因執達如件

五條殿家司丹波介誠　奉　印

慶應三年正月

陣幕久五郎横綱土俵入り

(一雄斉国輝画、慶応３年〈1867〉４月)

年寄伊勢ノ海と太刀持ち相生松五郎・露払い鯱ノ海梅吉が土俵上に描かれている。

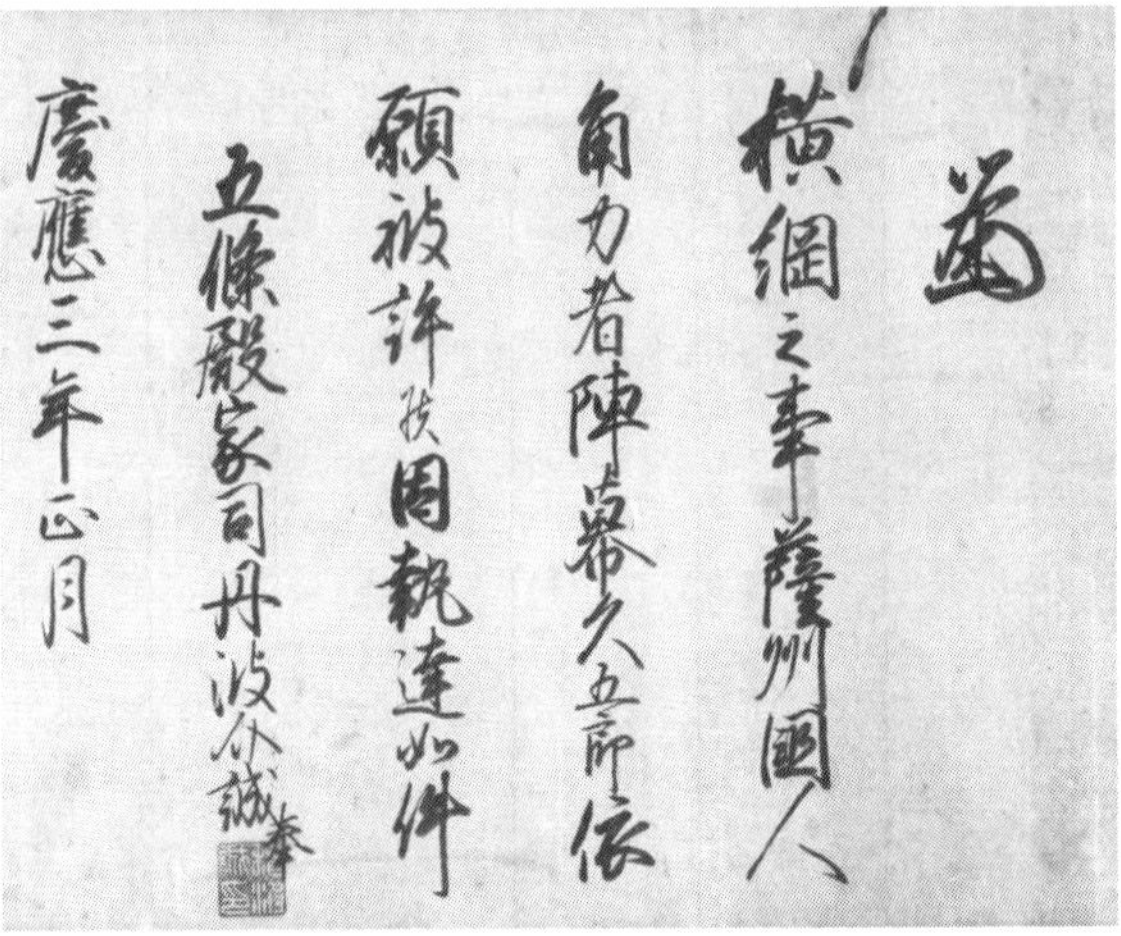
一 横綱之事薩州国人
角力者陣幕久五郎依
願被許候因執達如件
五條殿家司丹波介
慶應三年正月

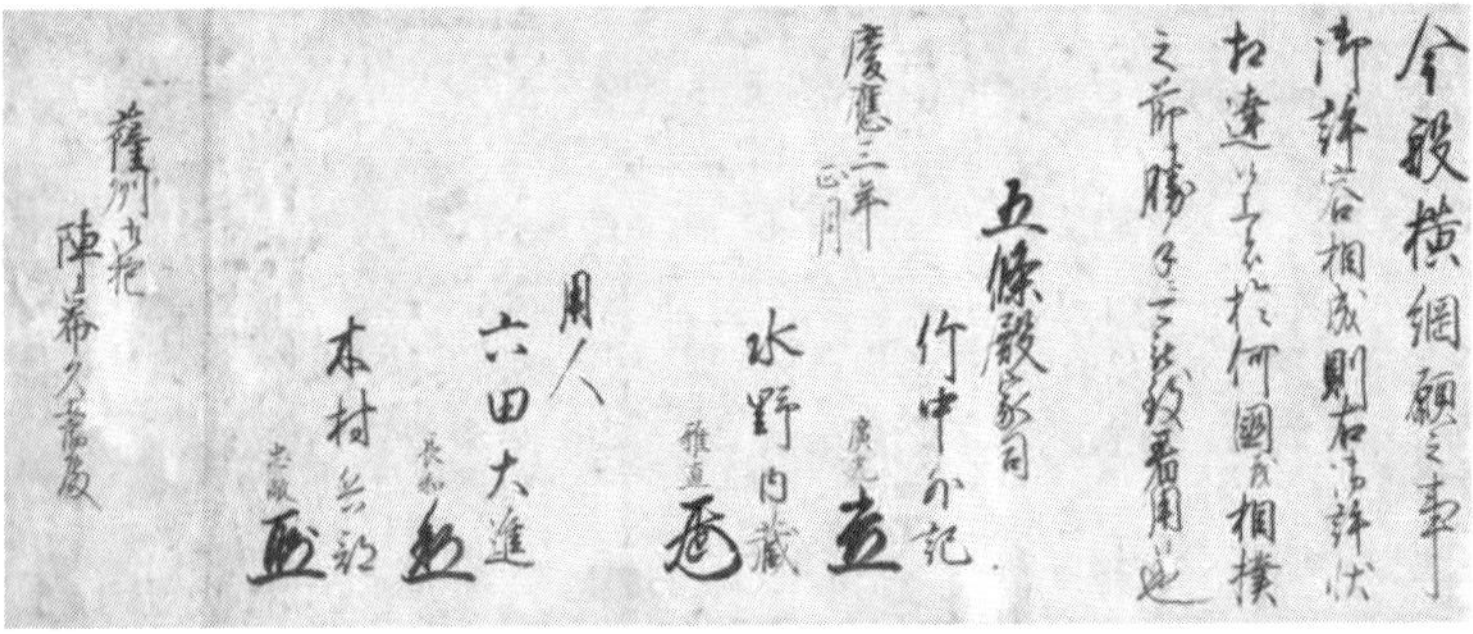
今般横綱願之事
御許容相成則右御許状
相達候上ハ於何国茂相撲
之節勝負ニ不拘着用之
五條殿家司
竹中主計
水野内蔵
用人
六田大進
木村
慶應三年正月
薩州力士
陣幕久五郎殿

陣幕横綱沙汰状（2点、慶応3年〈1867〉五条家）

今般横綱願之事　御許容相成　則右御許状相達候上者　於何国も相撲之節
勝手ニ可被致着用候也
慶應三年
正月
五條殿家司
竹中外記　広光　（花押）
水野内蔵　雅直　（花押）
用人
六田大進　長和　（花押）
木村兵部　忠敬　（花押）
薩州御抱　陣幕久五郎殿

二通のうち一通目は、花押を袖につけた袖判《そではん》の形式をとって、発給者がより上位である薄礼の文書様式となっており、吉田追風が奥に署名する横綱免許の文書様式と異なる。

かつてのように横綱にかわる「注連縄・紫化粧廻し」を免許するのではなく、堂々と「横綱」を五条殿家司・用人連名で免許している。五条家はそれまで文政十一年（一八二八）から大坂の相撲取であっても横綱免許に関わらずにきたのに、なぜ慶応三年（一八六七）正月に横綱免許を吉田追風よりも先におこなえたのであろうか。

その理由を端的にいえば、幕府と天皇・朝廷の関係が逆転したからである。その象徴的な出来事が、文久三年(一八六三)十四代将軍徳川家茂が将軍として二三〇年ぶりに上洛し、孝明天皇から政務委任の勅を受け、天皇の攘夷祈願の賀茂社行幸に供奉したように、天皇を上位に戴くようになったのである。幕初以来、幕府が上位に立ち、天皇・朝廷を統制し掌握してきた関係は逆転し、天皇が上位になってその信任を受けた将軍が、諸藩の台頭する幕末の難局を乗り越えようとはかったのである。朝廷も公家も、幕府・藩の上位になる関係となり、今や慶応三年(一八六七)、五条家は、幕府・熊本藩・吉田追風を憚ることなく、「相撲の家」として陣幕に横綱免許を果たしたのである。

第五章　大名抱えと相撲取の身分

1　その後の上覧相撲

浜御殿の上覧相撲

寛政《かんせい》三年(一七九一)六月、江戸城吹上庭において十一代将軍徳川家斉《いえなり》の上覧相撲が挙行されたことは、第四章で述べた。江戸城の吹上庭には、天下祭といわれた山王神社(千代田区永田町)と神田明神(千代田区外神田)の祭礼にあたり、山車などとともに町人である氏子たちが行列をつくって城内に入るが、これを将軍は吹上の上覧場所において見物するのを通例とした。よって「天下祭」と称するのだが、吹上の上覧場所は、上覧相撲でも用いられた。この場所は、享保《きょうほう》年間の朝鮮通信使来聘時に、馬場において朝鮮使節が馬上で曲技を演じたのを将軍徳川吉宗が観覧した場所であった。馬場はそれから「朝鮮馬場」と称されるようになる。

将軍家斉は、三年後の寛政六年(一七九四)四月にも上覧相撲を催させたが、この時は浜御殿《はまごてん》が相撲の会場となった。浜御殿は、甲府宰相徳川綱重に、父である三代将軍徳川家光から、承応《じょうおう》元年(一六五二)に与えられた、葦の生い茂る海辺の土地であった。屋敷地が造営され、甲府浜屋敷と呼ばれ、

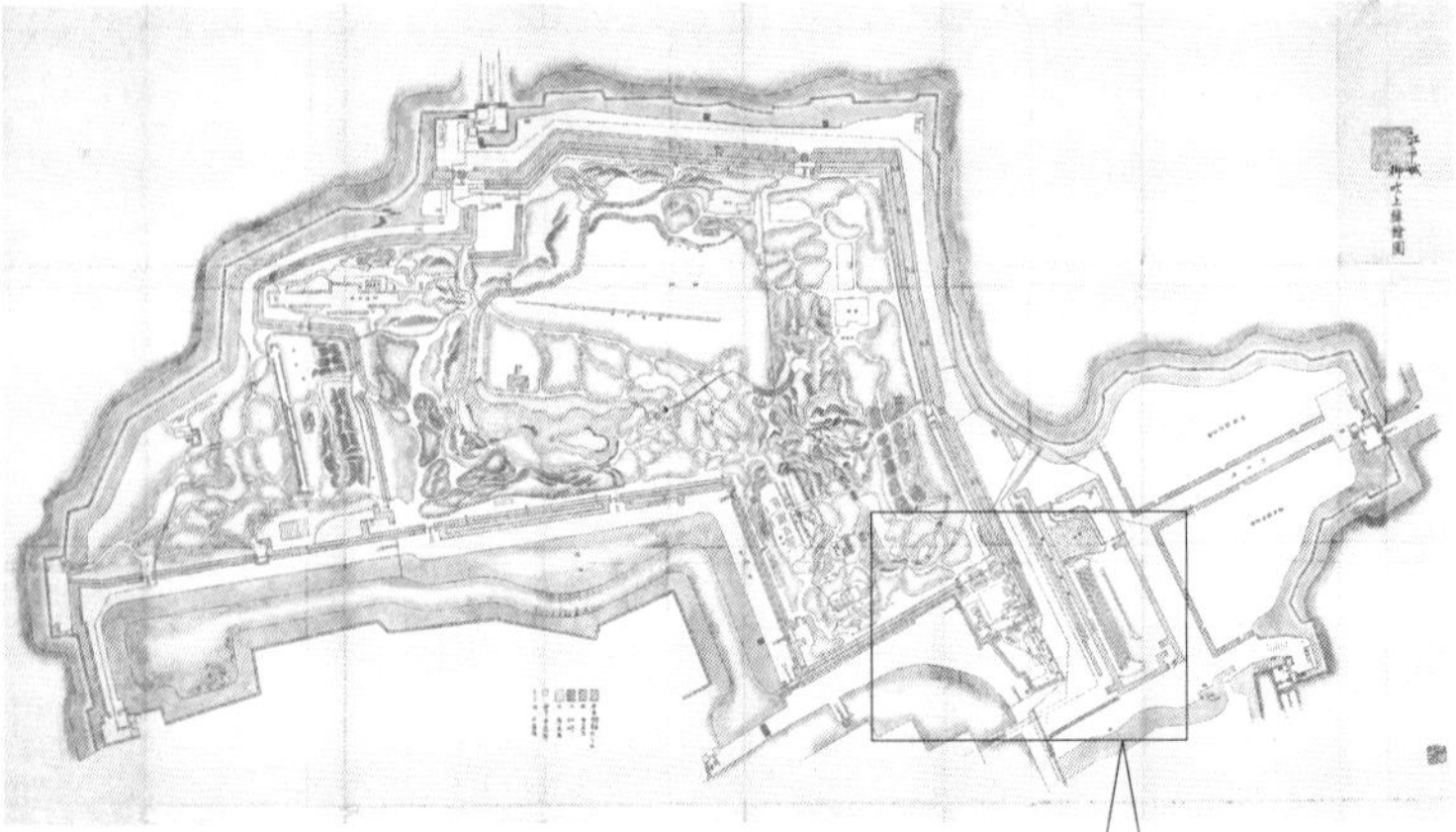

江戸城御吹上総絵図（文化２年２月御作事方大棟梁甲良筑前棟村控）

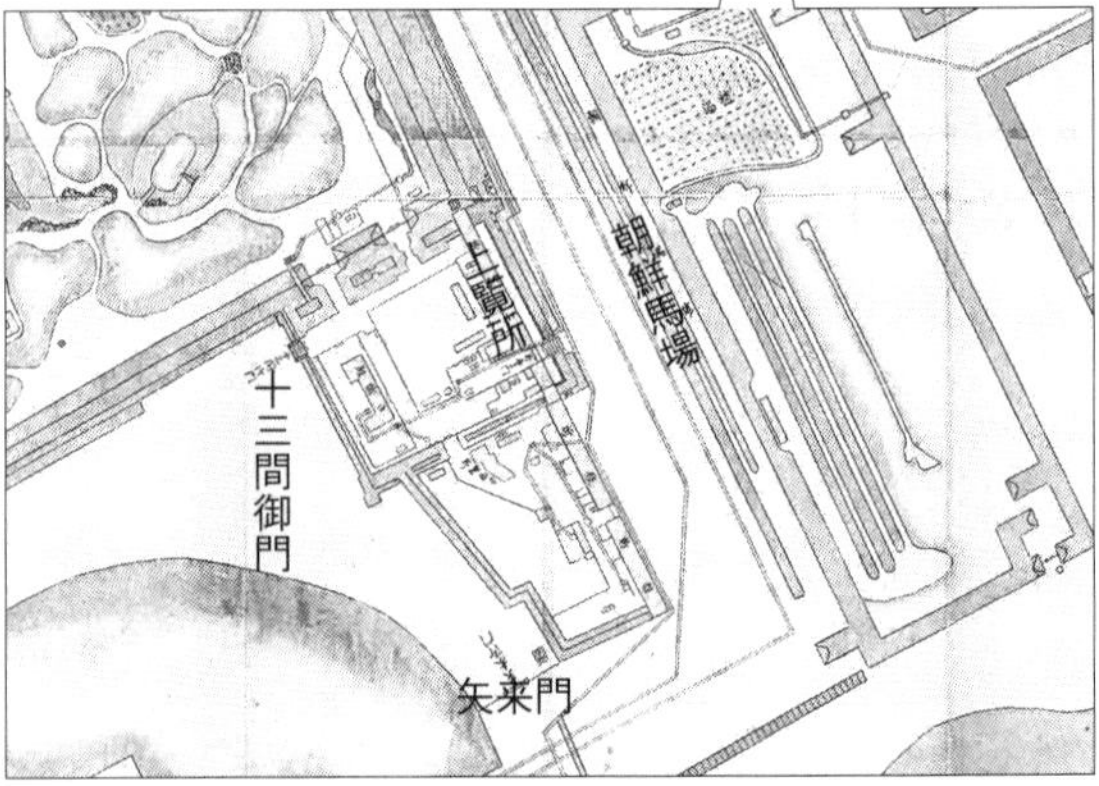

上図の部分拡大

やがて綱重の子綱豊に受け継がれたが、綱豊が六代将軍徳川家宣となると、浜御殿と呼ばれ大改修がなされた。将軍家宣の御台所は、公家の最上位の家格である摂家近衛《このえ》基熙《もとひろ》の姫であったが、幕府は前関白・太政大臣の近衛基熙を宝永《ほうえい》七年(一七一〇)に江戸に招き、丸二年間神田御殿に滞在させてもてなした。その間、浜御殿において将軍は近衛と御台所の父娘をともなって遊覧を楽しんだ。浜御殿は、享保九年(一七二四)の火災で建物が焼失したのちは荒れた状態であったが、将軍家斉によって修復がなされ、その結果、寛政六年には将軍上覧相撲を催すことができた。ちなみに明治維新後、明治二年(一八六九)に宮内省所管の浜離宮となる。昭和二十年(一九四五)の敗戦後に東京都に下賜され、都立の庭園になって現在に至る。

寛政六年の浜御殿での将軍上覧相撲は、三年前の初の上覧相撲が一六四名の相撲取による八二番の取り組みであったのに比べ、二二三名の相撲取による一四一番の取り組みであった。厳密には一一三番の取り組みに「御好《おこのみ》」で二八番が追加されたものである。一四人の行司が取り組みを裁きながら取り進み、残り三番の取り組みはそれまでの木村庄之助にかわって吉田追風が行司として土俵に上がった。雷電と千歳川《ちとせがわ》、陣幕《じんまく》と鰭ケ嶽《ひれがたけ》、谷風と小野川の取り組み三番である。最初の一番の雷電為右衛門は、信濃国小県《ちいさがた》郡大石村の出身で、江戸年寄浦風《うらかぜ》林右衛門に弟子入りし、この当時は関脇であったが無双の強豪として知られていた。相手の千歳川は江戸番付の前頭以上には見出せない下位の相撲取と思われ、雷電の顔見世のためであろうか、押し出されて負けている。結び前の陣幕と鰭ケ嶽では、陣幕巻右衛門は伊予国松山出身で大坂頭取陣幕長兵衛の弟子になり、江戸では年寄藤嶋甚助を師匠とし、この年関脇に名を連ねている。のちに大関に進み引退後は大坂の頭取押尾川として勧進元を務める。対する鰭ケ嶽源太夫は伊勢国四日市の出身で、年寄雷《いかずち》権太夫の弟子になり、六尺五寸(一九七センチ)の長身をもち、寛政六年関脇付け出しで登場し、上覧相撲にも結び前に抜擢されたが、陣幕に押し出しで敗れている。翌年引退しているところを見ると、長身を見せる顔見世であったかも知れない。

結びの一番で思い出されるのは、三年前の上覧相撲の結びの一番である。谷風と小野川の取り組みは実際に立ち合う前に小野川の気負けとして、一人吉田追風のみが目立ったことである。その当日、勝負がわかりかねたので、目付の平賀式部少輔が吉田追風に尋ねたところ、追風は書面で、「行司が声をかけたところ、小野川ことのほか油断の様子にて、取り結び申さなかったので、其のまま勝負を付けた」と答えた。いわくつきの取り組みであったが、寛政六年の当日は小野川が煩いのために土俵に上がれず、かわって九紋龍《くもんりゅう》が土俵に上がり谷風が押し出しで勝った。九紋龍清吉は越後国頸城郡上曽根村出身で、江戸年寄常盤山《ときわやま》小平治の弟子で、大坂相撲では頭取陣幕長兵衛や三保ケ関《みほがせき》喜八に世話になった。六尺八寸五分(二〇七センチ)四〇貫(一五〇キロ)の体軀が威圧感を与えた。小野川の代役となった九紋龍は御好相撲でも土俵に上がり、この日は三番相撲を取った(「視聴草《みききぐさ》」)。ちなみに結び三番で、弓・弦・扇子は与えられていない。

文政六年の上覧相撲

浜御殿は一回だけで終わり、そのほかは江戸城吹上庭であった。その後、享和《きょうわ》二年(一八〇二)、文《ぶん》政《せい》六年(一八二三)、文政十三年(一八三〇)に徳川家斉の上覧相撲と、天保《てんぽう》十四年(一八四三)、嘉永《かえい》二年(一八四九)に十二代将軍徳川家慶《いえよし》の上覧相撲がおこなわれた。文政六年の上覧相撲について、「相撲上覧一件」(国立国会図書館蔵)という幕府に保存された史料に基づいて、以下に具体的に述べておこう。前年の文政五年二月、相撲年寄惣代である粂川《くめがわ》新右衛門ほか二名の年寄が町奉行所において次のように願い上げた。「寛政三年・六年の二度の将軍上覧によって、以後相撲が繁昌し有難いことであった。また享和二年十二月の上覧相撲の際には、米百俵、白銀百枚を頂戴できたことは冥加至極であった。このたびも将軍上覧相撲を願いたい。」という内容であった。

前回から二〇年が経過し、相撲年寄の側から願い出たものである。これに対し、町奉行榊原主計頭《かずえのかみ》忠之は小納戸頭取中野播磨守清茂にかけあって確認をした。中野清茂(碩翁《せきおう》)は、将軍家斉の寵愛を受けて溶姫らを産み大奥で権勢をもったお美代《みよ》の方の養父で、奥向きを通して将軍家斉の意向を取り次ぐ、側近政治の実力者であった。溶姫は文政十年加賀藩主前田斉泰に輿入れするが、前田家上屋敷に将軍の姫を迎えるための、朱塗りの御守殿門《ごしゅでん》が設けられる。今日に残る赤門(東京大学)である。町奉行はまず中野から同意を得たのであるが、中野の確認を得た内容のおもだったことは、(1)町奉行から老中方へは申し上げるに及ばないかどうか(中野に伝えればそれで済むのかどうか)。(2)上覧の用向きを担う御目付には、前回同様に若年寄から命じてもらうのか、奥向きより通達するのか。(3)前回同様に今回も白銀百枚、米百俵をくだされるのか。(4)相撲取どもは江戸表の興行が済むと京都・大坂その他の国々にて興行致すので、上覧の日取りを九月上旬頃の含みにして、七月下旬までには江戸表に集まるように申し渡すか。以上の事柄は、上覧相撲実施のために枢要な事柄であるが、表方の幕府統治機構である町奉行から老中への回路ではなく、町奉行から小納戸頭取中野清茂に実質的なうかがいを立て、奥向きの回路を用いたところに、将軍家斉の「側近政治」といわれた、幕府の権力機構の特徴が表れている。

しかし、上覧当日に向けた道のりは容易ではなかった。八月に入ると、近づいた上覧相撲の取組書・名前書・明細書を各々折本《おりほん》にして、将軍のほかに観覧する御三卿の一橋斉礼・田安斉匡・徳川斉明のほか、側衆・小納戸頭取衆などのために準備をする。これら将軍近親の者たちのほか、老中・若年寄・西丸老中・西丸若年寄・小普請奉行・御徒頭などのためにも準備をした。

相撲取組書には上覧当日の対戦が記され、裁く行司ごとに、たとえば行司木村庄之助は結びの大関柏戸利助と大関玉垣《たまがき》額之助の対戦のほかに二番が記されている。ちなみに吉田追風は出場していない。追風は第四章で述べた五条家との争論の最中であった。今回の上覧相撲の取り組み数は一〇五番あり、寛政六年の一一三番より少ない予定であった。もし時間が早く終了するようならば、享和二年の時に倣い、地取《じどり》(稽古相撲)または五人掛りなどをおこなう予定となった。なお享和二年の前回は、東西に分かれた取り組みを三二番、中入り後に地取を三三番、その後に関相撲《せき》（大関・関脇）のうち二人が五人掛りをおこなった。

名前書には、東西の相撲取二二八人、相撲年寄三一人、行司一三人のそれぞれ全員の名前が記され、このほか書役四人、水汲二人、中相撲・褌持《ふんどしもち》・上下持など一二〇人、髪結《かみゆい》八人、人足二〇人が数え上げられており、総人数四二六人の大所帯であった。

相撲明細書には、東西の相撲取の生国・大名抱え・誰の弟子かが年齢とともに一人一人記載されている。名前書が相撲取の名前だけであったのと比べ明細を記す。東の方だけ史料が残っており、最初の二人を例示すると、

津軽越中守抱
一、生国奥州津軽郡弘前
先柏戸宗五郎養子
柏戸　利助
未三拾六歳

同人抱
一、生国羽州最上郡寺津町
秀ノ山伝次郎弟子
源氏山吉太夫
未三拾四歳

というものであった。柏戸利助は文化《ぶんか》十二年から江戸・京都・大坂で大関を張り続けたこの時期の看

板である。源氏山吉太夫は文政三年から八年まで関脇を張り、同九年にかけて一年間だけ大関を張った。

　これに対して西方は、名前書は残されていないが、玉垣額之助、岩見潟《いわみがた》丈右衛門が上位の二人であった。玉垣額之助は肥前国高来郡小浜村出身で、大坂の相撲頭取藤嶋岩右衛門の弟子になり、のちに江戸年寄玉垣額之助の弟子になり、文化十一年から大関を張り、同時に年寄の二枚鑑札となる。岩見潟丈右衛門は摂津国鳴尾の出身で、大坂頭取小野川才助の弟子になり、文政六年江戸で西関脇、大坂で東関脇を張っていた。すなわち東西ともに、勧進大相撲の大関・関脇が上覧相撲に出場していたことがわかる。

　なお、柏戸と玉垣に対し、五条家が文政六年六月に横綱を免許したとの説を、『江戸時代相撲名鑑』(「伊勢ノ海利助」・「六代玉垣額之助」の項目)や『相撲大事典』(「五条家」の項目)はとるが、吉田追風は両者に横綱免許をおこなっていない。この文政六年の上覧相撲において、横綱の土俵入りはおこなわれていないし、幕府も「文政六未年相撲上覧之節は横綱之ものこれ無く候」と認識している。谷風・小野川の最初の横綱以来、上覧相撲において欠くことのできない横綱土俵入りとなっていたから、この時横綱は不在であったと考えるのがよいであろう。

　さて、上覧相撲の準備は土俵などの場所の設営もおこなった。まず吹上御庭の上覧場所の見分が町奉行榊原とその与力・同心や普請奉行、小納戸頭取、目付に相撲年寄を加えておこなわれた。土俵の

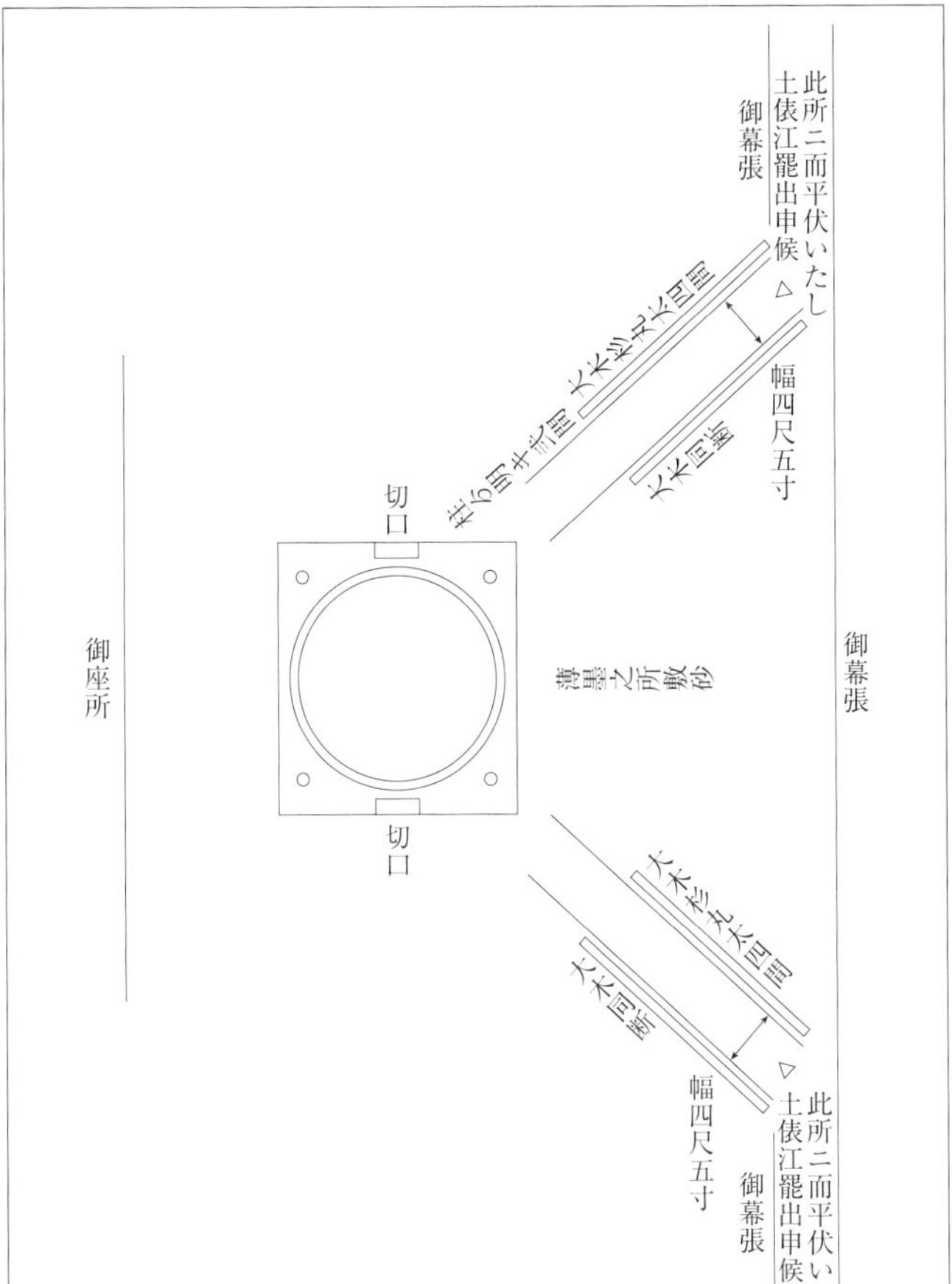

土俵・花道・御座所　御座所に将軍以下が着座する。右側の幕の内から呼び出された相撲取は花道の入口で、平伏してから土俵に進む。

位置は、朝鮮馬場側ではなく十三間御門外（一七八頁「江戸城御吹上総絵図」）となり、土俵とその廻りは相撲の者が整備し、花道や東西の入口は普請方で取り建てることになった。ここでいう土俵廻りとは、土俵のほか四本柱（柱の上部に色絹を、下方に毛氈《もうせん》を巻く）や屋根などで、その費用として金十一両一分、銀二匁五分、銭二貫文が相撲の者に支給された。土俵周囲の水引幕は納戸方から緞子《どんす》を借用することとなった。これらの準備の過程で、前回二〇年前の先例が参考にされるとともに、各部署の担当が細かく分かれ、「縦割り行政」の欠陥が推しはかられる。

前頁の図の向かって左側に将軍・老中などの席があり、向かって右側の幕の内に相撲取たちが待機した。幕の内には湯釜・やかんなどが用意され、休息できた。呼び出しを受けた相撲取は幕の内から東西の花道に出たところで、立礼ではなく平伏する。その位置に徒目付・小人目付を配して警備にあたり、町奉行配下の与力・同心には矢来門の内外を固めさせる。

ここまで準備・計画も整ったのだが、九月六日に小納戸頭取中野清茂より、予定していた九月中は暇がないため、来月中旬頃に延期する旨、目付から北町奉行を通して相撲年寄に伝えられた。十月十日になって相撲年寄は、上覧相撲が終わるまで勧進大相撲を興行してはならないと命じられているが、このまま上覧相撲の日程も定まらないのは困る旨を町奉行所に訴えた。

町奉行榊原忠之からこの旨を伝えられた中野清茂は、上覧相撲より先に冬季勧進大相撲を開催することに同意した。その結果、文政五年中の上覧相撲はおこなわないこととなった。明けて文政六年二月二十六日、上覧相撲を三月中旬におこなうことが命じられ、そのため三月五日から土俵など上覧場所の取り建てにかかるよう、相撲側や普請奉行に達せられた。上覧の日取りも三月二十五日に正式決定した。かくして準備が進められ、前日にあたる三月二十四日、相撲年寄粂川新右衛門・浦風林右衛門の両名は確認のための請書を提出した。請書の内容は、(1)当日暁七つ時(午前四時)に平河門外に集合すること、(2)力水や飲み水は竹橋門番所板塀内で汲むこと、(3)廻しはあり合わせのものを用いること、(4)土俵の上には盛砂《もりすな》がしてあるので、始める時に年寄のうちで心得のある者が砂を散らし平均に敷くこと、(5)内外の溜《た》まりには年寄が二人ずつ詰め居ること、というもので、いわば最終確認であった。

しかし天気に恵まれず、さらに日延べとなり、実際には四月三日に上覧相撲が挙行された。当日、相撲の者たちには、赤飯がくだされた。結びの三番は行司木村庄之助が裁いた。まず諭鶴羽《ゆづるは》留(富)之助と陣幕嶋之助の取り組みは諭鶴羽が勝って扇子をいただいた。諭鶴羽は淡路島出身で年寄桐山権平の弟子で前頭三枚目に位置していた。この年に引退しており、花を飾ることができた。対した陣幕は播磨国姫路出身で大坂の頭取藤嶋、さらに頭取陣幕の弟子となり前頭五枚目であった。結び前は荒馬大五郎と音羽山《おとわやま》峯右衛門の一番で、荒馬が勝ち弦《つる》を受けた。荒馬は下総国千葉郡馬加村出身で年寄桐山権平の弟子となりこの当時小結を張っていた。のちに宮城野《みやぎの》を名乗り相撲年寄となる。音羽山は下総国葛飾出身で年寄雷峰右衛門の弟子になる。文政六年二月の江戸の場所では前頭二枚目に位置した。

そしていよいよ結びの一番である。柏戸利助と玉垣額之助の両大関の取り組みは玉垣が勝ち名乗りを受け弓も頂戴した(「視聴草」初集之七)。

天保十四年の上覧相撲

文政十三年(一八三〇)の五回目の上覧相撲は、将軍徳川家斉による最後のものであった。中野清茂ら側近政治が続く中の挙行で、前回の文政六年同様に吹上十三間御門外に土俵などをこしらえた。東西の相撲取の取り組みは、文政六年の一一四番に対し文政十三年は一一二番でほぼ同数であった。地取は文政六年に三二番取り組まれたのに対し、同十三年は二八番で、五人掛りは文政六年には二人がおこない計一〇番取ったが、同十三年はおこなわなかった。そのかわりに横綱土俵入りがおこなわれた。文政十一年・十二年に吉田追風から横綱免許を受けた阿武松《おうのまつ》緑之助と稲妻《いなずま》雷五郎の二人が、注連縄を締めて土俵入りをおこなった。結びの一番は行司木村庄之助が裁き、阿武松と稲妻が対戦し阿武松が勝利した。

天保十四年(一八四三)の六回目の上覧相撲は、十二代将軍徳川家慶による初めてのもので、前回まではいくつかの点で異なっていた。「相撲上覧一件　天保十四卯年九月」(国立国会図書館蔵)によれば、まず、上覧相撲挙行の申請であるが、相撲年寄側が町奉行に申請して実現されたものではなかった。また、町奉行が将軍家斉側近の小納戸頭取中野清茂を通して実現できたものでもない。今回は、まず幕府の表向きの権力機構である若年寄の大岡主膳正忠固《ただかた》が、近々に吹上において相撲上覧をおこなうことを老中が仰せ出されたので、その用向きを目付桜井庄兵衛・松平式部少輔に取り扱うよう命じた。目付の両名は町奉行の鳥居甲斐守忠耀・阿部遠江守正蔵に、上覧相撲を前回同様に挙行するよう命じ、町奉行は相撲年寄境川《さかいがわ》浪右衛門・追手風《おいてかぜ》喜太郎に開催準備を命じた。明らかに幕府権力の頂点から、相撲上覧が企図されたものであり、大奥など奥向きではない表向きの指揮系統であることがわかる。

四年前の天保八年(一八三七)に徳川家斉から将軍職を譲られ、十二代将軍となった徳川家慶であったが、父家斉は西の丸において依然として権力を握り、いわゆる「大御所政治」をおこなっていた。天保期の打ち続く飢饉から各地で一揆・打ちこわしが多く発生し(内憂)、天保八年アメリカ商船モリソン号が浦賀沖に接近した際に、幕府は異国船打払令に基づいて、これを砲撃し打ち払う事件(モリソン号事件)も発生した(外患)。それ以前から続いていた「内憂外患」と呼ばれた国内外の危機に対処するため、天保十二年(一八四一)閏一月に大御所家斉が六九歳で死去すると、将軍家慶のもとで老中首座水野忠邦を中心にしていわゆる「天保改革」が推進された。江戸の治安を守るため、物価騰貴を抑えようと、天保十二年に株仲間解散令を発したが、市場が混乱し逆効果となった。江戸市中の奢侈を禁じ、歌舞伎三座を浅草のはずれに移転させ、人気役者が市中を歩くときに編み笠をかぶらせ、風俗を厳しく取締りもした。天保十四年の人返し令によって市中の取締りを強化し、江戸市中の治安を良くするために浪人や無宿を江戸から追い払った。そのため、関東農村の治安はますます悪化した。

このような改革政治の中で、なぜ将軍上覧相撲の挙行が命じられたのであろうか。その答えは端的にいえば、将軍権威を高めるための一環としてであった。改革政治を強行するためには、ゆるんだ前代の将軍や大御所の雰囲気を吹き飛ばす、清新な将軍権威をつくり上げる必要があった。かつて享保十三年(一七二八)に、八代将軍吉宗が六五年ぶりの日光社参を挙行して強権を取り戻したように、天保十四年に将軍家慶は六七年ぶりに日光社参を実行した。軍事指揮権を発動する武家の棟梁としての権威づけをおこなったのである。しかしその代償は大きく、大出費による財政悪化と、夫役《ぶやく》に動員された数多の農民の不満をかった。同様の権威づけの試みとして、水野忠邦は対馬藩に命じて、文化八年(一八一一)に対馬止まり(易地聘礼《えきちへいれい》)であった朝鮮通信使を、大坂に聘礼する計画を立てたが、これは実現できなかった。そのような将軍権威を高める流れの中で、上覧相撲を企画したのである。それまでも江戸の庶民たちに親しみをもって注目をあびてきており、しかも、相撲取を抱える諸大名に関心をいだかせる、将軍上覧相撲が実施されたのである。

天保十四年九月十二日相撲年寄境川浪右衛門と追手風喜太郎の両名は町奉行所に書付を届けた。その内容は、相撲上覧を仰せ出され有難き仕合せであるが、東西の相撲の者どもは、播州辺と伊勢路に分かれて地方興行に出ており、早速呼び寄せるために、相撲年寄(待乳山《まつちやま》)を派遣した、きたる閏九月十日迄に戻るようにする、というものであった。付け加えて、天気次第で大井川などの川留めが生じた場合に遅れることがあっても、来月十五日までには帰着させる、と記して日程に余裕をもたせた。

従来の上覧相撲は、江戸での勧進大相撲に各地から集められた相撲取を、そのまま残して上覧相撲に出場させる工夫をしてきた。しかし今回は思いがけず、いきなり幕府側から上覧相撲の開催を命じてきたのである。そのため、天保十四年一月二十五日から回向院境内で開催された春季勧進大相撲の晴天十日興行が終わった後、すぐに相撲取が上方などに移動してしまったのである。五月から大坂難波新地で夏季勧進大相撲があり、八月には京都で秋季勧進大相撲が予定され、その間に伊勢路や播州にも赴き、本来であるならば十月十五日から江戸の回向院境内で開催される冬季勧進大相撲にあわせて戻ればよいはずであった。急遽、閏九月十日までに戻り、上覧相撲に間に合わせるために、年寄待乳山を上方に派遣して、呼び寄せることになったのである。閏九月二日付けで年寄境川浪右衛門は、次のように町奉行所に報告をした。すなわち、今朝、江戸に戻った待乳山の報告によれば、年寄雷権太夫と相撲取は伊勢路におり十日までには間違いなく江戸に戻ること、年寄浦風林右衛門は大坂におり、相撲の者どもは散っているが、浦風はきたる五日・六日には、相撲取は十日までには帰府する旨を報告した。

年寄たちは、上覧相撲の取組書の提出を要請される中、地方からの帰参の遅れを心配するほかに、病床の者や忌服《きぶく》の者が生じたならば、取り組みの振代えをさせていただくことも事前に上申した。近親者に死者が生じた時、死の穢れを排する忌服はいつ起こるかわからないものの、相撲取の病気や怪我についてはある程度の予測を、年寄はしていたのであろう。今回の上覧相撲に、行司木村庄之助が病気（煩い）のために欠場したほか、相撲取の怪我人のうち、患部に布を巻き見苦しくなる者について事前に相撲取の名前と、患部を記した名簿を閏九月二十三日に届け出ている。大関 劔山《つるぎさん》谷衛門は「右臂《ひじ》布ニて巻き申し候」と右ひじを布で巻いたまま出場することを断っている。関脇武隈《たけくま》文右衛門も右臂を、前頭武蔵野門太は右手首を布で巻き、以下二四名の相撲取が届けられているが、その中には元大関で引退間近の前頭常盤山小平治のように右臂と足首も布で巻いている者や、二段目君ケ嶽助三郎のように左膝に布を巻いている者などがいた。上覧前日には関ノ戸平太夫が追加で臂に布を巻くことを願い出ている。さらに二十五日当日になって昨夜 癪《しゃく》 当たりが強く出場できなくなった鉄力《てつりき》にかわって三国山里右衛門を差出すことを年寄境川と追手風が願い上げている。事前の届通りおこなうことが実に厳密に守られている。

閏九月二十五日上覧相撲は挙行された。東西の相撲取は二三六人、相撲年寄三六人、行司二三人、書役四人、力水汲四人、人足二五人、都合三二八人が江戸城内に入り、矢来門外の休息所まで出向く髪結並びに物持ちの者一八七人ほどをあわせて、総人数五一五人ほどの大所帯となった。前回の文政十三年が四四九人ほどであったのに比べ、年寄と行司が増えた旨の届け出がなされている。今回は、東西の相撲取り組みは一一八番、同じ片屋同士地取と称して三〇番、一一人の関相撲（劔山・不知火《しらぬい》）の五人掛りがおこなわれた。

上覧相撲の取り組みのほかに、前回は二人の横綱土俵入りがあったが、今回は天保十一年十一月に吉田追風から横綱免許を受けていた不知火諾右衛門一人が、褌(廻し)の上に注連縄を掛けて土俵入りをおこなった。行司の装束は、横綱土俵入りのなかった文政六年の上覧相撲の装束である麻上下着用と無剱《むけん》ではなく、前回(文政十三年)の横綱土表入りのあった装束の烏帽子・素袍《すおう》に木剱《ぼっけん》(六位以下の礼服)に致したいと願い出、これが認められた。なお、烏帽子・素袍は熊本藩細川越中守より貸し渡すこととされた。ちなみに、吉田追風が上覧相撲の行司を務めた時の装束は、立烏帽子・狩衣・帯剱と格の高い装束であった。

天保十四年閏九月の十二代将軍徳川家慶の上覧相撲は、天保改革の真っただ中にあり、奢侈禁令や風俗取締りの政策は江戸市中の人々にも緊張感をもたらしていたから、相撲年寄たちもそのことを強く意識していた。閏九月三日境川浪右衛門・追手風喜太郎の両年寄は、次のように町奉行に伺いを立てた。これまで相撲の者どもが土俵入りをおこなうにあたり、羅紗《らしゃ》(海外から輸入された密な毛織物)でできた化粧廻しを締めてきた。これは大名抱えをした諸侯様方より頂戴したものであるが、このたびの「御改革之御時節柄」につき、高級品の羅紗の化粧廻しにて土俵入りをしてもよいかどうかうかがう、という内容であった(竹内誠「天保十四年の将軍上覧相撲」)。そのような中で挙行された上覧相撲は、大名たちからすれば、抱えの相撲取に家紋のデザインされた化粧廻しをつけて土俵入りをさせ、その上取り組みに勝利すれば、我がことのように晴れがましいものがあったのであろう。

2　大名抱えの相撲取

寛政三年の大名抱え

将軍上覧相撲に出場した相撲取の中で大名抱えの者は、寛政三年(一七九一)の場合、大名屋敷からの書き上げがなされたが、その名前は「相撲上覧記」(国立公文書館蔵)に記されており、**表9**の通りである。あわせて六人の大名に抱えられていた相撲取の数は二一人であった。上覧相撲には一八九人の相撲取が出場したので、一一・六%の割合になる。

一人目の有馬中務大輔は、久留米藩主で二一万石の外様大名。小野川才助は近江国大津の出身で京都の頭取草摺《くさずり》岩之助に入門、さらに大坂の頭取小野川斎助の養子になる。寛政元年吉田追風から横綱免許を受け、それまで関脇であった番付が横綱免許以後は大関になる。九紋龍《くもんりゅう》清吉は越後国頸城郡出身で江戸年寄常盤山小平治に弟子入りし大坂では頭取陣幕長兵衛、さらに三保ヶ関喜八の門弟になる。天明《てんめい》六年(一七八六)から寛政元年(一七八九)まで江戸・京都・大坂の番付で大関になっており、寛政元年の小野川の横綱免許時は九紋龍が上位の大関の番付に位置していた。吉田追風と江戸相撲年寄が小野川を選んだのであろうが、両者を抱えていた久留米藩主有馬家が番付の地位の逆転を納得するかどうか。吉田追風は有馬家からの同意が届いてから横綱免許をおこなう、という慎重な進め方をした。その慎重な姿勢には、空前の横綱免許の意義の大きさを認識し、そこにかける思いの強さが伝

1	有馬中務大輔抱え	小野川才助　九紋龍清吉　磐井川逸八　出水川林右衛門 友千鳥寿作　鷲ケ濱音右衛門
2	松平出羽守抱え	真鶴咲右衛門　八雲山才次郎　御崎川多平　不破関浦右衛門 神撫山勝平　鳴滝文大夫　名草山鬼右衛門　柏戸勘大夫 雷電為右衛門
3	松平阿波守抱え	杉の尾圓蔵　稲川馬之助　和田原甚四郎
4	土方彦吉抱え	伊勢浜荻右衛門
5	片倉小十郎抱え	谷風梶之助　荒熊峯右衛門
6	森右兵衛佐抱え	波渡四十七

表9　寛政3年の大名抱え

わる。

磐井川《いわいがわ》逸八は地元筑後国久留米の出身で、大坂の頭取小野川才助の門弟となる。寛政三年当時は江戸相撲で前頭、京都・大坂でも前頭の位置にあった。出水川《いずみがわ》林右衛門は薩摩国国府出身で天津風《あまつかぜ》定(貞)右衛門の弟子になり、江戸では玉垣額之助の門弟となる。三都の番付で前頭に載せられる。友千鳥《ともちどり》寿作は京都・大坂で前頭、江戸では二段目に位置し、生国は不詳。なお、寛政二年の江戸番付は縦番付で一段目に東西それぞれ大関・関脇・小結に続いて前頭が五人名を連ねており、二段目は前頭六枚目から一九枚目の一四人が並ぶ。大坂番付は横番付で、東西それぞれ大関・関脇・小結が並び、続いて前頭筆頭から五二枚目まで並び人数が多く、番付の表記が異なる。

続いて鷲ケ濱《わしがはま》音右衛門は越後国蒲原郡新潟町出身で、江戸年寄玉垣額之助の弟子になる。安永《あんえい》七年(一七七八)大関付出しで登場し、その後関脇・大関を張る。備前国池田家の抱えから久留米藩有馬家の抱えにかわった。寛政三年当時は江戸で前頭筆頭、大坂で小結であった。

以上、久留米藩有馬家の抱え相撲は、地元ないし地域の相撲取(磐井川・出水川)が二名、人気のある強豪相撲取(小野川・九紋龍・鷲ケ濱)が三名と不詳が一名(友千鳥)であった。

二人目の松平出羽守は、出雲国松江藩主で一八万六〇〇〇石の親藩であった。松平治郷《はるさと》(不昧《ふまい》)が藩主で、多くの相撲取(九人)を抱えた。真鶴《まなづる》(稲妻)咲右衛門は出雲国能義郡出身で地元の雷電為五郎の弟子になり松江で相撲を取り、江戸年寄佐渡ケ嶽《さどがたけ》澤右衛門の弟子になって江戸番付大関付出しで登場し、以後江戸では小結、京都・大坂で前頭に位置する。八雲山《やくもやま》才次郎は讃岐国引田郡出身で出雲の頭取御崎川《みさきがわ》太市の弟子になり、さらに大坂の頭取小野川嘉平治の弟子になる。この当時は江戸で四段目、京都・大坂で前頭に位置する。御崎川多平(多市)は出雲国大原大東町出身で江戸年寄不破関《ふわがせき》金吾の弟子になる。番付は京・大坂で前頭、江戸で三段目。不破関浦右衛門(浦之助)は讃岐国志渡浦寺町出身で出雲の御崎川太市の弟子になり、大坂頭取枝川《えだがわ》藤兵衛を師匠とする。京都・大坂で前頭、江戸で三段目に位置する。神撫山《かなでやま》勝平(勝之助)は、大坂頭取小野川才助の弟子で、京都・大坂の番付に多く前頭に名前を載せる。鳴滝《なるたき》文大夫は出雲国大原郡出身で瀧登《たきのぼり》雲次郎、ついで江戸年寄佐渡ケ嶽大五郎の弟子になる。江戸で二段目、京都・大坂で前頭に位置する。名草山《なぐさやま》鬼右衛門は紀州名草郡の出身で江戸の年寄玉垣額之助の門弟となり寛政二年(一七九〇)に前頭付出しで登場するが、翌年は二段目に名前を載せる。柏戸勘大夫は陸奥国宮城の出身で、江戸年寄伊勢海《いせのうみ》億右衛門の弟子となり寛政三年当時は江戸番付で小結を張る。翌年、現役で死去(三三歳)。雷電為右衛門は信濃国小県郡大石村出身で江戸の年寄浦風林右衛門に弟子入りし、のち谷風梶之助の弟子になる。寛政三年当時江戸番付で関脇、大坂で大関を務めている。

以上のように、松江藩松平家の抱え相撲取は、地元の出雲国出身が三名(真鶴・御崎川・鳴滝)いる。讃岐国出身の二名(八雲山・不破関)は出雲の頭取に弟子入りしたのち江戸や大坂の年寄・頭取の門弟になっており、いったん出雲の相撲取になっている。以上の五名は、地元ゆえの抱えと見られる。これに対して、出身地域には縁がなく、人気・実力などから抱えたと見られるのが、名草山・柏戸・雷電の三名である。神撫山は出身地が不詳であるが、大坂相撲頭取小野川の門弟である。松江では出雲の相撲頭取が弟子をもち、大坂頭取・江戸年寄と連携をとり、送り出した相撲取を松江藩が抱えとしたり、地元と縁はなくとも強豪の者を抱えたりする様子が伝わる。

三人目の松平阿波守は徳島藩蜂須賀家二五万七〇〇〇石の外様大名。杉の尾《すぎのお》圓蔵(象)は京都・大坂で前頭に位置し、江戸では三段目に位置する。稲川《いながわ》(猪名川)馬之助は大坂舟町出身で大坂の頭取御手洗《みたらい》千之助の弟子となり、大坂番付で前頭、江戸では年寄玉垣額之助のもとで、番付は二段目に位置した。和田原甚四郎は駿河国府中(静岡市)出身で江戸の年寄追手風喜太郎の弟子になり、番付は二段目、大坂では前頭であった。徳島藩からみて大坂相撲は親近感がもたれたのであろうか、地元出身ではないが前二者を抱えた。和田原は引退後、師匠の跡を継ぎ年寄二代目追手風喜太郎となることから、有力な相撲取として抱えたものであろうか。

四人目の土方彦吉は伊勢国菰野《こもの》藩一万一〇〇〇石の外様大名である。この当時の藩主である土方義《よし》苗《たね》は天明期から財政の立て直しをはかり、その上で文教政策に意欲的で、地元出身の伊勢浜《いせはま》荻右衛門を抱えたものとみられる。伊勢浜は江戸番付で二段目に位置する者で、強豪や人気のゆえに抱えたというよりは、地元出身であることが大きな理由であろう。

五人目の片倉小十郎は仙台藩重臣白石城主（一万三〇〇〇石）である。伊達政宗の重臣で白石城主となった片倉小十郎家が代々城主として幕末まで統治した。谷風梶之助は陸奥国宮城郡霞目村（仙台市）出身で同郷の伊勢海億右衛門の門弟となり、寛政元年（一七八九）に吉田追風より横綱を免許された。実力・人気ともに備わり、かつ地元出身である抱え相撲取であった。荒熊峯右衛門も陸奥国仙台の出身で、同じく伊勢海に弟子入りし、江戸相撲番付で二段目に位置した。地元出身ゆえの抱えであろう。

六人目の森右兵衛佐は赤穂藩二万石の外様大名。元禄《げんろく》十四（一七〇一）年江戸城中で赤穂藩主浅野長矩が起こした刃傷事件で改易された後、永井家ついで宝永《ほうえい》三年（一七〇六）に備中国から森家が赤穂藩主になる。波渡四十七《なみわたりよもしち》は隣国美作国の出身で京都・大坂の番付で前頭、江戸で三段目に位置する者であることから、地元出身による抱えとみられる。

以上、六大名家の抱え相撲取二二人の分析を通して、四〜六の小藩は地元出身の相撲取を抱えており、その中でも片倉家の谷風は、地元出身でありながら横綱となった強豪かつ人気の相撲取であった。これに対し一〜三の石高の高い大藩は、二の松江藩松平家が信州出身の雷電を抱えたように、地元に関わりのない強豪の人気相撲を抱えた。大藩にはこのような相撲取が抱えの半数みられる。とはいえ地元出身の相撲取の抱えも半数みられ、地元出身の相撲取を抱えるのは、当然といえば当然だが、大名抱えの一つの特徴としてとらえることができる。

文政六年の大名抱え

文政六年(一八二三)の将軍上覧相撲に際し、「相撲明細書」が幕府に提出されたことは前述した。「相撲上覧一件」(国立国会図書館蔵)には、東西二二八人の相撲取のうち東方の上位七八人分の記載が残る。このうち大名抱えになっている相撲取は合計一四名であった。**表10**のように、大名は津軽越中守(弘前藩主、一〇万石)と松平阿波守(徳島藩主、二五万七〇〇〇石)の二名だけで、いずれも七名ずつを抱えている。東方の相撲取一一四人のうち一四人のみが大名抱えであり、その比率は一二・三%となる。

まず津軽家の抱える相撲取からみていこう。七八人中六人が奥州津軽郡出身の地元の相撲取であったことは特徴的である。津軽郡は相撲取を多く輩出する土地柄であったことを物語っている。しかも柏《かしわ》戸《ど》利助は大関でかつ年寄の二枚看板をもっており、文政八年(一八二五)の引退後は年寄伊勢海利助となる、当時の有力な看板大関でもあった。源《げん》氏山《じやま》吉太夫は津軽ではないものの、出羽国最上郡の出身で、地域的な親近性をもっていたのであろう。江戸年寄秀ノ山伝次郎の弟子となり、当時の番付は二

	番付順位	名前	年齢	生国	師匠
津軽越中守	1（1）	柏戸利助	36歳	奥州津軽郡弘前	柏戸宗五郎養子
	2（2）	源氏山吉太夫	34歳	羽州最上郡寺津村	秀ノ山伝次郎
	3（11）	千年山才助	28歳	奥州津軽郡大浜村	粂川新右衛門
	4（13）	璞安平	27歳	奥州津軽郡目和田村	柏戸利助
	5（17）	鳥井﨑与助	33歳	奥州津軽郡弘前	柏戸利助
	6（30）	大瀧嘉助	3□歳	奥州津軽郡新前村	柏戸利助
	7（37）	綾波与之助	25歳	奥州津軽郡弘前	柏戸利助
松平（蜂須賀）阿波守	1（4）	雲早山森之助	38歳	肥後天草郡二タ江村	勝ノ浦与一右衛門
	2（5）	大鳴門浦右衛門	29歳	武州高麗郡栗坪村	雷峰右衛門
	3（6）	諭鶴羽留之助	32歳	淡州津名郡千草村	桐山権平
	4（10）	越ノ海勇蔵	27歳	芸州佐伯郡草津村	玉垣額之助
	5（15）	日出山善助	32歳	筑後上妻郡東条村	玉垣額之助
	6（19）	鋸清吉	22歳	肥後玉名郡長次村	勝ノ浦与一右衛門
	7（42）	朝日灘惣吉	29歳	阿州名西郡高河原村	勝ノ浦与一右衛門

表10　大名抱え相撲取一覧

段目に位置していた。千年《ちとせ》（歳）山《やま》才助は江戸年寄粂川《くめがわ》新右衛門に弟子入りし江戸の番付で前頭に位置していた。璞《あらたま》安平は柏戸利助の門に入り江戸の番付でこの当時二段目に、やがて前頭・小結に進む。鳥《とり》井《い》﨑《ざき》与助も柏戸の弟子になり、江戸番付で二段目にいた。大瀧嘉助は同じく柏戸の弟子で、江戸番付二段目で相撲を取る。綾波《あやなみ》与之助もまた柏戸の門弟で江戸の番付で二段目にいた。璞以下の柏戸門弟はほとんど江戸でだけ相撲を取り、京都・大坂に行くことはなかった。弘前と江戸との距離は、江戸と大坂の距離を超えており、江戸と弘前の間を往き来するので目いっぱいであったのだろう。柏戸の場合でも、看板の大関として上方に呼ばれたのは、文化三年（一八〇六）から文政八年（一八二五）までの二〇年間でわずか三回（大坂二回、京都一回）しかない。

阿波国徳島藩蜂須賀家については寛政三年（一七九

一)段階の抱え相撲取について前述した。三二年前の相撲取は、この文政六年にはもはや見出せない。

次に表10の七名について検討を加えよう。雲早山《くもさやま》森之助は肥後国天草出身で、勢見山《せみやま》兵右衛門の弟子になり、大坂番付で関脇に、江戸では前頭筆頭に位置していた。勢見山は徳島生まれで大坂の小野川嘉平治の門弟となり京・大坂で活躍し、江戸でも寛政七年(一七九五)十一月の番付で小結に載せられ、徳島藩蜂須賀家の抱え相撲取となった。おそらく頭取にはなっていないとしても、雲早山の師匠となり、雲早山を徳島藩蜂須賀家の抱えにつなげたものであろう。大鳴門《おおなると》浦右衛門は武蔵国高麗郡栗坪村出身で江戸年寄の雷峰右衛門の弟子になり、江戸番付で前頭に進み、文政六年(一八二三)六月の大坂番付で前頭筆頭であったが、その年八月五日に二九歳で病死する。諭鶴羽留(富)之助は淡路国津名郡千草村出身で江戸年寄桐山権平の門弟となり、江戸番付の前頭に載せられ、文政六年六月の大坂相撲でも前頭にあり、同年で引退する。三三歳と早い引退の理由は何であろうか、大鳴門の病死と何か関わりがあるのだろうか。越ノ海《こしのうみ》勇蔵は安芸国佐伯郡草津村出身、江戸年寄玉垣額之助の弟子になり、江戸・大坂で前頭に名を連ねる。日出山《ひのでやま》善助は筑後国上妻郡東条村出身で、大坂の揚羽《あげは》空右衛門(久留米出身)の弟子になり大坂で相撲を取ったあと、江戸年寄玉垣額之助の門弟として二段目に位置する。鋸《のこぎり》清吉は肥後国玉名郡長次村出身で大坂の立神《たつがみ》盤右衛門(初代鋸清吉、のちに頭取湊《みなと》又七)の弟子になり、文化十年(一八一三)に江戸に出て年寄勝ノ浦与一右衛門のもとで、二段目で相撲を取る。大坂では文政六年に前頭である。朝日灘《あさひなだ》惣吉は地元阿波国名西郡高河原村出身で大坂立神盤右衛門の弟子になり、大坂相撲を経て江戸に出、年寄勝ノ浦与一右衛門の弟子として三段目で相撲を取る。鋸清吉と同じ歩みをとる。

以上に述べた四国徳島藩蜂須賀家の抱え相撲取は、大鳴門を除いてすべて西国出身である。とくに番付下位の朝日灘が抱えられたのは地元阿波の出身であったためであろう。西国出身の相撲取はまず大坂の相撲頭取に入門し、やがて力を発揮してから江戸相撲に出場する傾向をもつ。大鳴門だけは、武蔵国出身であるが、蜂須賀家が抱えることになったのは、文政元年(一八一八)に四股名を武蔵根《むさしね》から大鳴門に改めたことが理由の一つになったと思われる。

弘前藩は寛政三年(一七九一)の上覧相撲には大名抱え相撲取はいなかった。徳島藩は前回に続けて抱えている。土屋喜敬によれば、文政六年には八戸藩(南部家)三人、盛岡藩(南部家)五人、姫路藩(酒井家)三人、平戸藩(松浦家)四人の相撲取を抱えている。また、文政十三年には新たに鳥取藩(池田家)二人、萩藩(毛利家)十一人が、天保十四年(一八四三)には新たに丸亀藩(京極家)一人、熊本藩(細川家)一人の大名抱え相撲取の存在を明らかにしている。寛政三年(一七九一)から天保十四年の、五二年間の途中や前後にも大名抱えは存在し、例示した大名以外では、庄内鶴岡藩(酒井家)や薩摩藩(島津家)など、あわせて三〇家にのぼるとみられている。いずれも長い期間にわたり、継続して相撲取を抱えているのではなく、時期によって抱えたり、止めたり、まちまちである。その理由は、時の大名当主の嗜好やそれを容認するか否か、藩の政治・財政などの事情が影響しているためであろう。盛岡藩では前述したように（第四章「長瀬越後と一条家」）元禄七年（一六九四）十二月に藩による財政簡略のため相撲を止められ、相撲取・行司に暇が出された。その後再興されたが、天明の飢饉により天明四年（一七八四）十二月に再び相撲が止められ相撲取たちに暇が出された。その後、文化七年（一八一〇）に相撲を好んだ藩主が大名抱え相撲を再興させ、文政六年の将軍上覧相撲には五人の抱え相撲取が出場している。ほかの大名家においても、藩政との関係で同様な事情があったのであろう。

出雲松江藩の抱え

その中で比較的長期間にわたり相撲取を抱えていた大名である出雲国松江藩松平家について、その実態を詳しく見ていくことにしよう。松江藩は堀尾忠晴、京極忠高・高和のあと、松平直政が信州松本から寛永十五年（一六三八）に入封して以来、明治四年（一八七一）の廃藩まで松平氏が代々統治した。初代の松平直政は結城秀康の第三子つまり徳川家康の孫であり、越前大野から松本を経て松江藩一八万六〇〇〇石を領することになった。中国・西国の押さえの役割を担う徳川一門の流れをくむ名門大名であった。直政から数えて七代目の藩主である松平治郷は明和《めいわ》四年（一七六七）に襲封したが、藩政改革によって破綻していた財政を立て直し、その上で文教政策にも力を注ぎ、藩校文明館を明教館と改称して勉学を奨励した。また自ら禅の修行に入り不昧《ふまい》の号をもち、かつ茶道でも卓越した力を発揮した（『新修島根県史　通史編』）。

松平不昧が雷電為右衛門を抱えたのは天明八年(一七八八)のことであった。江戸の年寄浦風林右衛門の門弟であった雷電為右衛門を水主《かこ》(船乗り役の足軽)として抱え主従関係を結んだのだが、このときはまだ雷電は江戸の花形相撲取とまではなっておらず、松平不昧ないしは松江藩の側に先見の明があったものであろう。松江藩が水主として相撲取を抱えるのは、松平不昧が初めてのことではなく、少なくとも不昧の父で六代藩主松平宗衍《むねのぶ》の代には相撲取である水主は存在していた。宝暦《ほうれき》元年(一七五一)に六代宗衍に二人扶持で水主に召し出された岡為五郎は相撲稽古を命じられ、宝暦六年以降、大坂頭取朝日山森右衛門の門弟として雷電為五郎の四股名で京都・大坂の相撲に前頭で出場し、江戸でも相撲を取った。そもそも岡為五郎を抱えるきっかけは、すでに相撲の者で水主となっていた足立丈右衛門が因幡国鳥取にいた雷電為五郎を見出し、同道して付添い松江藩の水主に召し抱えることになったという。水主から鍛えて相撲取にしたのではなく、相撲取を抱えるために水主としたのである。同様に、行司も水主として召し抱えられた。

次の七代藩主松平治郷の代には、大野多一と天野咲右衛門が相撲の者として水主に召し抱えられた。大野は召し抱えられた明和八年(一七七一)には、すでに江戸で年寄不破関金吾の弟子として御崎川の四股名で相撲を取っていた。生国は出雲国大原大東町であり、すでに六代藩主に抱えられていた不破関に入門していたところを、七代藩主が御崎川を召し抱えたことになる。江戸の番付で二段目、京都・大坂で前頭に位置したが、引退後は出雲の相撲頭取になる。

天野咲右衛門は、安永三年(一七七四)に抱えられた稲妻咲右衛門で、三都の番付では前頭筆頭に載せられ、引退後は出雲の相撲頭取になる。文化四年(一八〇七)秋、松江城下白潟天神橋下新土手新地で晴天十日の勧進相撲が催された際、東の大関鷲ケ濱権太夫、西の大関雷電為右衛門以下の相撲取が左右に並ぶ番付の中央に、勧進元として大坂相撲の頭取朝日山森右衛門・藤嶋岩右衛門とともに出雲の頭取御崎川太市と稲妻咲右衛門の両名の名前が記されている。大坂の頭取と出雲の頭取との連携が

	水主名	名乗	生国
1	原田紋太夫	出雲山紋太夫	
2	川上雲次	滝登雲次	
3	大野太市	御崎川太市	出雲
4	天野咲右衛門	稲妻咲右衛門	出雲
5	岡浦之助	不破関浦之助	讃岐
6	清水才次郎	八雲山才次郎	讃岐
7	石田文太夫	鳴滝文太夫	出雲
8	関為右衛門	雷電為右衛門	信濃
9	田中吉五郎	千田川吉五郎	肥前
10	長谷川太蔵	振分太蔵	丹波
11	阿藤初五郎	桟初五郎 (2代佐渡ヶ嶽澤右衛門)	上野

表11　寛政8年「御水主御給扶持帳」記載の相撲の者

存在していたことを物語っている。

松平治郷による抱え相撲に関しては、寛政八年（一七九六）の水主の扶持を記した人名帳簿（「寛政八丙辰正月　御水主御給扶持帳」）によって具体的なことがわかる。帳簿には合わせて水主六二人が書き上げられている。この中で抱え相撲取とみられる者一一人（一八％）を**表11**で示した。

すでに寛政三年上覧相撲のところなどで説明した抱え相撲取を除いた、1・2・9・10・11について説明をする。1の出雲山紋太夫と2の滝登雲次はいずれも三都の相撲には出場経験はなく、出雲の相撲取で頭取になった。9の千田川吉五郎は生国が肥前国島原高来郡愛津村出身で、大坂相撲頭取千田川吉兵衛の弟子になり三都で関脇に、文化二年（一八〇五）に玉垣額之助に改めてから大関に進む。引退後には年寄玉垣額之助となる。10の振分太蔵は丹波国今田村出身で、大坂相撲頭取小野川嘉平治の門弟になり大坂・京都で前頭、江戸で二段目に位置した。その後に出雲頭取御崎川太市の弟子となって、出雲で相撲を取る。11の栈《かけはし》初五郎は、上野国多胡郡馬庭村出身で江戸の年寄佐渡ケ嶽澤右衛門の弟子になり、三都で小結まで進み、引退後は年寄佐渡ケ嶽澤右衛門となる。以上、表の一一人のうち五人が地元出雲国の出身で、六人は他の国々の出身で三都の相撲で活躍していた者たちであった。松平治郷は、これらの相撲取を水主として給米・扶持を与え、主従関係を結んだものである。

では松江藩の中で、水主とはどのような位置にあったのであろうか。松江藩の家臣団は士と卒に大別される。「雲藩職制」によれば、士は、家老―家老並―中老―番頭・番頭格―奥列―者頭―使番―

組外―役組外―組士のここまでで、合わせて四二八人であった。その下の新番組士は士と卒の中間で、功あれば組士に進み、功無ければその子は再び卒となるものであった。

卒は、御徒・御徒並―御目見・小算用・万役人―御譜代組・浮組・新組―城代組―御旗組―同心組―先手組―水主―百人者―御手廻―小人の順番であった。このうち御譜代組以下は足軽とくくられた。水主は足軽の一種の卒の格とされた。以上は『新修島根県史』による整理であるが、水主のおかれた位置は、卒でも末端に近かったことが理解できる。

水主は船奉行の配下に入り御舟屋に勤務した。船奉行は士分の役組外の者が就任した。御舟屋には大小二四～二五艘の船があり、大名が寺社参詣に船を用いるとあらば船を出した。また、重要な役として藩の年貢米を販売するために大坂に廻漕する際に、廻船問屋の船に乗り込み上乗りという監督役も務めた。本来はこのような役割をもつ水主であったが、六代藩主松平宗衍の頃から(一七三二年以降)水主の務めのほかに相撲稽古を命じられた者が見られ出し、地元出雲出身で三都の相撲取になった者を水主として召し出し、主従関係を結びはじめた。御崎川太市や稲妻咲右衛門のように、三都の相撲に出場し退いてのちに出雲の相撲頭取になっていった者もいた。さらに七代藩主の松平治郷(不昧)は三都で活躍の相撲取を、他国出身であっても雷電為右衛門のように水主として抱えた事例が多くみられた。

雷電為右衛門は一〇石三人扶持を受け、御舟屋近くの水主長屋に住まうが、本来の水主としての務めはせず、殿様の御前相撲や松江城下町での勧進相撲に出場するほかは、稽古相撲を取るだけであった。雷電の側から見たとき、松江藩による召し抱えとはどの程度の比重をもったものであろうか、雷電の書き残した日記のうち、一例として寛政十一年(一七九九)からの二年間を見てみよう。雷電は寛政十一年、江戸本所回向院で二月二十八日から開催された春の勧進大相撲に西大関で出場し、五月二

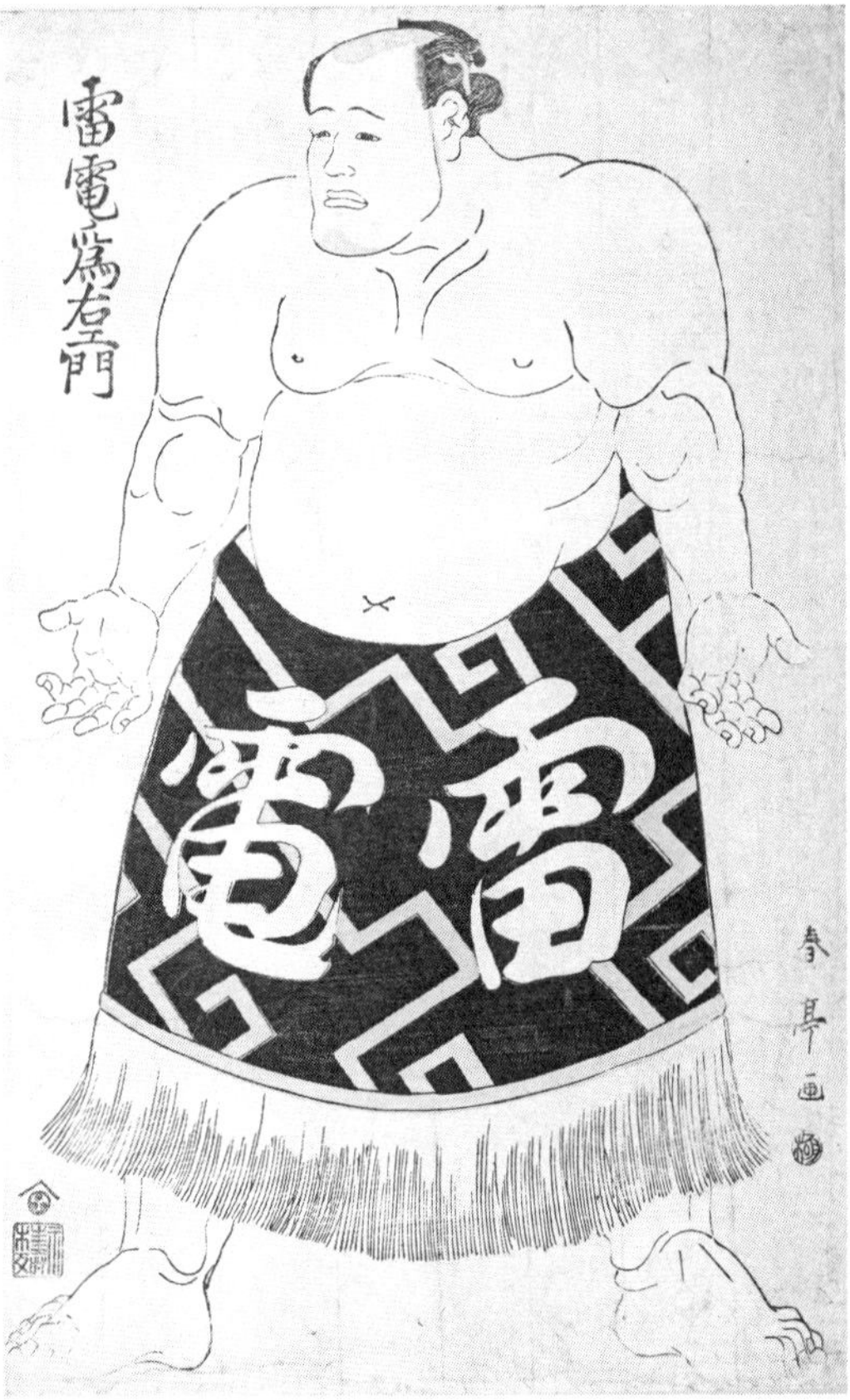

雷電為右衛門(春亭画、文化年間)
雷電為右衛門(明和４・1767〜文政８・1825)は信州(長野県東御市)の農家に生まれ、年寄浦風林右エ門の弟子となり、天明８年(1788)、松江藩に水主として召し抱えられた。

日に江戸を出立し、七月二十四日からの大坂南堀江での勧進大相撲を務め、引き続いて八月十一日からの京都二条川東での勧進大相撲を務めた。そこから伊勢松坂さらに尾張名古屋で相撲を取り、江戸に戻って十一月一日からの本所回向院での勧進大相撲の土俵を務めた。その後十二月上旬国元(松江)へ戻るよう仰せつけられたが、同じく松江藩抱えの千田川、桟とともに病気と申し立てて江戸表に残った。翌寛政十二年(一八〇〇)正月二十日に江戸を出立し、二月十三日に御国表(松江)に罷り帰った。それより稽古をたびたびおこない殿様が上覧した。三月二十六日江戸勤番を仰せつけられ、四月三日御国表を出立した。つまり松江の滞在は二月十三日から四月三日まで二か月足らずであった。その後地方巡業を繰り返しながら十月二十日に江戸に到着。十月二十五日から開催の蔵前八幡宮での勧進大相撲に出場した。江戸では寛政十二年四月二十一日から蔵前八幡宮で勧進大相撲が開催されていたが、雷電は地方巡業中で出場できていない。

雷電にとって松江藩の水主であるということは、どういう意味をもったのであろうか。雷電は三都で開催される四季勧進大相撲への出場を軸にして、その間に松江滞在の期間を二か月入れ、移動の途中で各地において小さな相撲興行をおこないながら、広範囲を移動して過ごしていたことがわかる。その移動計画のために、江戸での勧進大相撲に一度は欠場せざるを得なかったが、それは松江藩から国元の滞在が命じられたことから日程が組めなかったためである。その程度には、抱える大名の側の意向が優先されていた。抱えられた者からすれば、従わざるを得ないとの配慮であろう。大名の側は自身の嗜好を満たすに十分な、三都で活躍する看板大関の相撲や稽古を、座敷から眺める楽しみを味わえた。藩の役人は、雷電を藩組織の末端の水主の家格におき、相撲での名声をいかに轟かせていようとも、雷電の松江に滞在中の宿所は、屋敷や座敷などではなく、水主の長屋の寝るだけの手狭な一部屋があてがわれていた。支配者である武士からすれば、天下無双の雷電といえども、相撲取を所詮はその地位に留めおいていたのである。

3　身分制の中の相撲取

相撲取の身分

それでは江戸時代の相撲取は、「士農工商」や僧侶・神職など諸身分の中でどのような位置におかれたのであろうか。文政十年(一八二七)十月、時の老中松平周防守康任は、領国である石見国浜田における治政のため、相撲取の身分について江戸幕府の公式の考え方を問い合わせた。つまり老中としてというよりは一大名として問い合わせる形をとったものである(「相撲取身分之儀ニ付松平周防守殿より問合」『徳川禁令考』前集五)。松平康任からの問い合わせは六カ条にわたっている。

(1) 相撲取一派の職業をもち、町方住居している者で脇差を帯し、たとえば何風・何川・何ノ山などと唱名《となえな》(名乗り・四股名)をもち、かつ実名もあるが、これらは常の町人と同様に町奉行所支配を受けているのかどうか。町奉行所の取り扱いは常の町人同様であるかどうか。心次第に苗字を名乗り、帯刀してもかまわないのかどうか、総髪などにするのも当人の心次第でかまわないものなのか。

(2)相撲取のうちにて、町方住居いたし諸侯方または陪臣(大名の家臣)より扶持や宛行《あてがい》などを受けていれば苗字・帯刀するもので、町人抱えの者は帯刀してはならない、というものなのか。

(3)諸侯方に相撲取が召し抱えられ、屋敷内に住居いたし、宛行などを家来並みに給わる場合は、苗字・帯刀いたし、格式については主人(諸侯)の考え次第に申しつけるということでかまわないのか。ただし、このような相撲取も春秋の興行の節に相撲番付に名前が出るのであるから、常の諸家家来とは異なり、相撲方にてのさしもつれは、出入りの始末により町方に住居の一通りの相撲取と取り扱いの違いはないのであろうか。

(4)相撲取が旅行する節は、一般の町人の通りで、人馬雇いなどについて違いはないのか。

(5)相撲修行渡世ながら諸国徘徊するので、いずかたよりか往来手形などを受けて所持いたすのか。

(6)相撲座の行司に木村某、式守某と申す者がある、これらは帯刀しているようにみえるが、いずれに属した者であろうか。町奉行所支配であるならば、いかようの取り扱いの者であろうか。いずれに見比べればよいのであろうか。

これは、大名の抱える相撲取の存在が、将軍上覧相撲によって幕閣や諸大名に、共通に認識されるようになったことから生じた疑念であろう。武家の家来の身分と町人抱えの身分と、その両者の間に存在しているように見える相撲取について、その実態を確認するとともに、既存の身分制の中に位置づけるために、統一見解を示す必要からなされた問い合わせとみることができる。

誰が武士で、誰が百姓・職人で、誰が僧侶や神職なのか、人はその仕事ぶりはもとより、装束や髪形などを見て判断する。相撲取は誰が見ても一目瞭然で相撲取とわかる。しかしよく見ると、刀を二本差している者もいれば、一本差している者、差していない者がいるのはどういうことか。髪形についても、月代《さかやき》を剃った髷を結う者もいれば、月代のない総髪の者もいるが、どういうことか。名乗り（四股名）とは別に苗字をもつ者がいるのはどういうことか。相撲取と行動をともにする行司の中には帯刀しているように見える者もいるがどのような身分になるのか。相撲の者たちが関心をもたれ、社会の認識が広まり深まることにともなって生じた疑問であった。

六カ条の問い合わせに対する町奉行からの回答は、四カ条にまとめられ、次の通りである。

(1) 相撲取で諸侯方の抱えになっている者は、すべて帯刀している。抱えられていない者は浪人者にて、平日は脇差だけを帯している。もっとも旅行するときや祝儀・不祝儀などの節は帯刀する。苗字のことは諸侯の家風により、その屋敷限りにつけることもある。そのほかは名乗りばかりで苗字はなく、住居ならびに総髪のことについての取り決めはない。ただし、陪臣が町人の抱えになることはない。

(2) 諸侯方抱えの相撲取が春秋興行に出る際は、勧進元になる相撲年寄どもがその屋敷に罷り出て、興行中の拝借を願う。相撲取が旅行するときは、大名抱えの場合はその屋敷により人馬駄賃帳を受け取って旅行する。浪人相撲取の場合は京都の公家桑原家、飛鳥井家、五条家が相撲について由緒のある家柄につき、右三家に願って人馬駄賃帳を貰い受け旅行する。

(3) 浪人相撲取で町方住居している者を町奉行所に呼び出す場合、砂利へ差し出す。屋敷抱えで格録などを貰い受け屋敷に住居するか、または町方住居しても町方人別《にんべつ》に加わらない相撲取は、抱えの屋敷へ呼び出し、格式に応じ取りはからう。

(4) 相撲行司のうち、木村庄之助・式守猪(伊)之助の両人は先祖より細川越中守家来吉田追風の弟子にて免許いたし、庄之助は相撲年寄の仲間へ加入いたしており、前々より浪人ものにて苗字相名乗り、帯刀いたしている。ほかの行司どもはいっさい帯刀することはない。もっとも行司どもが願い事をする際は、町奉行の月番へ願い出る。

最後に、以上の町奉行の回答は「相撲仲間およその規矩取り調べ」たものであると記しているように、町奉行側が相撲仲間に問い合わせ調査した上で確定したものである。

松平康任の問い合わせと町奉行の回答を通して、文政十年当時の相撲取の身分に関する幕府(町奉行)の認識がいかなるものであったか、いくつかの点を指摘することができる。

相撲取の身分上の位置づけは、大名抱えは武士、そのほかは浪人として扱うというのが大筋であった。大名抱えの場合、給米・扶持米を受け、大名家内で相応の格式をもつ者など、いずれも帯刀をする武士身分で苗字をもつ。雷電為右衛門は信州の百姓の出身で苗字をもたなかったが、松江藩の水主として関為右衛門の苗字をもつ。そうした相撲取がもしも訴訟沙汰になった場合は、町方(町奉行)の扱いとはならず、大名屋敷において取りはからう。では、武士身分として扱われる諸侯(大名)抱えの相撲取はどれくらいの人数がいたのであろうか。前述の寛政三年(一七九一)・文政六年(一八二三)の将軍上覧相撲では、二二人と二九人を数え、相撲取全体の一二〜一三%を占める。

大名抱えの相撲取が人数は少ないが、武士身分を与えられていたのに対し、大名抱えではないそのほかの九割近い相撲取は、三十数名の相撲年寄の弟子として町方居住していた。身分としては浪人として扱い、旅行や祝儀・不祝儀には帯刀できるとしているが、脇差だけが許された。浮世絵に描かれた相撲取たちは、二本差しの者と一本だけの者がおり、一本だけ差す者の刀は短刀ではないことから、脇差とは、長脇差であろう。大名抱えであった相撲取が引退して相撲年寄になり、身分上は浪人身分として扱われるのは合点がいくが、大名抱えになったことのない相撲取が、大部分は百姓身分の出身で、いきなり浪人身分として扱われるのは擬制(フィクション)というべきであろう。しかし幕府の身分政策全体から見るとき、大名抱えではない相撲取を浪人身分として脇差を許すとする論理は、後述するように風俗取締りにあたって、百姓・町人や無宿者・通り者が脇差を差すのを統制するために有効な論理となった。

寛政十年(一七九八)、関東在方において同類を集め、通り者と唱え身持ち不埒の者を子分などと号し抱えおき、あるいは長脇差を帯して不届きの所業に及ぶ者たちの統制が触れられた。博徒などの通り者が長脇差を帯しているのと、相撲取たちが長脇差を帯することとの区別をつけることが求められた。その後も曖昧な状態が続いたのち、文政九年(一八二六)九月、幕府は長脇差を帯している通り者や帯刀している偽浪人を統制するために、長脇差禁令を命じた。近来無宿どもが長脇差を帯し、または鎗・鉄砲等所持いたし狼藉に及んでいるが、槍・鉄砲などは勿論、長脇差を帯し又は所持いたし歩行候ものどもは死罪そのほか重科に処す、と命じた(吉岡孝「近世後期関東における長脇差禁令と文政改革」)。相撲取は大名抱えが帯刀許可、そのほかは浪人身分として長脇差が許可されるという文政十年(一八二七)の公式の表明は、前年の長脇差禁令と連動したものと解することができよう。

江戸時代の身分制

なぜ文政十年段階に相撲取の身分が問われたのか、直接的には長脇差禁令との関連が考えられるが、そのほかに、幕府の身分制度について大きな社会変容の中で位置づけ、このことの意味を考えてみる必要があろう。将軍(幕府)と大名(藩)による統治がおこなわれた江戸時代では、身分制度を設けて社会の秩序を維持していた。豊臣政権から徳川三代将軍家光政権までは、前代に引き続き国内外に戦争が起こり、いかに軍事動員をかけるかが、権力にとっての重要関心事であった。あわせて財政基盤となる百姓と農村、町人と町の確立のために、検地と刀狩をおこない、武士・百姓・職人・商人の身分の分離を進めていき、誰が武士で誰が百姓などであるかを確定していった。この期間に江戸時代を通して基幹となる身分(いわゆる士農工商)が確立されたのである。

慶安《けいあん》四年(一六五一)から始まる四代将軍家綱と引き続く五代綱吉政権以降には、国内外に平和と安定がもたらされた。将軍権力は、武威を前面に出す軍事指揮権を発動して、軍役を大名・旗本に課す軍役体系による秩序化ではなく、平和にふさわしく儀礼を重視し上下間の秩序を保ち、将軍権威を身分制秩序の中で最上位において安定させる方式に改めていった。たとえば武家や公家の家格を重んじ身分内の序列を重視し、装束など可視的な制度を整えた。

それとともに武士・公家・百姓・職人など基幹の身分の周縁に存在していた宗教者などを、寛文《かんぶん》五年(一六六五)の「諸宗寺院法度《しょしゅうじいんはっと》」や「諸社禰宜神主法度《しょしゃねぎかんぬしはっと》」のように本山・本所を頂点にして僧侶や神職の身分集団化を推進した。少し遅れて天和《てんな》三年(一六八三)公家の土御門家が本所として陰陽師の組織化を進めることも、天皇綸旨と将軍朱印状によって保証された。

この時期には江戸のような都市に居住する者たちの間にも身分の集団化が起こった。先述した江戸城や市街地の造成などの労働を担った日用《ひよう》たちを身分制度の枠内におさめるために、寛文《かんぶん》五年(一六六五)日用座が設置された。札銭をおさめて日用札を受けた者を日用身分とした。江戸に流入する者の中には、零落して乞食状態の者もあった。非人頭車善七による組織化がなされたが、やがて「えた」頭弾左衛門の支配下に非人組織は入り、弾左衛門のもとに四人の非人頭(浅草・品川・深川・代々木に各一人)とその配下に抱《かか》え非人《ひにん》の集団が形成されていく。

一〇〇年以上続いた平和と安定ののちに、天明三年(一七八三)からの飢饉は、東北地方を中心に多数の餓死者を出したが、このため全国で数多くの百姓一揆や、都市での打ちこわしが起こった。この時期を境にして社会全体の困窮の度合いに厳しさが増し、混乱も増した。江戸の打ちこわし(天明七年)後に寛政改革をおこなった松平定信は、江戸の治安維持と農村復興を最大の課題の一つとして取り組んだ。村落から窮乏して江戸に流入した人々は、たとえば願人坊主《がんにんぼうず》(大道芸をする乞食僧)や神道者《しんとうしゃ》(家々の門付で祈禱をおこない銭を受ける)など、既存の身分集団にはない活動によって生き抜こうとした。これらを統制するために幕府は、京都の鞍馬寺を本寺にして願人坊主の人別帳をつくらせた。神道者については、神職の本所であった公家の吉田家や白川家に神道者を取り締まらせた。

日用たちについては、日用座から日用札を受けて仕事につく決まりを、町奉行はしばしば触れたが、日用たちは従わず、ついには日用座役人の督促に抵抗し暴力沙汰を起すに至った。幕府は寛政九年(一七九七)に機能しなくなった日用座の廃止を命じることになった。おもに流通経済に労働市場を求める日用たちを、身分的に統制する制度は機能しなくなったのである。また非人組織についても機能が滞り出す。江戸の非人は、浅草と品川に設けられた、病気になった囚人を収容する溜《ため》の番や囚人の護送、河川や町々の不浄物(動物の死骸など)の取片付けをおこなうほか、野非人《のひにん》の狩り込みをして手下《てか》にする職分をはたすことで、勧進場(縄張り)とする町々から施しを受けて生活していた。野非人とは、地方から零落して江戸に流入する乞食状態の者で、まだ非人組織に入っていない者をさす。無宿とともに、野非人が店先に立って悪ねだりや小盗みをするのを、町人たちが町奉行所にしばしば訴えている。絶えず発生する未組織の野非人を、非人たちが狩り込み、手下にすることが追いつかない状態になり、無宿・野非人の跋扈を統制できない状態に非人組織は追い込まれる。文政五年(一八二二)正月、町奉行は触れ(「御触書天保集成」六四五八)で、非人に対する施し物の増加を町の者たちに命じて、非人組織が機能するように命じている。

以上のように、相撲取の身分についての問い合わせがなされた文政十年段階には、江戸の町などは従来の身分制度の枠組みでは手に負えない混乱した状況になっていた。困窮を原因にやむなく都市に流入し、何とか生き抜くための方法を考えた人々のエネルギーが、既存の身分秩序を混乱させたものであった。幕府は混乱から秩序を回復させるために、既存の身分組織を機能させるほかに、新規に身分集団化して身分制度の中に取り込み、位置づけていくことが必要になった。かつて存在しなかった相撲取の身分を、吉田追風を頂点に据えて集団としてまとめ上げ、かつ既存の身分制度の中に相撲取をどのように位置づけるかを、幕府として確認したものであった。ただし、吉田家は、陰陽道の本所土御門家がおこなった諸国の陰陽師を単一の集団としてまとめ上げるようなことはできなかった。大坂・京都の相撲集団は独立性を保っており、それらもあわせて単一の組織になるのは、昭和二年(一九二七)の「大日本相撲協会」の設立を待たねばならなかった。

大名抱えの相撲取

あらためて大名と相撲取の関係を整理しておこう。江戸時代の前半期に相撲取という身分は存在していなかった。大名の家臣の末端の足軽や水主などで、土木普請や領主米輸送廻船の上乗りなどの役をおもにおこなうかたわら、相撲稽古に励み、武家の屋敷内で御前相撲が催されるときに土俵に上がるような相撲の者であった。江戸の町などで、土佐藩などの牢人（浪人）が相撲を取り木戸銭を稼ぐ勧進興行が存在したが、それは本来牢人身分であった者が相撲を取ったものである（一章）。

元禄期に三都で勧進相撲興行が許可され始めると、おもだった相撲取を大名が抱えることが始まった。津藩藤堂家では相撲取を足軽組に入れて、主従関係を結ぶ形をとったが、越前国福井藩松平家では、契約金で年限を切って抱える形も見られた。享保十七年（一七三二）に京都所司代や京都町奉行から勧進相撲を「乞食の類の如し」と認識されていた段階から、やがて延享《えんきょう》元年（一七四四）に四季勧進相撲が幕府によって公認され、三都での合同興行を中心にそれ以外の時期に地方巡業で渡世する相撲集団が形成されると、相撲好きな大名は勧進興行に出場する相撲取を抱えるようになる。世襲的に親から子へと足軽や水主の奉公を続けさせるかたわら、相撲をさせる者も存在し続けたが、勧進相撲に出場する強豪の相撲取を、まったく生国（出身地）を異にする者であっても抱え、主従関係の形式をとって足軽や水主身分としたのであった。もっとも相撲取の側から見れば、三都の勧進大相撲と地方巡業のあいまに、一～二カ月だけ大名の国元で過ごすような関係であった。大名抱えの相撲取は、武士身分の末端に短期間のみ属するものの、実質的には相撲取であり続けたのである。

寛政三年（一七九一）からあわせて七回開催された将軍上覧相撲の土俵に上ることは、水主など士分の下の卒の格式におかれた相撲取にとっては、破格のことであった。大名の家臣（陪臣）で直接将軍にお目見えすることはありえない事であったが、まして足軽や水主ではなおさらであった。相撲取という身分であるがゆえに、将軍に見られ認知されたのである。相撲取の身分的な位置づけの観点からも、将軍上覧相撲は画期的なことであった。

第六章　相撲渡世集団と地方

1　風俗取締りと相撲

幕府のねらい

将軍上覧相撲は相撲集団に格式と権威を与えた。これまで述べてきたことを振り返れば、寛政《かんせい》元年(一七八九)の横綱免許に続いて同三年の横綱土俵入りや、吉田追風の書き上げた相撲故実が、たとえその内容が史実といえないとしても、幕府に受け取られたことで、勧進相撲と古代の朝廷の相撲節会とが結びつくことになった。四本柱と土俵のつくりや地祭(方屋祭・土俵祭)などの、吉田追風の相撲式はその後の相撲儀礼の原型となる。さらには将軍が直々に相撲取を見ることによって、相撲取身分の認知がなされた。二つの争論(「八王子出入り一件」・「越後国相撲出入り一件」)での相撲集団に有利な裁許もあわせ、将軍上覧相撲による相撲集団に対する幕府の優遇策はなぜであろうか、検討する必要があろう。

天明《てんめい》七年(一七八七)の江戸打ちこわし後に、寛政改革を断行した松平定信にとっての大きな課題の一つは、江戸とその周辺の関東農村の治安を維持することであった。農村復興のために百姓は、遊興になじむことなく、米作などの農耕に精励するべきとの、朱子学に裏打ちされた生真面目な性格もあって、松平定信は風俗の取締りを強化した。定信が老中を辞した後もこれを継承した幕府は、寛政十年(一七九八)に通り者の禁止や、翌年には村々で神事・祭礼にあたり、芝居や見世物を興行することを禁止した。よからぬことを見習えば自然と耕作を怠り、荒地が多くなり、困窮してついには一家離散ともなる。だから風俗を取り締まり、農業に精を出すようにというのが為政者の認識であった。しかし百姓たちは商品生産にも精を出し、その成果を得た者たちは、娯楽や文芸を楽しむ余裕と自由な発想をもち始めていた。このような百姓や農村に風俗取締りで抑制しようとしても、その自由な動きを押しとどめることはできなかった。

このような幕府の風俗取締りという政策の中で、より具体的な通り者の取締りについて見てみよう。寛政十年三月の触れ(『御触書天保集成』五五三三)で、次のように命じた。

関東在方において同類をあつめ、通りものと唱え、身持ち不埒の者どもを子分などと号し抱え置き、或は長脇差を帯し目立ち候衣服を着し、不届きの所業に及び候者これある由相聞え候、右は畢竟《ひっきょう》角力渡世のものなど、在方において右体の風俗いたし候ものこれあり候故、おのつから押移り候哉にも候間、これまた右様の風俗相成らざる旨申し付け候(後略)

すなわち関東農村において、品行の悪い者、不法の者などを子分にして抱えおき、長脇差を帯し目立つ服装で、不届きの所業に及ぶ者が横行していると聞く、これはつまり相撲渡世の者などが農村部においてそのような風俗をいたしているゆえ、影響を受けたものであろうと、記している。任俠・俠客・博徒などとも呼ばれる通り者が往還や船着き場などに不相応な家作をして子分たちを集めて、刀を差して法に背く不届きな行為をしている治安の悪い状況を、幕府は取り締まろうとしている。
その翌月、幕府は連続して次の触れ(同前五五三四)を相撲年寄に宛てて出した。

角力　年寄共

関東在方に於いて同類を集め、通りものと唱え、身持ち不埒の者共を子分などと号し抱え置き、或は長脇差を帯し目立ち候衣類を着し、不届きの所業に及び候ものこれあり、右の内には角力渡世の者共もこれ有り、右体の風俗致し候ものこれ有るによって、おのつから押移り候哉に候、もっともおもたち角力渡世致し候者などは、右体不埒の所業に及び候ものもこれ有るまじき儀候え共、畢竟弟子共などの内、或は在方にて角力に携わり候もの等、右様の風俗いたすものこれ有る哉に相聞候間、以来在方において右体の風俗決て致すまじき旨、師匠分のもの共より急度申し渡すべきもの也、

この触れの前半は、先の触れと同文に近く、一体となって出されたことがうかがえる。しかし後半の内容は異なり、不届きの所業に及ぶ通り者のうちには、相撲渡世の者どもがいることを明確に指摘している。脇差を帯すことのできる相撲の者の風俗が他に影響を与えていると明言する。ただし、このような不届きな相撲渡世の者は、おもだった相撲渡世の者ではなく、弟子の中で在方において相撲

に携わる者たちの中にいるのだから、そのような風俗を決してしないように、師匠である相撲年寄からきつく申し渡すように、というのが幕府の触れの趣旨であった。

関東農村で相撲に携わる者がおり、それは江戸の相撲年寄の弟子であって、脇差を帯し目立つ衣類を着し、まわりに悪影響を与えているから、年寄は師匠として取り締まるようにと命じたものと理解される。関東農村において風俗を乱している者の中に、在方にいる相撲取の存在を認識した上で、風俗取締りを、江戸の相撲年寄を通しておこなおうという意図が幕府にあったのである。

関東農村と博徒

文化二年(一八〇五)、幕府は関東取締出役《かんとうとりしまりしゅつやく》(俗に「八州廻り《はっしゅうまわ》」と呼ばれる)を設け、水戸藩領を除く関八州《かんはっしゅう》の幕領・私領の区別なく犯罪者を逮捕させた。江戸近郊の品川・板橋・大宮・藤沢の各代官の配下役人(手付・手代)のうち八人を選び、二人一組で犯罪者を追跡し逮捕する制度であった。この人数では不足するので、道先案内人と呼ばれる各地の有力者たちも、取締出役に協力して治安を守るために活動させた(『八州廻りと博徒』)。

下総国海上郡飯岡村(千葉県旭市)の博徒飯岡助五郎は道先案内人として十手を預かり、かたや博徒として縄張りをもち、いわゆる「二足の草鞋」を履いていた。助五郎は相模国三浦郡の出身で一八歳の頃江戸相撲年寄友綱良助の弟子になったが廃業し、のちに飯岡浜方の漁師となり、文政《ぶんせい》五年(一八二二)頃には博徒として飯岡浜の縄張りをもつに至った。飯岡浜の漁師たちは、九十九里浜に寄せる大量の鰯を地引網で取り、江戸深川などの干鰯問屋《ほしか》を通して上方に送る流通網に乗せて確かな稼ぎを上げた。摂津国や河内国などでは水田耕作を削減し、米作を減らしてその土地で木綿栽培をおこない、綿花から繰綿をつくり、綿糸を紡ぎ、綿布を織る工程を地域全体でつくり上げていた。木綿栽培には金肥《きんぴ》(購入肥料)の干鰯が必需となり、九十九里浜の漁師たちは、麻にかわって庶民の衣服の代表的な素材となった木綿織物の生産流通工程の一端を下支えすることになった。漁師たちは、海の荒れる時化《しけ》にあえば仕事にならず、力をもてあまし浜方で開かれた飯岡助五郎の賭場に足を向ける者が少なくなかった。助五郎はその上に十手をもつ関東取締出役の道先案内人となったのである。

国定忠治の場合は、関東取締出役に追われる立場であり、道先案内人を殺害し、赤城山に籠ったのち、最後には捕縛され磔《はりつけ》にされた。上野国佐位郡国定村(群馬県伊勢崎市)に文化《ぶんか》七年(一八一〇)に生まれた忠治は博徒になり、親分として縄張りをもって賭場を開帳した。上州の桐生・足利・伊勢崎は養蚕・生糸生産地域を背景に、絹織物生産が十八世紀初めから発展していったが、いずれも女性労働に依存した。これに対し農業生産は寒冷な土地柄のため低調となり、天明期の凶作以降、農地を手放し耕作放棄する百姓が増えていった。家計は女性(「かかあ」)の賃仕事に依存し、夫の中には賭場に出入りする者が増え、国定忠治の賭場は盛況になっていく。「上州名物は空《から》っ風《かぜ》とかかあ天下」といわれたのは、女性労働が一家を支えたことを物語る誇るべき言説といえよう。

文化二年(一八〇五)九月には、関八州の取締りに出向く手付・手代に対し、廻村《かいそん》に際して在方の相撲興行に関する方針が、代官の山口鉄五郎から出されている(これは近世の地方制度に関する取締り・規則などを集成した「地方落穂集《じかたおちぼしゅう》追加」にある)。意訳して次に示す。

(1)相撲の儀は、相撲渡世の職の者ばかりにて日限を定め、支配領主・地頭の役人へ許可願いを差し出し興行致させ候分格別であるとして、領主の許可を受けた相撲の者たちだけによる興行は認める。

(2)おもだった相撲渡世の者ではなく、在方に罷り在る相撲取が素人交じりにて支配領主・地頭へも申し立てず興行することがあるようだが、これが相撲ばかりに候へば差《さし》て風俗を乱し、良民の害に相成候と申すにもこれ無く候へども、実際には相撲につけて博奕打・悪党ども立集まり、難儀にも相成ので、そういう相撲興行は止めさせるべき、

という内容であった。

つまり正規の相撲興行は、関東取締出役の許可するところだが、そうではない非正規の相撲興行は開催時に、人々が多く集まるのを見越して賭場を開き、博奕打ちや悪党が集まり難儀となるので、許可しないようにする、という方針であった。幕府とすれば、関東取締出役によって、直接風俗取締りの任にあたらせるほか、神社など村方の相撲興行については厳重に相撲年寄の管轄下におく必要を、意図していたのであろう。その前提になったのが、素人相撲の禁止令である。

「越後国相撲出入り一件」のあと安永《あんえい》二年(一七七三)十月に幕府から全国に触れられた「素人相撲の禁止」は先述(第四章)したように、二つの内容をもった。一つは、相撲興行の際に木戸を建てて札銭(入場料)をとるのは相撲渡世集団に限られること。素人が木戸を建て札銭をとることは、今後いっさい禁止する。二つは、もっとも、素人が相撲渡世集団に「対談の上」で勧進相撲を催すのは特別に許される、という内容であった。ではこの「対談の上」とは、どのような内実をもったものであろうか、次の事例から検討してみよう。

天保《てんぽう》十三年(一八四二)十月十三日付けで、江戸相撲年寄楯山《たてやま》藤蔵は常州下館の松三郎と忠吉両名に宛てて「相撲対談一札之事」の証文を渡している。この証文は下館において松三郎らが勧進元になって二日間の相撲興行をおこなうにあたりとり交わしたものである。相撲取を派遣するかわりに、勧進元が金三〇両で買い切りとするものであった。年寄の楯山はまず手金として一〇両を受け取り、残り二〇両は興行二日目の中入り前に皆済する条件とした。その際年寄楯山は、残り二〇両が支払われるまで木戸銭・桟敷代・土間代を預かり、二〇両皆済後にそれらを返すという条件をつけた。晴天二日の一定の規模をもつ勧進相撲であったが、地元下館の勧進元松三郎は素人であり、江戸の年寄との間で、「相撲対談一札之事」という興行契約書を取り交わして開催したのである。「対談の上」とは、江戸の年寄たちから勧進相撲の興行許可を金銭で受け取ることを意味した。

地方の門弟

ところで江戸の相撲年寄にとって、地方における相撲興行を担う勧進元との関係を緊密にすることは、地方興行をより安定的に進めることにつながる。一方、地方の町や村で相撲興行をおこないたいと考える者も、安永二年(一七七三)以降は相撲興行独占権を相撲渡世集団が幕府から保証された以上、相撲年寄と緊密な関係を結ばざるを得なくなった。しかも風俗取締りが強化され、関東取締出役が巡回して直接相撲興行への監視の目を向けるようになると、相撲年寄と縁のある、たとえばかつて入門して廃業し在地に戻って相撲に関わろうとする者や相撲興行の勧進元になってきた者などと、年寄はあらためて「師弟関係」を結び「弟子」とする関係がみられ出す。

この両者の利害一致するところから、相撲年寄たちは地方における相撲興行の担い手たちを「門弟」「相撲世話人」「相撲目代《もくだい》」などに任命した。いわば擬制的に「師弟関係」を結ぶことで緊密な関係を結んでいった。擬制的に「弟子」となった者たちは、相撲興行開催の権限を独占する年寄から、地方での相撲興行権を優先的に取得することができた。以下に(1)「門弟」(2)「相撲世話人」(3)「相撲目代」を免許した際の免許状の事例を読み下しにして示す。

(1)　免状之事

そこもと儀、相撲執心に付き、このたび我等門弟に致し置き候ところ実証也、しかる上は何国までも紛れこれなく候、左候えば御公儀様御法度の儀は申すに及ばず、相撲場所はもちろん平日と

も猥らなる義、決して致さざるよう相慎み申すべく候、依って免状くだんのごとし、

天保十三寅年九月日

江戸湯島天神前

相撲年寄

花籠平五郎　印

武州秩父郡白久村

白瀧　熊吉殿

これは第一段階の「師弟関係」を示すもので、江戸相撲年寄花籠平五郎が秩父地方の興行の担い手である白瀧熊吉を「相撲執心に付き我等門弟」にすることを認めた免状である。公儀法度の遵守や常に猥らなることを慎むよう命じている。

(2)

免許之事

そこもと相撲門弟にこれあり候ところ、老年に及び候間、今般その近郷相撲世話人相定め置き候議相違これなく候、向後門弟共取締り、能く作法を相守らせ猥らなる事これなきよう心付らるべく候、江戸表より不埒に付き差構え候者は廻文をもって申し遣わし候間、一宿同伴致させまじく候、世話人証状依てくだんのごとし、

天保六未年六月

江戸相撲年寄

惣代　雷　権太夫　印

友綱　良助　印
阿武松緑之助　印

能州鹿島郡七尾
春日山　四郎右衛門殿

これは、すでに門弟となっていた者に対し、老年に及んだので門弟より一段上位の世話人に任じた際の免許状である。ほかの例では親子代々世襲して門弟であったことから世話人に上昇する者があった。世話人は、近郷の門弟たちの取締りにあたるほか、江戸の年寄と緊密な連絡網をもち、江戸表から破門されるなど問題ある者を一宿たりと同伴させないことを命じられた。江戸の年寄は惣代の雷権太夫をはじめ三名の連名であることも免許の重さが伝わる。

(3)　免許

そこもと儀、相撲執心身持ち実体なる者に付き、我等門弟に差加え置き候ところ、この度相改め目代に取立て候処実証相違これなく候、しかる上は御公儀様御法度の儀は申すに及ばず、相撲作法きっと相守り申すべく候、興行の場所は勿論、神事祭礼相撲これあり候節、不埒の儀これなく候様、平日とも万端心揃え申すべく候、其の門弟中えも申し渡し、もし相背く者これあり候はば早速江戸表え申し通し破門申すべき事、かつ其の師匠より沙汰これなく独立業道致し候者と同宿同伴致すまじく、万一左様の者これあり候はば通達に及ばるべく候、後日のため相渡す証状、く

だんのごとし、

弘化《こうか》四未年十一月

相撲印鑑　印

雷　権太夫　印

信房　花押

奥州会津郡若松住

雷ノ音　廣右衛門　殿

このたび会津若松の雷ノ音を目代にするとの免許状である。目代は公儀法度と相撲作法を遵守するよう、しかも目代の下の門弟たちに勧進相撲興行や神事祭礼相撲においても、これを遵守させるよう申し渡すこと、もしも目代のいいつけに従わない者があれば破門にする事を命じた。また江戸年寄を師匠とする者が、師匠の沙汰もなく勝手な業道(相撲渡世)をする者に同宿同伴させることのないよう、万一独立した業道の者がいたならば江戸に通達するよう命じた。これは相撲年寄総体の相撲印鑑と代表する雷権太夫の印・花押の捺された印判状の格の高い書式を用いている。破門を申しつける権限が付与されたことで、目代には門弟たちを強く統制することが可能になる。江戸の年寄と地方の目代が連携して破門という制裁を通した集団の秩序化をはかっていることがうかがえる。

ところで世話人と目代との上下関係はどうなっていたのか、それを示す事例があるので紹介しよう。慶応《けいおう》二年(一八六六)二月、江戸年寄藤嶋甚助広行が甲斐国都留郡大明見村小桜又蔵と同郡下吉田村勇川九郎右衛門の両名に対し、門弟を改め世話人にする「免許状」を発給している。これと同月に、年寄藤嶋（富士嶋）甚助広行と玉垣額之助直行の連名で、甲斐国都留郡下吉田村竹垣五郎右衛門に対して「年来厚き世話致し候に付、此度相改め目代相頼み候」との「免許状」を発給している。同月に同地域で三通の免許状が発給されたその内容から、世話人より上位に目代が位置づけられていたことが確認できる。

かくして、江戸相撲年寄―目代―世話人―門弟の序列をもって、地方の相撲興行の担い手が組織されたものと推測できる。その時期は現在わかる範囲での、残された免許状によれば、おそらく天保期以降幕末にかけて目代・世話人・門弟の免許状の発給すなわち組織化が積極的に進行したものと考えられる。それ以前の、寛政・享和《きょうわ》・文化・文政期までは「相撲力士之門弟」「相撲行司故実門弟」「田舎相撲目代」「名乗」などの免許状がみられるが、これらは個別的、原初的なものとみなされるからである。これらの種々の免許状を整理して、遅くとも天保期以降に江戸相撲年寄たちは、統一的な門弟・世話人・目代の免許状発給に切り替えたのではなかろうか。江戸の年寄は個々に、たとえば年寄藤島甚助であれば甲斐国都留郡と篭坂峠を越えた駿河国駿東郡を配下にしたように、自分の相撲興行の範囲とその地域の者との関係を結んで、縄張りといえないまでも、得意とする地域と深い関係を結んできたが、今、年寄たちが総体で統一した免許状の方式を定めたことが推察され、江戸の相撲年寄の組織が一段進歩した水準を獲得している模様である。

組織化の広がり

さてこの地方の組織化はどの地域まで広がりをもつのであろうか。事例にあげた能登国七尾や会津若松、甲斐国都留郡・武蔵国秩父地方のほかに、西の飛驒国高山には嘉永《かえい》六年（一八五三）五月、江戸相撲年寄四代目浦風林右衛門直政から高山の頭取の一人花車小右衛門にあてて「世話人免状」が発給され「師弟関係」が結ばれており、組織化は広範囲にわたる。

全体像を把握するまでには至らないが、そうした中で、齋藤みのりの研究によれば、常陸国と下野国の両国にまたがる地域であわせて七八名の門弟が存在（「文化二年野州・常州門弟控帳」『茂木町史第三巻』）し、二名の目代（初石平八・重山茂八）のもとに六名の世話人（轟斧八・漣力吉・今出川幸吉・重山梅蔵・波風角右衛門・木村和五郎）とその下に七四名の門弟の存在が明らかにされる。門弟の所在地は常陸国那珂郡・真壁郡・茨城郡・筑波郡に、下野国は芳賀郡・塩谷郡と広範囲で、常陸と下野の国境に沿うように分布している。この目代・世話人に統括される門弟組織は仲間の取決め（「定」）をしており、公儀法度を守ること、口論や酒乱は吟味の上破門とすること、江戸で破門の者を受け入れないこと、私的に門弟をとることは禁止され、必ず江戸表から免許を受けること、一か年に二度ずつ、積金《つみきん》相撲と無尽《むじん》相撲をおこなうこと、積金相撲とは門弟がもちより残金は貯えておき、門弟の中で長煩いや思いがけないことが起こった時に用いること、無尽相撲は年々一人ずつ勧進元を勤め興行すること、以上の条々に背いた場合は破門とする、という取決めをしている。

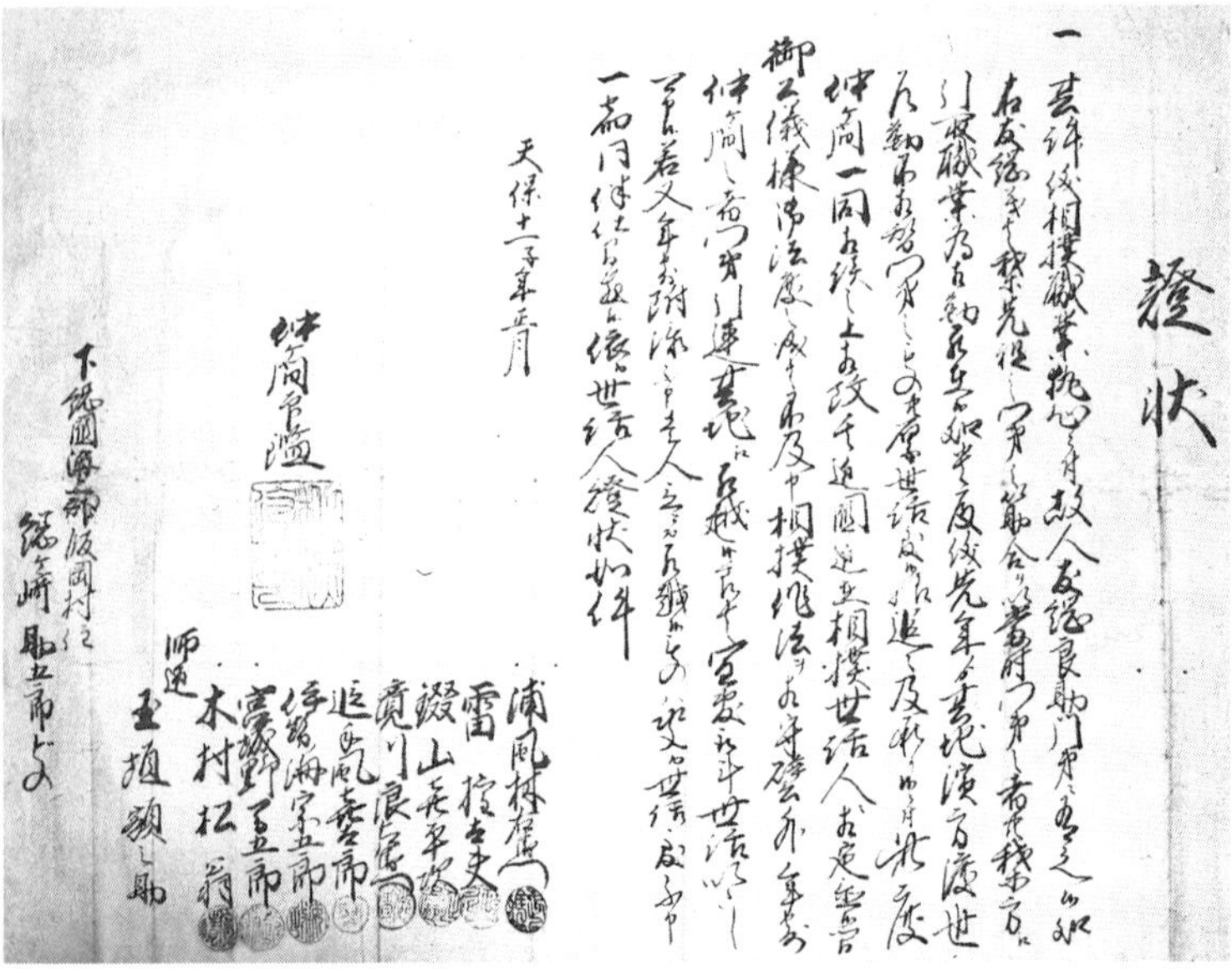

飯岡助五郎宛相撲世話人免状（千葉県旭市教育委員会蔵）

江戸の年寄の配下に、常陸・下野両国にまたがる地域に相撲の門弟たちが多数存在し、目代・世話人の下に集団として組織化されていることが明らかになった。公儀法度を守ることは第一で、幕府による関東農村の風俗改めと治安維持政策に、相撲年寄たちが地方組織化によって役割を果たし、幕府による相撲優遇策の期待に応えたといえよう。また、組織の規律を守らない者は破門という処分を受け、破門された者との関わりが厳禁された。また積金相撲と無尽相撲のような互助的な性格を組織がもっていたことにも注目される。

地域によってはこのように相撲年寄による現地の組織化が進んだところもあったが、逆に遅れたところもあった。相撲関係の者が存在しなかった地域で、興行の担い手である土地の実力者と江戸の相撲年寄が「師弟関係」を結んだ事例がある。下総国海上郡飯岡の博徒で関東取締出役の道先案内となる飯岡助五郎に対する「相撲世話人」の免状を見てみよう。

証状

一、そこもと儀相撲職業執心に付き、故人友綱良助門弟にこれあり候ところ、右友綱儀は我等先祖の門弟之筋合いを以て、当時門弟の者共我等方え引取り、職業相勤めさせ罷り在り候、貴殿儀先年よりその地浜方渡世勤めながら相替らず門弟の者共厚き世話致し候様、追々承り及び候に付き、此度仲間一同相談の上相改めその近国近在相撲世話人に相定め置き候間、御公儀様御法度の儀は申すに及ばず相撲作法を相守り、たとえ外年寄仲間の者門弟引き連れその地え罷り越し候節は、宜しく取計い世話いたし申すべく候、もしまた年寄付添い申さず壱人立にて罷り越し候ものは決して世話致し申さず、一宿同伴仕るまじく候、依って世話人証状くだんのごとし、

天保十一子年正月

浦風　林右衛門　印

雷　権太夫　印

錣山　喜平次　印

境川　浪右衛門　印

追手風　喜太郎　印

仲ケ間印鑑　印

伊勢海　宗五郎　印
宮城野　馬五郎　印
木村　松翁　印
師匠　玉垣　額之助

下総国海上郡飯岡村住
総ケ崎　助五郎どの

総ケ崎（飯岡）助五郎に対し、江戸年寄仲間一同相談の上で、助五郎を近国・近在の相撲世話人に定める証状である。ただしほかの世話人証状とは二つの点で文面が異なっている。一点目は、助五郎が故人友綱良助の門弟であったこと、勧進元や差添を多年務めた年寄友綱良助が天保八年（一八三七）に死去したのちに、友綱の門弟どもは年寄玉垣額之助に引き取られ、職業を勤めてきた。友綱良助が、玉垣額之助の弟子であったことから、その筋合いをもって友綱のかつての門弟であった助五郎を引き取ったのである。つまり助五郎はこの時点から玉垣の門弟として扱われた。二点目は、助五郎が先年より飯岡の浜方渡世を務めながらも、一貫して門弟の世話をしてくれたことは承知している、依ってこのたび年寄仲間一同相談の上、近国・近在の相撲世話人に定めるとする。これらの内容から、前述してきたほかの相撲世話人と助五郎とは異なることに気づく。助五郎は、地域で相撲興行を催す門弟とは異なり、浜方渡世の者であった。しかし、相撲興行を打つ門弟の邪魔はせず世話をしてきた。助五郎がかつて年寄友綱の弟子であったことから、今や一門の年寄玉垣額之助の門弟にあたるので、玉垣は師匠として江戸年寄仲間一同にはかり、仲間として助五郎を世話人に加えることにした、ということである。以後は、公儀法度や相撲作法を守り、玉垣以外の江戸年寄が誰であろうと門弟を引き連れ巡業をする節は宜しく取りはからい世話を願いたい、また破門された者を一宿同伴させないように命じている。助五郎を近国・近在の相撲世話人に据えたことで、江戸の年寄は誰であろうと相撲興行が可能になった。関東取締出役の手先であり、子分一〇人を寄子として抱えて一家をなし、一五〇人を動員する勢力をもち博徒の親分として近在に縄張りをもつ（林陸郎「飯岡助五郎の文書」）、地域の「実力者」である飯岡助五郎を、友綱の弟子であった縁を手繰り寄せて、地方の相撲組織に組み込むことができたと、解釈することができよう。

地方の相撲の組織化がどの程度実現できたのか、前述した程度にはわかるものの、全容を解明するのは容易ではない。しかし幕府によって、将軍上覧相撲をはじめいくつもの相撲集団に対する優遇策がなされたのは、関東農村の治安対策に相撲の組織化と年寄たちによる統制が有効であるとの判断を前提にしたものであろう。寛政十年（一七九八）の相撲年寄に宛てた触れや文化二年（一八〇五）の関東取締出役による地方相撲興行取締り方針に見られるように、江戸相撲年寄による地方の相撲門弟の組織化と統制を幕府は期待した。これに対し、江戸相撲年寄たちは共同して各地の門弟を組織化し、一定の地域に目代―世話人―門弟の階層による組織化と公儀法度・相撲作法の遵守や従わない者を破門するという制裁によって規律を保つ方式で統制し、幕府の期待に応えたものと評価できよう。なお地方の世話人や目代は明治以降も、東京の相撲年寄たち(協会)との関係を継続する。

ただし、関東からはずれる信州では、村の神社の奉納相撲において、若者組が相撲の主体になり、江戸の相撲年寄と交渉(対談)をして開催している事例が多く残されている。一例をあげれば、天保十三年(一八四二)四月相撲年寄三代目浦風林右衛門直政から信濃国小県郡上塩尻村御若衆中に宛てて四本柱土俵免許がなされたように、世話人や門弟などを介することなく、直接村の若衆(若者組など)たちに鎮守祭礼相撲の四本柱土俵が免許されている(長野県上田市個人所蔵史料)。若者組が村落において主導権をもち、地域の門弟や世話人(中には通り者と見まがう者がいる)が介入できないためであると想像される。このことは地域の性格(文化的個性)を考えるためにも考察を深めるべき今後の課題であろう。

2　江戸の相撲集団

江戸での興行

延享《えんきょう》元年(一七四四)に幕府から三都における四季勧進大相撲が公認されたが、それ以来としても幕末まで一二〇年間にわたって、三都の相撲集団は幕府の支持を背景に着実に組織の充実をはかっていったことを、ここまで時系列にそって検討してきた。ここからは同時代的(共時的)に江戸時代後期

〜幕末期の三都の相撲集団が、どのように相撲興行をおこなっていたのか、その構造について経営にも焦点をあてて描いていこう。

慶応二年(一八六六)は江戸幕府の終焉を象徴する事件の多い激動の年であった。条約勅許や長州征討のために上京していた十四代将軍徳川家茂が、七月に大坂城で死去し(八月二十七日より普請鳴物《ふしんなりものちょう》停止《じ》)、その前六月からは武州世直し一揆が起こり、全国的にも農民一揆や打ちこわしが多発した。十一月には江戸市中の窮民が増加し、施粥《せがゆ》などをおこなう御救い小屋も設けられた。

このような厳しい状況下にあっても、江戸の相撲興行が年寄たちによって申請されていた。十二月十四日、年寄の追手風喜太郎と玉垣額之助は寺社奉行所に宛てて、来春(慶応三年)に晴天十日興行開催の願書を提出した。これを受けた寺社奉行所は十二月十九日に月番奉行の土屋采女正《うねめのかみ》寅直の手限《てぎ》りで許可する旨を申し渡した。歳末で急いだこともあり手限りとしたが、通常は四人の寺社奉行が合議する内寄合《ないよりあい》で決めるものであることから、内寄合帳の十八日分の帳末に記しおいて処理した。

許可を受けた勧進元の追手風と差添の玉垣は、ただちに場所を本所回向院《えこういん》境内とすることを願った。境内の興行場は間口《まぐち》一八間(約三三メートル)と奥行二〇間(約三六メートル)で三六〇坪(一一八八平方メートル)の広さをもち、四方を板で囲い、竹矢来葦簀《よしず》張りにして一か所に入り口にあたる木戸を設けることを願った。その内部は、中央に四本柱と土俵が設けられ、四方には二重(二層)の桟敷を設け、その天井にも葦簀を張った。外側から見て主会場の木戸に向かって左側に札売り場(二間四方)をつくり、木戸の右側には太鼓櫓《やぐら》を建てることも願い、許可された。櫓を上げるのは一貫して許可制であった（口絵「両国大相撲繁栄之図」参照）。

天保四年（一八三三）十月から江戸の四季勧進大相撲は回向院境内を定場所としてきたが、改めて貸主である回向院も、興行場所の申請には添書をしている。また回向院の本寺にあたる芝の増上寺（浄土宗江戸触頭《ふれがしら》）へも届け出をおこない、近隣住民へも差し障りがないことを確認の上承知したことを寺社奉行所に届けている。以上の許可を受けた上で、追手風と玉垣は興行期間中の喧嘩口論を慎み、火の元を念入りにすることや、晴天十日間の興行を終え次第、興行場所の仮小屋を取り払い、さっそく届け出ることを誓約し、これに回向院住職も奥印《おくいん》をしている。幕府に対する相撲側の申請は、毎回このように厳密なやり取りがおこなわれていた。現在の国技館のような自前の施設をもてなかった江戸時代、興行場所の設営は毎度丁寧な手続きを必要としていたことがわかる。

明けて慶応三年（一八六七）三月十五日付けで、追手風と玉垣は次のように寺社奉行所に願い出た。孝明天皇崩御（慶応二年十二月二十五日）にともなう鳴物停止でとどまっていた普請や作事が許可されたものの、興行場所の作事に手間取り、しかもおもだった相撲取の中に病人が出たため、三月中の興行が難しくなった、そこで春季興行を夏季興行に改めて欲しい、という願いであった。幕府の公認した四季勧進大相撲興行は、春（一〜三月）・夏（四〜六月）・秋（七〜九月）・冬（十〜十二月）の一季に一度ずつを許可したものであった。年寄は、一月よりの開催が鳴物停止によって延期され、三月中の開催が困難になったところで、夏季への順延を願い出たもので、無理な要求には見えなかった。その際、先例として二例が示された。一つは文久《ぶんきゅう》三年(一八六三)の春季勧進大相撲興行が、将軍家茂の上洛の沙汰により差し控えていたところ、春・夏が過ぎ、将軍還御《かんぎょ》になった七月上旬より秋季興行としておこなわれた事例である。もう一つの近例は、文久四年(元治《げんじ》元、一八六四)春季勧進大相撲が、将軍家茂上洛により市中の厳重が命じられ、慎み差し控えていたところ、夏季に順延された事例であった。

寺社奉行土屋寅直は、このような近例もあり、今回も夏季への順延を認めた。勧進元の追手風らは三月二十八日に所々辻々に札を建て、勧進大相撲興行の開催を知らせた。この慶応三年夏場所の東大関は不知火光右衛門で西大関は陣幕久五郎であった。不知火は文久三年(一八六三)に吉田善左衛門(追風)から横綱の免許を受けており、かたや陣幕は慶応三年(一八六七)一月に京都の公家五条家から横綱免許を受けたところであった(先述第四章「その後の吉田家と五条家」)。

いよいよ四月十六日に初日を迎えた夏場所は人気を博した模様で、贔屓筋《ひいきすじ》から蒸籠《せいろ》五〇荷・木綿幟《のぼり》五本(このうち少なくとも二本は陣幕久五郎の染め抜き)が送られ、木戸外へ積み上げ立てることが勧進元より届けられている。さらに十七日に二日目の興行をおこなったところ、見物客が込み合ったため、左右の上の桟敷場を継ぎ足したいと願い出ている。二十二日には勧進元に木綿幟二本がさらに贔屓より送られ木戸外に立てられた。

無敗同士の両大関が九日目に戦い、陣幕が勝って今でいう優勝をしたこの場所は、四月晦日に千秋楽となり、五月一日に追手風・玉垣の両年寄と回向院が連名で興行の終了を届け出た。相撲小屋については五月四日中に取り払いが終わったことが届けられた(「寺社奉行一件書類」)。それから五か月後、最後の将軍徳川慶喜は京都において大政奉還する。

江戸相撲の構成員

江戸の相撲集団は大所帯であった。文政六年(一八二三)の上覧相撲の参加者は東西に分かれた相撲取が二二八人、相撲年寄が三一人、行司一三人、現在の呼出しにあたる書役四人、水汲二人、取的《とりてき》である中相撲・褌持・上下持が一二〇人、床山である髪結が八人、人足が二〇人の合計四二六人を数えた。二〇年後の天保十四年(一八四三)では合計五一五人となっており、これだけの集団を維持するためにも、慶応三年さらには激動の慶応四年に回向院で勧進大相撲を開催する必要があったのである。

以上で述べた相撲集団だけで興行が成り立つものではなかった。相撲集団の周縁に、密接な関係をもつ「相撲桟敷世話渡世人」が存在していた。桟敷の制度について、嘉永二年(一八四九)七月になされた一つの訴訟史料(『徳川時代民事慣例集　五』)から述べてみよう。回向院境内に設営された相撲小屋(三六〇坪)の四方に二層の桟敷が設けられたことは前述した。一軒(一間)の桟敷は八人が入る広さをもち、全体で桟敷の数は一五〇軒ほど設けられた(ちなみに現在の桟敷は半間四方に四人が入るので、一間に八人入る桟敷とは同じ割合になる。体の小さな江戸時代の割合と同じでは現在の桟敷が手狭に感じるのは当然といえる)。したがって桟敷に座る観客の数は合計一二〇〇人ということになる。

桟敷の権利金は次のように定められる。一軒の桟敷は八人を定員とするので、晴天十日分の木戸札八〇枚を添えて、桟敷の十日間の権利を六両二分とする。桟敷の数は一五〇軒あるので一場所で九七五両(六両二分×一五〇軒)の収入を生む。桟敷の権利は一五〇軒のうち六〇軒を、特定の一四人に優先的に譲渡された。残り九〇軒の桟敷はその時の大相撲興行の勧進元が差配する。もっとも勧進元はこの九〇軒についても特定の一四人に委任して世話をさせる。特定の一四人とは年寄仲間から天保四

行司(文政6年)
木村庄之助
式守伊之助
木村庄太郎
木村庄蔵
木村正助
式守与太夫
木村幾世次
式守源太郎
木村清三郎
式守重五郎
木村亀蔵
木村常次郎
木村織部

(以上　13人)

表12　行司一覧

相撲年寄(文政6年)
錣山喜平次
粂川新右衛門
友綱良助
荒磯与八
清見潟又蔵
勝ノ浦与一右衛門
浦風林右衛門
秀ノ山伝次郎
佐渡ヶ嶽沢右衛門
白玉由右衛門
山分萬吉
振分忠蔵
武隈分蔵
常盤山小平次
錦嶋三太夫
立田川清五郎
松ヶ根幸太夫
甲山半五郎
山響勇五郎
玉ノ井村右衛門
千賀浦太三郎
追手風喜太郎
武蔵川初右衛門
廿山重五郎
桐山権平
若藤恒右衛門
間垣伴七
酒井川豊五郎
花籠与市
浜風今右衛門
入間川太右衛門

(以上　31人)全員、
現在に年寄名跡を残す。

表13　相撲年寄一覧

年（一八三三）に永代営業権を認められた桟敷方の者たちである（『相撲大事典』）。特定の一四人は、任された九〇軒の桟敷を「子分」と称する者たち六五人に、桟敷一軒につき金二分の口銭《こうせん》をつけて譲る。ここで特定の一四人は四五両（二分×九〇軒）の口銭収入を獲得する。

かくして特定の一四人（六〇軒分）と「子分」六五人（九〇軒分）のあわせて七九人は、桟敷に自分の名札を下げ、独自の染め抜き幕をかけて懇意の客を入れる。桟敷の定員は八人で貸し切りのことが多いが、空いている時はほかの客を差し入れることもあり、逆に大入りの時は八人を超過して人を入れることもある。客は桟敷代のほかに酒食代を支払うが、一〇日分の桟敷代（木戸銭も含む）がどれくらいの金額であったか、未詳である。当然のこと、子分が支払った原価七両（六両二分と口銭二分）を超えた金額になるはずで、超えた金額が「子分」や特定の一四人の儲けになる。以上、一五〇軒の桟敷を設営することで、相撲集団は共同で一場所に九七五両の収入を得た。これに加えて桟敷以外の土俵周囲の土間《どま》の人数分の木戸銭収入がもたらされた。桟敷は周囲にほぼ垂直に設けられ客は梯子をかけて上がる様子が錦絵に描かれている。

土間の席は桟敷の下まで広く設けられていたので、遠くから見えるように土俵を高くする必要があった（ちなみに現在は土間の低い席を減らして桟敷席を斜めに多く設けており見やすい。土俵を今のように高くする必要はなくなった。怪我を防止するために土俵を低くする検討が求められる）。土間の座席の広さをおよそ三〇〇坪と仮定し、一坪に八人が座ると仮定すると、二四〇〇人になる。その木戸銭収入

桟敷席と土間の様子(英山画「幕内土俵入り之図」部分、文化10年)　土間でも飲食がなされる。

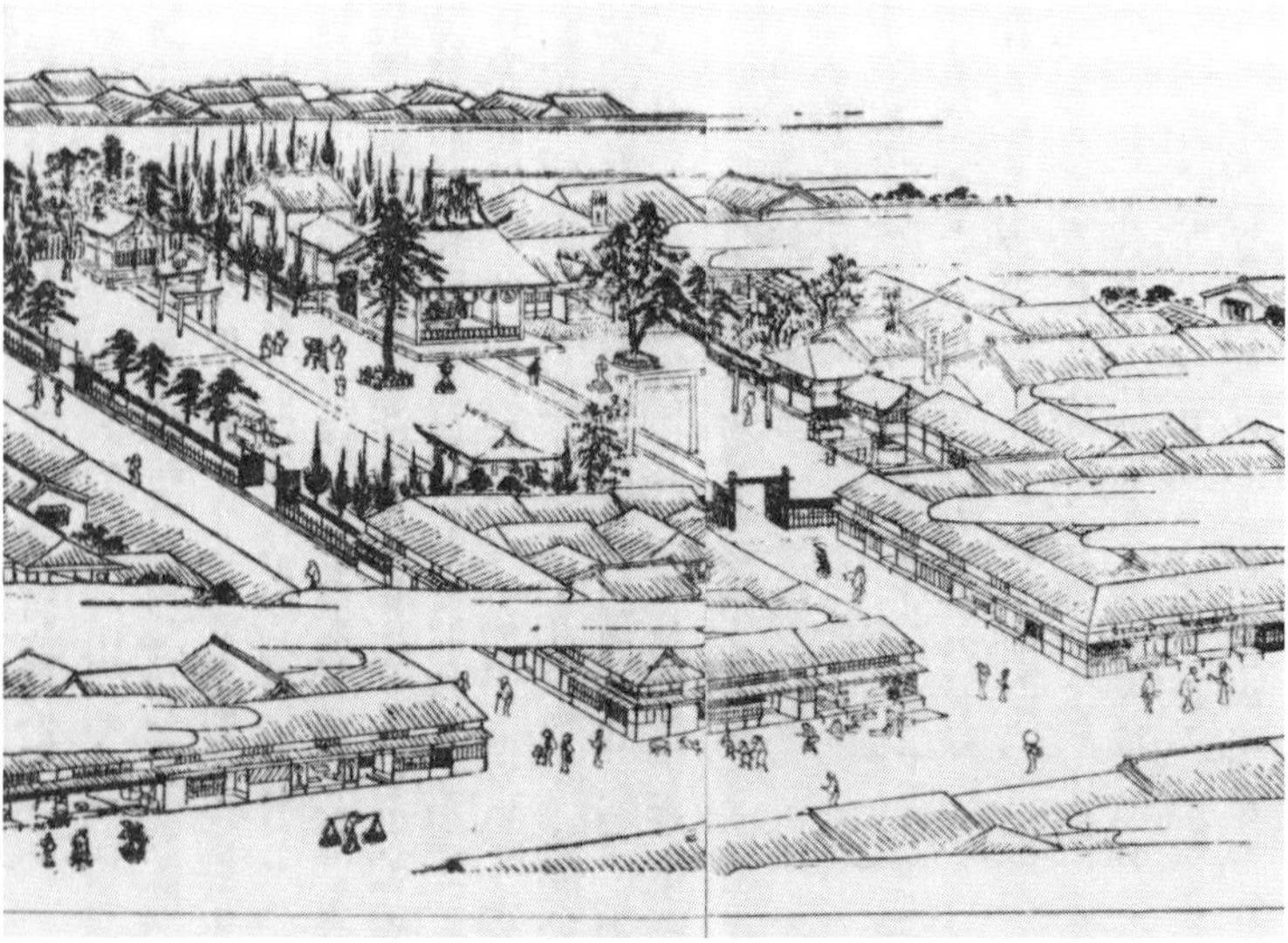

『江戸名所図会』杉森稲荷神社

もあわさる。大坂で元禄《げんろく》十五年（一七〇二）の勧進相撲の木戸銭が銀三匁（銭二〇〇文）であったことを目安にすると、金一二〇〇両の収入になる。桟敷の収入をあわせて二一七五両になるが、この数字は仮定の前提による試算であり、およその参考としておきたい。この二〇〇〇両程度の収入によって、五〇〇人前後の相撲集団を賄ったわけで、いかに政治や社会が揺れ動いていようが、自粛することなく勧進興行を開催せざるを得なかったのであろう。

相撲年寄たちが「子分」と称していた六五人の者たちは、自らを「相撲桟敷世話渡世人」と称した。その一人である南本所横網町伊之助店に居住する重吉は、桟敷の客の一人である堀江六軒町新道次郎兵衛店に居住する徳兵衛ほか一人を、桟敷代ならびに酒食代の支払いが滞ったことで、嘉永二年（一八四九）に番所（町奉行所）に訴えた。その際、訴人である重吉は自らに「相撲桟敷世話渡世」と肩書きをつけている。相撲年寄が担う勧進元や特定の桟敷方一四人を通し、その管轄のもとで桟敷の権利を求め、客を集めて酒食を提供し収入を得るこの「相撲桟敷世話渡世人」の六五人は、桟敷方一四人とともにその後の相撲茶屋（現在は国技館サービス株式会社）の源流と推測できよう。

稽古相撲

江戸での勧進大相撲には全国各地から多くの相撲取が呼び寄せられる。予定された日取りに間にあわせるように集まっても、事情によって開催日が延期されることは少なくなかった。日程調整の難しさがともなうことはこれまで述べてきたところからも明らかであろう。そこで開催日をいたずらに待つのではなく、稽古相撲という名の小さな興行をおこなって、少しでも収入を得ることを考えた。

慶応二年（一八六六）の稽古相撲の開催場所は江戸新材木町（中央区日本橋堀留町）の杉森稲荷神社（椙森神社）であった。同年は江戸市中の困窮がつのっており、九月十八日近隣の松島町の難渋者が「喰い方にも困り候」ために近辺をもらい歩き、居所にも差し支えたため杉森稲荷神社境内に男女四〇〇〜五〇〇人ほどが寄り集まった。この一群は翌日に残らず引き揚げたことが町方役所に届けられている。この四〇〇〜五〇〇人が集まれる境内を利用して、相撲年寄若藤恒右衛門と二所ケ関軍右衛門の二人は許可を受けて慶応三年三月、稽古相撲をおこなった。

稽古相撲とは単に相撲の稽古をすることではない。稽古相撲という名目の興行を催すことであった。杉森稲荷神社での稽古相撲は、享保十一年(一七二六)には記録が残されており、当時の相撲年寄中立《なかだち》仲右衛門と間垣《まがき》伴七が神社神主小針《こばり》河内に日数十日間の稽古相撲を神社境内で開催することを願っている。小針氏は寺社奉行所に届けて聞き済まされ、これを屋敷改役所(旗本白板野左京)に届けた上で実施された。両年寄は、神社拝殿と神楽所の二か所を桟敷として使い、周りに筵《むしろ》を張り囲うことを頼み入り承諾を受けている。「勧進相撲に紛らわしき儀にては決してござなく候」と届けながら実態は興行そのものであったのだろう。その後幕末に至るまでときどき稽古相撲がおこなわれ、安政《あんせい》六年(一八五九)からは毎年一回ずつ慶応四年(一八六八)正月までおこなわれた。これら稽古相撲に際して年寄は神主小針氏に地代金《ちだいきん》として五両をおさめているので、それ以上の興行収入を見込んだものであろう。

さて慶応二年(一八六六)十二月に話を戻そう。暮も押し詰まってきた二十三日、年寄若藤と二所ケ関は神主小針氏に稽古相撲を申し込み、翌二十四日神主は町内にその旨を承知してもらった上で、二十五日新材木町を持場とする寺社奉行永井肥前守尚服に稽古相撲の願いを差し出し聞き済まされた。さらに月番寺社奉行の土屋釆女正寅直に届け出をおこなった(ちなみに寺社奉行は譜代大名が四～五人で、江戸市中を四～五か所に分けて持場制とし、寺社行政は今月が誰々と月番で担当して、その大名屋敷が寺社奉行所になった)。例年であれば申請後十日ぐらいで稽古相撲は開始される。ところが慶応二年は、将軍家茂と孝明天皇が前年に死去したことによる普請鳴物停止により、二月二十九日になってやっと「渡世に致し候分は鳴物御免」になったもので、今回の稽古相撲は三月六日を初日として開催が許可された。興行は順調で、三月十二日に中日、二十四日には相撲囲いを取り払って稽古相撲の終了を、小針氏は持場と月番の寺社奉行永井・土屋の両奉行に届け出た（『椙森神社所蔵文書』）。

この稽古相撲の中日を過ぎた三月十五日に、前述のように年寄追手風と玉垣が、三月中の春季勧進大相撲興行の開催が難しくなったので、夏季興行に順延したいと寺社奉行土屋寅直に願い出、これが認められたことを思い出していただきたい。つまりは、江戸相撲年寄は稽古相撲の名目で杉森稲荷神社において小規模な晴天十日興行を打ち、しかるのちに本所回向院で勧進大相撲を開催したのであった。相撲年寄の顔ぶれが異なる別個の申請を、寺社奉行土屋寅直は承知の上で認めていたことになる。

相撲年寄たちの意図は、江戸市中での稽古相撲（晴天十日）を規模の大きい勧進大相撲と日程的に組み合わせ、各地から集められた相撲取による合同興行の収益を効果的にあげようとしたものと推測される。なぜなら慶応二年十二月十九日に春季勧進大相撲が許可された四日後の二十三日に、稽古相撲の申し込みをおこなっており、まず稽古相撲開催で前宣伝をし、次に勧進大相撲を開催するつもりを、相撲年寄たちは、はなからもっていたのであろう。しかるに予期せぬ鳴物停止が起こったため、予定が大きく乱れることになったということである。

近郊の稽古相撲

江戸市中での稽古相撲のほかに、江戸を少し離れた近郊においても、稽古相撲という名目の小興行がおこなわれ、勧進大相撲開催の前後を埋めて稼ぎをあげていたという事例を紹介しておこう。武州足立郡下戸田村（埼玉県戸田市）は両国から隅田川（荒川）を経て舟で上り下りしやすい近郊であった。荒川渡船場に住居する嵐山源吉は、百姓身分ではあるが、名前から推測できるように江戸相撲年寄松《まつ》ケ根《がね》幸太夫の弟子（門弟）であった。年寄松ケ根はこのあたりの地域に強い影響力をもっていた。嵐山は文政九年（一八二六）正月、代官の平岩右膳役所に宛てて次の内容の願書を提出した。

この春（一月二十五日より晴天十日）に本所回向院境内において大相撲興行がおこなわれるが、その前後に相撲仲間は申合い稽古をおこなう。しかし江戸表は風烈の時節であるから稽古を見合わせ、下戸田村の嵐山の住宅続きの空き地（一反二畝歩ほど）を場所にして二月中晴天三日の間稽古をおこないたい旨を、年寄松ケ根幸太夫が願っている。ついてはこの旨を代官として聞き済まし、その上で志村（東京都板橋区）の御鳥見《とりみ》朝倉左門に宛てた添翰を下されるよう願う、というものであった（『戸田市史資料編二』）。「江戸表は風烈の時節」というのは単なる口実でしかないと思われる。江戸での勧進大相撲興行が終わり次第移動して下戸田村で稽古相撲を開催したいという願書である。その際、幕府の鷹場であった下戸田村では、鳥を驚かすことにつながる花火や普請などのほか相撲興行開催にも、鷹場役人である鳥見役に願い出る必要があった。

いずれにしても、勧進大相撲興行が江戸で開催される前後に、交通の便のよい近郊において、晴天三日の稽古相撲という名目の興行が催されていたことが確認できる。なお稽古相撲の主催者は相撲年寄であることが前提で、神社の奉納相撲を地元の誰かが勧進元になり、年寄が協力するのとは異なる点が特徴である。

地方都市への巡業

四季勧進大相撲を江戸で年に二回開催して、試算であるが二〇〇〇両×二回で四〇〇〇両の収入があったとしても、およそ五〇〇人の大所帯で、これをどのように分配したのかは不詳であるが、これだけでは相撲集団の渡世は成り立たない。江戸市中や近郊での稽古相撲を組み合わせて興行収入を得るが、そのほかの時期には京都・大坂の勧進大相撲の日程を考慮しながら、各地に巡業して収入をあげなければならなかった。各地には地方門弟である目代・世話人・門弟がいて、江戸の相撲年寄との間で相撲興行の仲介をおこなう。地方の相撲興行は、地方の門弟が勧進元になることもあったが、地元の町人などが興行を主催することもあった。いくつか地方都市での相撲興行の事例を紹介しながら検討してみよう。

会津藩城下町の会津若松(福島県)における相撲興行は、安永四年(一七七五)九月には若松の地元の相撲取だけで木戸銭を徴収した興行があった。会津藩金山役所の管轄のもとで同心が管理をおこない実施された官許の相撲興行であった。藩は木戸銭収入が五〇貫文以上の場合八％を、それ未満は一〇％の運上金を上納させた。その後、会津若松に江戸相撲の者たちが初めて参入したのは天明七年（一七八七）からのことと考えられる。その年十月四日から八日まで五日間連続の興行で連日大入りとなり、五日目はその日だけで四〇〇貫文（金にして一〇〇両）の木戸銭収入があった。大人札一三〇文とあることから三〇〇〇人余りの有料入場者があったことになる。この時の興行には江戸から、六尺九寸（約二〇九センチ）の背丈で「仁王の如き」九紋龍《くもんりゅう》や「比類なき角力の達者」と記された小野川や鷲ケ浜など看板の相撲取がおおいに人気を博した様子である。十月九日には、会津中将松平容頌《かたのぶ》の上覧相撲が催され、延寿寺前に土俵を築き四本柱を立て紋付の幕を張って、会津中将は三の丸物見の場所より観戦した。

二年後の天明九年（一七八九）七月には、相撲年寄伊勢海のもとで谷風梶之助・関ノ戸八郎治ら一行が会津を訪れ興行をおこなった。今回は谷風の人気に負った興行で、谷風以外は二年前に比べて相撲が劣ると評され、木戸銭の収入も少なかったと記されている（「旧若松大角力芝居其他興行見聞留書」）。いずれにしても、天明年間には北は会津若松まで地方興行の対象になっていたことが知られる。会津若松には弘化四年（一八四七）に雷ノ音廣右衛門を目代に任じる免許状を発給し、ほかの門弟たちの取締りを委ねたことは前述した。おそらく天明年間以降、会津若松の相撲興行には、江戸の相撲年寄との間をつなぐ門弟・世話人が存在してきたものと推測される。

甲府の相撲興行

同じく地方都市の甲府（山梨県）は、徳川綱重のあと宝永《ほうえい》元年（一七〇四）に子の綱豊が五代将軍綱吉の嗣子となり三五万石が収公されるまで甲府徳川家の城下町であり、引き続き柳沢吉保が武蔵国川越から甲府に入封してから、一五万石余の城下町となった。吉保の子吉里が襲封し享保九年（一七二四）三月に大和郡山に転封すると、以後は幕領となり甲府勤番支配となった。

甲府における相撲興行については、金子誠司と斎藤みのりの研究が参考になる。享保四年（一七一九）甲府で相撲興行が開催された際、藩主柳沢吉里が相撲見物をした記録が残されている。宝暦《ほうれき》三年（一七五三）には甲府勤番士が屋敷にて前日まで甲府で勧進相撲に出場した江戸相撲取と町在の相撲取を召し寄せ一一九番の取り組みを見物している。江戸からの相撲取が巡業で興行していることや、甲府の町在に多くの相撲取が存在していたことが確認できる。

現存する番付からは、文化六年（一八〇九）三月甲府信立寺境内で晴天八日勧進相撲興行が開催され、東大関柏戸宗五郎、西大関鬼面山《きめんざん》与市右衛門以下の江戸相撲取と行司が参加した。この一行の責任者の江戸年寄は木村庄之助であり、勧進元は木村太一左衛門・差添魚一忠三郎の名前と、「甲州角力セハ人名取川《なとりがわ》弥惣治」と「世話役和田平町若者中」が記載されている。甲州の相撲世話人名取川が江戸相撲年寄との間を取り結ぶ役割で、勧進元は甲府の町人とみられる。名取川は文政十年（一八二七）九月の相撲番付に「甲州目代」の肩書で記されており、世話人から一段上位の目代に任じられている。

名取川はかつて江戸年寄音羽山の弟子で三段目まで相撲をとった者で、引退後は江戸年寄と結ぶ地元の門弟（世話人・目代）となったが、同時に自ら親方として相撲取を多数抱えていたと考えられる。文政五年十月付けで甲州名取川弥惣治から勧進元友蔵殿に宛てて、「私手の角力若浦始めほか十六人召しつれ候」と、場所は不詳だが友蔵が勧進元となる相撲興行に一六人の相撲取を晴天五日間取り組ませることを確約している。頭取の肩書をつけてはいないが、地元の相撲取を抱える親方の立場にあったのであろう。

その後、弘化二年（一八四五）六月一蓮寺境内で晴天十日の江戸相撲興行が江戸年寄浦風林右衛門・追手風喜太郎・玉垣額之助・富士島甚助、東西両大関武隈文右衛門・御用木雲右衛門以下の相撲取と地元相撲取によって開催された時、「世ハ人名取川利右衛門」「勧進元亀屋与兵衛」と記載されている。名取川は代替わりして利右衛門が世話人として江戸年寄との仲介を果たし、勧進元には歌舞伎・軍書講談・音曲・見世物などの興行主（芝居請元）である亀屋与兵衛があたったが、江戸年寄との金銭の契約は甲府柳町の佐渡屋幸一郎と結んでいる。江戸の年寄浦風と追手風は甲府での勧進相撲興行が始まる前に、二一〇両の契約で相撲取を出場させる契約を結んでいる。年寄は手金として七〇両を受け取り、残金一四〇両は相撲の三日目に受け取ることとした。また甲府柳町の山形屋武兵衛と穴山町の津か屋弥兵衛が、相撲興行中の茶屋の営業をおこなう権利を、金七両で佐渡屋幸一郎と契約している。金主（佐渡屋）、勧進元（亀屋）、世話人（名取川）、茶屋（山形屋等）が甲府における江戸勧進相撲興行に協働していたことがうかがえる(『山梨県史　資料編一三』)。江戸時代後期の甲府の町における歌舞伎や見世物など多様な興行文化の一翼を、勧進相撲興行は担っていたものであろう。

飛驒高山の相撲興行

次に飛驒高山に目を移そう。飛驒国は元禄五年(一六九二)に金森氏が出羽上山に転封され飛驒一国幕領になってから、高山に陣屋がおかれ代官(郡代)支配となった。高山の町は、城下町ではなくなったが商品流通の中心地として、商人たちが富を蓄積した。その資産は今日にも伝えられる住居や祭礼の山車の見事さに反映し、建物や彫刻を施す職人を多数抱え、大工・木挽きたちは火消役も担い、天保年間には民間の火消組織が一〇組に編成されている。これらの町に居住の人々の娯楽要求を背景に、相撲興行も地元の集団によって開催されていたが、代官の認める「正式」な相撲が始まるのは嘉永六年(一八五三)以降のことと考えられる。同年五月、飛驒高山町の花車《はなぐるま》小右衛

白真弓肥太右衛門(富眺庵豊国画、嘉永６年10月)

門に宛てて、江戸相撲年寄四代目浦風林右衛門から「世話人免状」が発給された。花車は「相撲執心」であるのでこのたび「我等世話人」として立てておく、しかる上は公儀法度はもちろん相撲作法を守り、師匠のいない相撲取(破門された者)の世話をしてはならないことを命じた上で、以下に定めとして三か条が命じられた。一条は、花車小右衛門を目代世話人として決めた以上、門弟はその差配を受けること。二条は、四本柱土俵の許しをもたない村方による相撲を取り締まること。三条は免許なく化粧廻しや緞子《どんす》などの締め込みでの相撲を禁止すること、という内容であった。江戸年寄の地方門弟として組織化されたことは明白である。花車は高山で自ら相撲を取り、高山の頭取となって江戸相撲年寄から免状を受けたのだが、このほかに高山で頭取を名乗った者は、安政四年(一八五七)に江名《えな》川《がわ》源右衛門・老《おい》の里《さと》小兵衛など九名おり、目代花車の配下には数多くの門弟たちが存在するほどに、高山の地元の相撲は一定の規模をもっていたのであろう。

安政四年六月高山町桜馬場で晴天五日の相撲興行がおこなわれたが、これは江戸相撲による地方興行であった。勧進元は白真弓《しらまゆみ》肥太右衛門、差添は高山の相撲頭取江名川源右衛門であった。江戸年寄は追手風喜太郎・玉垣額之助・浦風林右衛門の三名が名を連ね、世話人として高山の相撲頭取(花車小右衛門ら九名)も名を連ねる。相撲取は東方大関雲龍《うんりゅう》久吉、西方大関境川《さかいがわ》浪右衛門以下関脇・小結・前頭と続く。西方前頭筆頭はのちに横綱を受ける不知火《しらぬい》光右衛門の名もあり、東方前頭二枚目には白真弓肥太右衛門の名が番付に載せられている。つまり勧進元の白真弓は現役の江戸の相撲取であった。飛騨国大野郡白川村の出身である白真弓は、高山郡代小野朝右衛門に見出されて江戸相撲の年寄浦風林右衛門に弟子入りしたものであった。高山での興行は御当所相撲であり、勧進元になったのであろう。番付には江戸相撲取の名前が終わると、三段目以下に飛騨高山の相撲取大碇《おおいかり》文吉以下三五名が記される。大碇は高山の相撲集団では大関を張っていた（高山市郷土館所蔵史料）。ちなみに白真弓肥太右衛門は慶応二年（一八六六）に年寄七代目浦風林右衛門を名乗り、現役で相撲を取る二枚鑑札となったが明治元年（一八六八）十一月場所中に現役で死んだ（三六歳）。高山市の国分寺の墓碑銘によれば、白真弓は横浜においてアメリカ人の前で、米俵四俵を背中に背負い、胸に二俵、両手に二俵ずつ下げて、都合一〇俵をもち運んで、アメリカ人を驚かせたとある。

以上、会津若松・甲府・高山の三地方都市における江戸相撲の興行と地元との関係について紹介した。三都市は共通して商品流通の結節点で、町には富を形成した商人とその下で労働を担う多数の居住者が存在し、相撲を享受して地元に相撲集団を形成するに至った。そこに、江戸相撲集団が進出し、地元の頭取などを目代・世話人・門弟に任じ、規約を守らせ組織化をして、時に江戸から相撲取を引き連れて巡業し、勧進相撲興行をおこない収益をあげたことが、明らかになった。

そのほかの巡業

一定の人口規模をもち商品流通の拠点ともなった地方都市での江戸相撲による巡業興行は、数名の年寄が時の看板相撲取以下多数を引き連れる規模の大きなもので、弘化二年（一八四五）の甲府では金二一〇両の契約金を年寄は得ていた。これに対し、前述した明和《めいわ》六年（一七六九）の武蔵国比企郡野本村（埼玉県東松山市）八幡宮の祭礼相撲（一日間）では、羽黒山善太夫・佐渡嶽澤右衛門・戸田川金治の三人を派遣した入間川五右衛門と伊勢海五太夫の両年寄は礼金四両三分の契約金を得ている。年寄たちは、このように村落が主催する祭礼相撲などにも、少人数の弟子たちを派遣する巡業を各地においてこまめにおこなっていた。

江戸からそう離れていない武蔵国多摩地方の地方巡業について土屋喜敬の研究がある。多摩郡柴崎村（東京都立川市）の年番名主鈴木平九郎の日記（天保八年〜安政五年）を通して、地域で開催された神社祭礼相撲や江戸相撲取が巡業した相撲興行などについて検討している。近辺の地方都市である八王子での興行は数回あり、前述した「八王子相撲出入り一件」は、宝暦八年（一七五八）に江戸年寄玉垣が、おもだった相撲取を引き連れての晴天五日興行であったように、会津若松・甲府・高山と共通する規模であった。これに対し小規模の、柴崎村その他の村で開催される祭礼相撲興行は、村の名主たちが主体になり、年寄振分《ふりわけ》忠蔵の世話で少数の江戸相撲取が派遣され、地元の若者たち（草相撲）も加わる形のものであった。年寄振分からすれば多摩地域は、五代目と六代目の振分が多摩地域出身の御当所であり、多年にわたり自分が世話をする縄張りのような巡業対象地と認識されていたのであろう。

村落の神社祭礼相撲の事例とは別に、人々の行き交う街道の宿場での相撲興行の開催の事例もみられる。東海道神奈川宿で文政三年（一八二〇）九月に能満寺（古義真言宗）の修復を名目に、願主である百姓源吾（飯盛旅籠屋）が、かつての自分の師匠江戸年寄久米川《くめがわ》（粂川）新右衛門に頼み、久米川一門による晴天五日の相撲興行がおこなわれた。源吾は年寄久米川との縁故をもつことから願主となったが、実の主催者は飯盛旅籠屋仲間で、興行収入と宿場への集客に狙いがあった（井上攻「神奈川宿の開帳と相撲興行」）。

また中山道蕨宿（埼玉県蕨市）にほど近い美女木《びじょぎ》村（戸田市）において、寛政六年（一七九四）二月同村出身の相撲取曙《あけぼの》安右衛門の緞子開き勧進相撲が開催され、蕨宿年寄で旅籠屋経営の岡田善休は息子や近所の者ともども見物に訪れている。曙はその後年寄二代目松ケ根《まつがね》幸太夫を襲名し、周辺一帯での稽古相撲などの興行を展開する。年寄振分の武蔵国多摩地域と同様に、武蔵国戸田村周辺を地盤とし、興行のほかに有望な新弟子を集める地域ともした（齋藤みのり「近世後期蕨宿における芸能文化と相撲社会」）。

江戸相撲年寄は自身の出身地域などと関係を深めたほかに、多くの地域とのつながりをもって巡業をおこなっていた。おそらく五代目の年寄龍田川《たつたがわ》清五郎が書き残したと思われる「諸国懇意御名前控帳」には、巡業地で相撲興行を開催するための関係者や、江戸の勧進相撲興行の関係者、京都・大坂やさらには地方巡業への旅程で世話になる街道筋の関係者などの地名・人名が記されている。龍田川清五郎は下総国印旛郡萩原村出身で年寄浦風林右衛門の弟子になり天保四年（一八三三）に現役を退いたのち五代目年寄龍田川を襲名した。御当所である佐倉藩城下町佐倉の田町一三人の商人を初め横町・肴町・弥勒町・本町・新町の商人や若者衆中たちと近隣の成田山新勝寺や成田町、角来村、臼井宿・大和田宿などの一三〇人余りの商人に加え、佐倉御家中一〇人の名前が書きあげられる。その中に地元の顔役で十手もちの目明しが二人と、年寄龍田川の弟子である瀧の川の親の名前も記される。同郷から弟子を見出しているのであろう。下総国では飯岡の三浦屋助五郎(飯岡助五郎)と子分の名前や銚子の町人の名前も記される。

江戸では町奉行の配下である八丁堀の与力二〇人と同心四一人の姓名が記される。江戸での年二回の四季勧進大相撲と稽古相撲を開催するにあたり、町奉行配下の与力・同心(「八丁堀の旦那たち」)との関係は大切に考えられていたのであろう。また巡業先になる幕領の陣屋所在地と陣屋元締・手代の姓名も記される。たとえば「甲州市川山口鉄五郎様御陣屋、元締沢次郎左衛門様」のほか一〇の陣屋と元締の姓名が記される。また龍田川の師匠である年寄浦風の影響力の強い信州の各地での人名が多く記されているが、その中には「浦風世話人」の肩書をつける者が五人と「浦風弟子」が二人いる。一例をあげると信州善光寺東町「浦風世話人　海老屋庄吉　倅行司鉄五郎」のごとくである。年寄浦風の地盤となってきた信州地域に龍田川が巡業に出向くのは自然であり、あるいは浦風一門として合同で巡業したことも考えられる。なお世話人については、浦風の世話人以外にも「下総結城　柏戸世話人錦戸源吾」「簑口村　酒井川世話人名主水ケ﨑甚兵衛」の記載がある。年寄柏戸や境川の地盤に巡業で向かうこともあるのであろう。年寄同士お互いに認めあうもので、縄張りにこだわるものではなかったのであろうか。ところで龍田川清五郎は、「嘉永二年廃業して常州水戸に移り、寺子屋で書道を教え、その地で亡くなったと云う」(飯田昭一『江戸時代相撲名鑑』)と記される。「諸国懇意御名前控帳」は見事な御家流の墨書で書かれており、龍田川の後歴はうなずけるものがある。

雷電の巡業

出雲国松江藩松平家の抱え相撲取の雷電為右衛門が、松江を出立して江戸での勧進大相撲に参加するまで、各地を巡業しながら江戸に至る様子は、「雷電為右衛門旅日記」(寛政元年〜文化十二年)からうかがえる。記載される二六年間には、北は弘前・青森など東北や、南は長崎・島原など全国各地への巡業がみられるが、それでも出身地の信州と妻の実家のある上総・下総は頻繁であった。そのうち寛政十二年(一八〇〇)の一年間だけを取り上げ紹介しよう。寛政十二年の雷電は、同七年に現役で死去した谷風梶之助のあと大関を張り、すでに江戸相撲の大看板となっていた。同じく松江藩大名抱えの桟《かけはし》(前頭上位)、振分《ふりわけ》(二段目)、八雲山《やくもやま》(三段目)、白鹿山《しらかやま》(二段目)、広瀬川(二段目)のほか若者を従えた一行は、四月三日に松江を出て、伯耆国米子で五日興行をおこなった。雷電一行に近辺の若者二〇人ばかりが加わり稽古相撲をしたところ銭二〇貫文の赤字となった。因幡国城下町鳥取(勝山)では五日興行で三〇貫文の黒字、そこから川船で備前国岡山に着き、播磨国加古川を経由して大坂にて五月六日まで逗留、そこから近江国大津宿で七日間の興行をしたが雨天と田植の季節で不況であった。その後、近江八幡で七日間の興行をおこなったが、京都の相撲取二〇人ばかりと近在の者が加わり、おおいに繁昌し、五四〜五五両の黒字となった。さらに長浜で五日間の興行をおこなったが、雨天にも見舞われ、三〇両ばかりの取り分にとどまった。後述するように近江国の相撲は京都相撲の配下にあったが、雷電一行と合同で相撲興行をおこなっている。

越前国敦賀に六月三日初日で五日間興行をおこなったが繁昌しなかった。福井城下町に移り十日間の興行を開催し、合計一一二両を相撲方が取得した。その後、加賀国串町(小松市)で十日間の興行を茶屋にて小屋掛けしておこない六〇両の上がりがあった。さらに越中国富山城下で晴天十日興行では

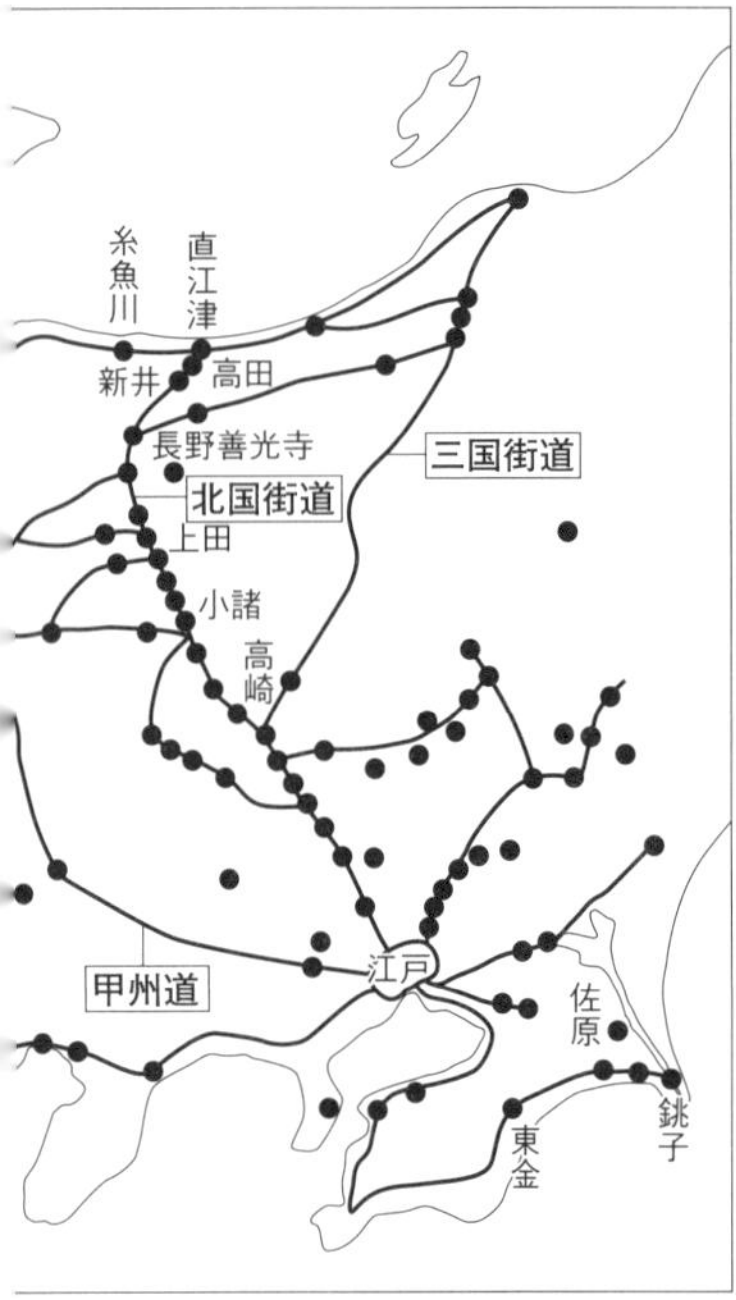

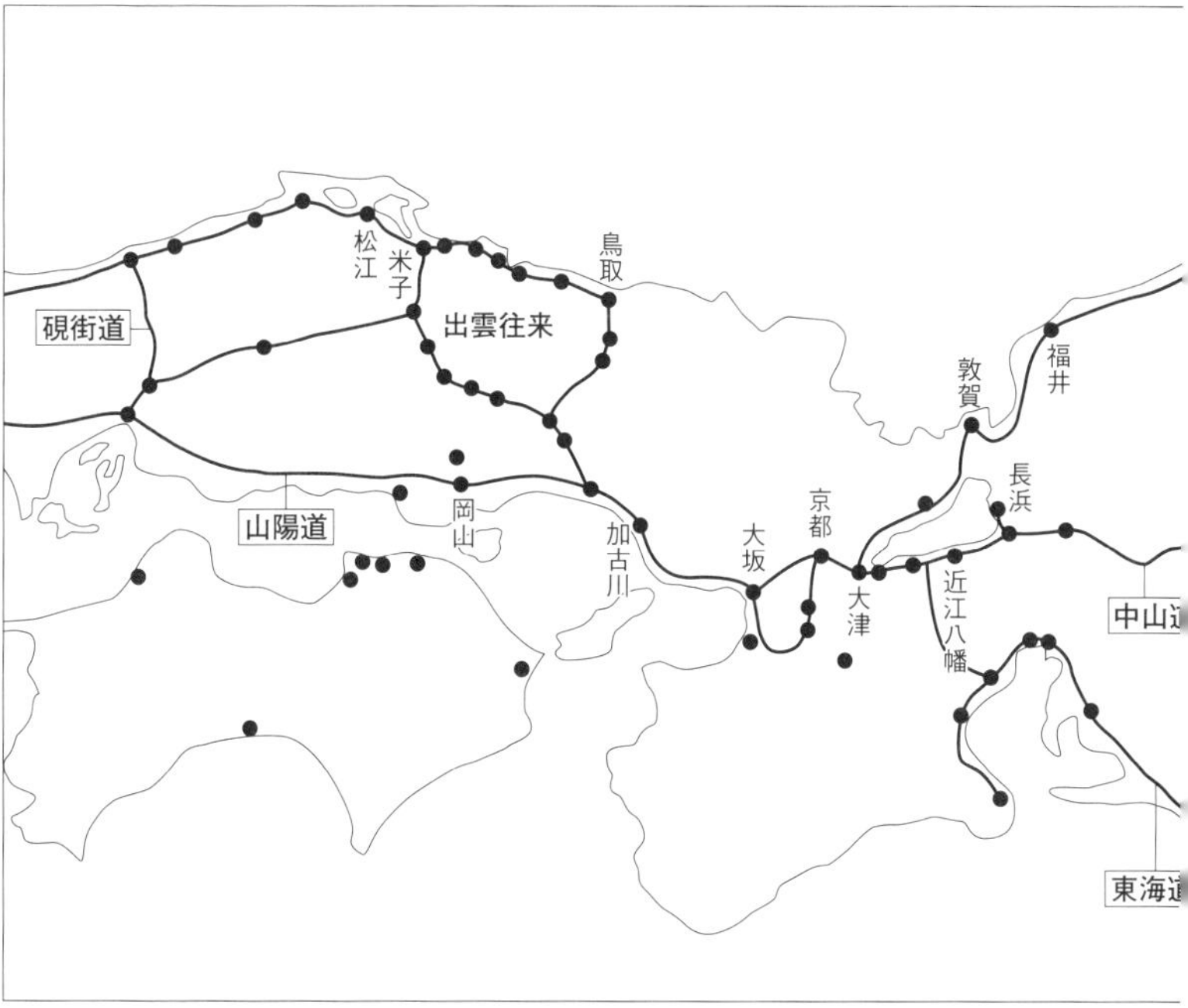

松江から江戸の行路

一三〇両程を取得した。ここでは一行に鳴滝《なるたき》(松江藩抱え、小結)が加わり、江戸年寄浦風の弟子三七人が加わって、芝居小屋を場所に相撲興行をおこなった。

次に越後国糸魚川に移動する。七月十五日に初日の五日興行をおこない、金三四両ばかりが手元に残った。その興行に参加していた南部相撲の錣石為八《しころいし》が十四日に死去したため、糸魚川の町内の者が残らず集まり、現地の寺まで葬礼の供をしてくれた。雷電は町内の人々に少々酒を飲ませた。死んだ錣石のために石塔を建てることにし、高さ五尺余りで三尺四方の石を寺の脇に立てておき、相撲人や町内中が寄り合って供養した。錣石の死因は不詳だが、巡業中に相撲取が死亡することはあり得ないことではない。糸魚川の町内の人々の情けの深さが伝わる。越後国頸城郡梶村(吉川町)で五日、番町(三和村)で三日の興行をしたが、雨天のため一二両しか残らなかった。高田(上越市)・新井の間での三日間の興行も雨天で経費を除くと一〇両が残るのみであった。

信濃国に入り善光寺で五日間の興行をしたところ、繁昌し三五両ばかりが残った。埴科郡坂城宿で福蔵という者の世話で二日間の興行をおこなったが、天気が良く盛況で福蔵と五分五分にして一五両ばかりを取得した。そこから雷電の出身地である大石村に向かい四日間逗留し借用していた七八両ばかりの返済を済ませた。これは二年前に死んだ父親の法要や家を建てた際の入用などの立て替え金の清算であった。

上野国に入り板鼻宿で三日興行、新町(高崎市)でも三日興行したが雨にたたられ、利根川上流の新町から川船にて一気に下総国銚子に移動した。銚子では七日間の興行予定であったが三日目が終わったところで、上野国高崎藩松平家当主の死去により、高崎領の銚子にも鳴物停止が及び、相撲興行は三日で終了となった。三日分の興行収入一二両のうち、千田川(松江藩抱え、関脇)と平石(丸亀藩抱え、関脇)の両人が江戸から参加したので五両を渡し、残りを雷電・桟・鳴滝など一行が受け取った。その後、佐原にて五日間の相撲興行が盛況で、最初に乗金一〇両の上に木戸銭のうち五割の七〇両を受け、都合八〇両ほどとなった。さらに東金宿で五日間の興行も繁昌し、相撲人方が六八両を得た。その後もう一か所、鳴滝と平石を返して残りの相撲取で三日間興行をし、十月二十日に江戸に戻った。十月二十五日から江戸蔵前八幡宮社内での勧進大相撲晴天十日興行に出場した。

松江を出立してから江戸に到着するまでの期間は、四月三日から十月二十日まで半年余りの旅で、その距離はおおむね一二〇〇キロを超えよう。そのうち舟を用いた二〇〇キロを除くおよそ一〇〇〇キロは、馬や駕籠を用いた少数の相撲取以外の若手たちは、荷車を押し、歩行で夏場の炎天も雨中も踏破したのであろう。逗留した各地での興行は一か所に赤字が出たが、全体で見れば六五五両程度の黒字となっている。晴天興行であることから天候にはおおいに左右されている。興行の多くは地元に興行主体がいて、木戸銭収入を折半するような形が見られる。

雷電一行は、予定の興行場所に着実に間に合わなくてはならなかったが、事前に書簡を交わして確実に巡業を進めていた。文化九年(一八一二)九月八日付けの雷電為右衛門から信州小諸の柳田藤助・

清之助宛ての書状（長野県小諸市柳田家所蔵）によれば、雷電から事前に柳田氏に地元（小諸）での興行の世話を願っており、およその時期を設定した上で細かい日程を雷電側から改めて伝える内容になっている。すなわち、善光寺での興行を済まし次第小諸に向かう、との当初の予定であったが、上田より興行の依頼があったので、順路の上田で晴天四日興行をおこない、済み次第さっそく小諸に参上する心積りでいる、小諸では晴天三日興行をおこなうので、委細打ち合わせは伊之吉という人物を先乗りで遣わすと記されている。綿密なマネージメント能力がなくては、各地での興行を成功させることはできなかったであろう。

3　諸国の相撲集団

出雲の相撲

文化八年（一八一一）閏二月の江戸勧進大相撲を最後に、雷電為右衛門（四四歳）は現役を引退した。以後、江戸の相撲年寄にはならず、出雲の相撲頭取になる。雷電の師匠であった年寄浦風林右衛門の名跡は、浦風が文化三年（一八〇六）七月に銚子への巡業中に死去したのち、現役の相撲取（三段目）稲《いな》出川《でがわ》市右衛門が浦風の名跡を継ぎ、翌年から年寄に専念し弘化二年（一八四五）まで勧進元・差添を多く務め活躍する。文武の備わった雷電ほどでも年寄名跡を継ぐことができなかったのである。松江藩の相撲頭取になった雷電は、藩から年に七両の給金を受け、藩の抱える相撲取たちを束ね、江戸年寄や大坂・京都頭取から勧進大相撲への出場要請を受けると、これを藩の側役に届けて許可を得るような役割を果たした。また、抱え相撲取の玉垣額之助(千田川改め)が文化九年(一八一二)に引退し江戸年寄五代目玉垣となるにあたり、玉垣は頭取雷電に宛てて、御暇願いの願書を提出し、雷電から藩の側役にこのことを願い上げている。

出雲の相撲集団は、頭取を頂点に三都で活躍する抱え相撲取たちと、その下に地元の相撲取たちによって構成され、城下町などで相撲興行を催し、前述した文化四年(一八〇七)の松江での相撲興行のように、大坂相撲頭取(朝日山・藤嶋)との共催でも相撲興行をおこなった。また出雲国と周辺の地域出身で頭角を現した相撲取は、まず大坂頭取の門弟となり、活躍ののちに江戸相撲年寄の弟子になる道筋もあった。一例として江戸時代最後の横綱であった陣幕久五郎を見ることにしよう。出雲国意宇郡東出雲町で文政十二年(一八二九)に生まれた陣幕久五郎は、松江藩水主《かこ》として抱えられていた頭取滝登《たきのぼり》弥市に入門し、弘化五年(一八四八)に大坂相撲頭取朝日山四郎右衛門の門人となり二年後、江戸の藤の越(のちに年寄秀ノ山)の弟子になる。安政三年(一八五六)に徳島藩蜂須賀家の抱えとなり、文久三年(一八六三)には松江藩松平家の抱えになる。さらに元治元年(一八六四)薩摩藩島津家の抱えにかわり、慶応三年(一八六七)一月に五条家から横綱免許、同年十一月に吉田追風家から横綱免許を受けたことは前述した。同年で江戸相撲を引退し、薩摩藩の討幕運動に参加したのち、明治二年(一八六九)大坂相撲頭取になって以降、大坂相撲集団の中で尽力する。

出雲の相撲集団は、大坂相撲とつながりをもちその影響下にあったといえるが、かといって江戸の相撲との関係をまったく断つということはなく、抱え相撲取の活躍の場が江戸を中心にしており、つながりをもっていた。

紀州の相撲

大坂相撲の影響下にあったのは、紀州の相撲も同様であった。紀伊国徳川家は、行司尺子《しゃくし》一学を元禄期に抱えていたように(「相撲今昔物語」)、早くから屋敷内での相撲を楽しんでいたと考えられる。元禄三年(一六九〇)四月には和歌山城西の丸において、幼少期の徳川吉宗が相撲見物を愉しんでいる。城下町で許可されていた勧進相撲を西の丸に呼んだものであった(『紀州藩主　徳川吉宗』)。

以下に天保四〜五年(一八三三〜三四)段階の紀州の相撲集団について吉原組大庄屋宮本家旧蔵の史料「御相撲留帳」から検討しよう。紀州藩では「御相撲方御役所」を設けて、藩が相撲取たちをしっかり管轄していた。和歌山の町方と在方に加え、領地である伊勢国松阪にも、それぞれに相撲頭取を任命し、頭取の下には世話人をおき、頭取や世話人は相撲取を抱えていた。相撲取は相撲方役所の帳簿に名前が記載され(「御帳付け」)登録された。町・在あわせて相撲頭取は六人(長之助・善吉・金蔵・吉五郎・八五郎・鉄之助)いたが、そのうち吉五郎とは和歌山出身で、大坂相撲頭取若狭山庄兵衛の弟子になって江戸や京都の番付にも名を載せた高瀬川《たかせがわ》吉五郎であり、町方の頭取となった。また善吉は鷲《わし》ケ濱《がはま》善吉で四股名をもつ在方の頭取であった。頭取の下の相撲世話人は五人おり山室山《やまむろやま》忠兵衛・寿《ことぶき》万四郎・沖之石《おきのいし》若松・勇獅子《いさみじし》甚左衛門・荒渡《あらわたり》万蔵で四股名をもっていた。ちなみに寿は鷲ケ濱の、沖之石は高瀬川の弟子であった。在方の頭取の下に、あわせて二六人の四股名をもつ相撲取と行司木村仙之助・吉岡一学・玉井平四郎・尺子清右衛門が属した。町方の頭取の下には三〇人の四股名をもつ相撲取と、行司吉岡市之助・尺子吉松・吉岡白松、名前ふれ(呼び出し)と勝負帳付けが四人、属していた。

藩の相撲方役所による管轄は揺るぎがなく、相撲取が大坂に呼ばれた時、たとえば瀧ノ尾《たきのお》忠蔵が大坂へ行く時、頭取・大庄屋を介して許可を求め、帰郷後に同様の届を出す。相撲取が四股名を改めた時にも、たとえば町方の大海《おおうみ》亀之助が放獅子《はなれじし》国松に改名した時に改名届を相撲方役所に出す。頭取たちは稽古相撲を催し、興行収入を得ていたが、稽古相撲の許可は相撲方役所に求めた。また神社での祭礼相撲についても頭取たちは役所に許可を求めた。天保四年(一八三三)九月、役所に許可を得ずに世話人の寿万四郎たちが名草郡坂井村において相撲興行を打ったことが発覚し、糺《ただ》しの上で押込めに罰せられたように、役所の管理は厳しかった。

紀伊国徳川家による相撲方役所を通した相撲集団に対する管理・掌握は、相撲集団が藩にとって欠くことのできない存在として位置づけられていたことの表れである。紀伊国徳川家にとって、春(四月)秋(九月)二度の「和歌御祭礼神事」は重要であった。和歌山東照社(宮)は、初代藩主徳川頼宣が城下

紀州安藤家相撲の図(部分、外山副躬記、円沙利壽画)
文政4年(1821)に和歌山藩付家老安藤家でおこなわれた相撲の図。

町和歌山ではなく風光明媚な和歌浦に元和《げんな》七年(一六二一)に完成させた。藩主自ら和歌浦まで参詣に訪れ、歴代の藩主が春秋二度の祭礼には和歌浦の上覧所において、相撲を初めとするさまざまな芸を見る慣行となっていた。藩主以下の武士のみならず、庶民に至るまで東照宮の祭礼はおおいなる楽しみとなっており、藩による統治に欠くことのできないものとなっていた(『諸国東照宮の史的研究』)。相撲取たちは、この神事に上覧相撲を務めるがゆえに、上覧相撲のあとは稽古相撲という名の興行を、上方から相撲取を招き、祭礼後に晴天七日許可されてきたとの認識をもっていた。

ところで徳川家康の十男徳川頼宣が紀州に入封の際、家康によって頼宣につけられた付家老《つけがろう》安藤家は、三万八〇〇〇石の領地をもつ大名並みで、紀州田辺に城をもった。田辺藩主でありながら安藤家当主は和歌山城下に屋敷を構え、家老として和歌山藩主を代々補佐した。図は田辺出身の千田川吉蔵一行が安藤家屋敷内で御前相撲をおこなった時の様子を描いたものである。武家の屋敷内での御前相撲の様子が具体的にわかる。千田川は一六歳で大坂相撲頭取の朝日山森右衛門に弟子入りして頭角を現し、江戸に出て年寄玉垣額之助の門に入り、文化十二年(一八一五)に二五歳で大関にのぼった。安藤家は千田川を召し抱えた。文政四年(一八二一)夏に和歌山城下宇治の川辺において晴天七日興行を終えた千田川のほか玉垣額之助や荒馬大五郎ら総勢三〇名の相撲取と行司の木村庄太郎・吉岡一学・朝日長兵衛、頭取の朝日山森右衛門・富士川儀右衛門・楠ノ瀧鉄之助の名前が記される。ここからも紀州の相撲が大坂相撲頭取の影響下にあったことが確認できよう。

伊丹の相撲

出雲と紀州の相撲集団が大坂相撲の配下にあったと述べてきたが、より大坂に近い摂津国伊丹（大阪府）の相撲は同様に大坂相撲の配下にあった（大国正美）。伊丹は、織田信長の配下荒木村重によって攻められた城主伊丹親興が敗れてのち、城主はなく在郷町として栄えた。京都の摂家近衛家領となり、近衛家の代官が支配したが、統治は大坂町奉行の管轄であった。全国有数の伊丹酒の酒造が盛んで、賑わいをみせたことから地域に経済力があり、住民の娯楽要求に応えて芝居や相撲の興行が芽生えた。商人に抱えられて地元や大坂での興行に出場する相撲取による、伊丹の町での自生的な相撲興行が、喧嘩発生のために天明三年（一七八三）に禁止された。その後、文化五年（一八〇八）から再び伊丹での相撲興行が許可され、幕末に至るまでしばしば大坂相撲の有力な相撲取たちが巡業し、伊丹の相撲取と合同の興行を催した。たとえば嘉永二年（一八四九）二月の晴天一日興行の場合、残された番付によれば、伊丹の頭取岩木戸《いわきど》藤蔵が興行人（勧進元）に、岩戸崎《いわとざき》忠兵衛が差添となり、その他の伊丹の頭取一八人も名を連ねる。さらに大坂頭取の藤嶋林兵衛と竹縄《たけなわ》源右衛門が名前を載せ、東西の大関大淀龍八・黒雲龍五郎以下、関脇・小結・前頭に大坂相撲が名を連ね、その後に伊丹の相撲取が載せられる。行司には木村槌右衛門と吉岡喜三郎・岩井辰之助の名前がある。

大坂町奉行は、大坂相撲頭取たち（代表押尾川《おしおがわ》巻右衛門）に「摂州在々にて興行仕り候日数、当年分都合百弐拾八日御座候」（文化六年）と、大坂三郷以外の摂津在方での相撲興行を年間で一二八日分認めていたことから、伊丹での相撲興行開催願いは、認められることになる。伊丹の相撲頭取側からみれば、大坂頭取の配下に入り、在々興行年間許可日数の中で申請すれば、興行はほぼ自動的に可能となった。大坂相撲頭取たちは、年に一回の四季勧進大相撲興行のほかは、近郊で各地の相撲集団の求めに応じて、巡業によって収入を得ることが可能となっていたのである。

以上、大坂の相撲頭取の影響下にあった出雲・紀州・摂津伊丹の相撲集団について述べてきたが、それでは京都の相撲頭取の影響はどの地域に及んでいたのであろうか。

近江の相撲

「雷電の巡業」で、雷電為右衛門たちが近江八幡の興行を京都相撲の者と合同でおこなったことを述べたように、近江国の相撲は京都相撲集団との関係が密であった。近江国にも相撲頭取が存在し、どの程度の規模の集団と組織であったかは不詳であるが、頭取が存在し責任ある地位にあったことは確かめられる。

大津の南、琵琶湖から流れ出る瀬田川を下り、右岸にたたずむ石山寺は奈良時代からの古刹で江戸時代には観音信仰で参詣者を多く集めていた。この石山寺では、文政十(一八二七)年に勧進花相撲が開催された記録が残るが、天保十一年(一八四〇)四月に京都相撲取たちが石山寺に参詣にきて事件を起こした史料が残されている。石山寺は天皇即位の機会や三三年に一度、本尊如意輪観音像の開帳が催され、開帳期間中には参詣客が夥しく訪れる。天保十一年はその年回りではないが、門前の茶屋は西国三三か所札所巡りの参詣客たちに酒食をもてなしていた。京都相撲頭取鎹形《しころがた》岩右衛門の弟子勇《いさみ》咲《さく》谷松ほか七人と頭取御幸野《みゆきの》政右衛門弟子錦川《にしきがわ》定吉の都合九人の相撲取が、石山寺参詣後に酒を過ごし、「熟酔」し粗忽にも脇差の鞘で非人を傷つけ、悪口雑言をいってそのまま行き過ぎた。このことを役方に訴えがなされたため、錦川をはじめ七人の相撲取が召し捕らえられた。

召し捕らえられなかった一人の相撲取が、急いで勢多橋本村の近江国相撲頭取白浜《しらはま》興四郎のもとに駆けつけ事情を伝えた。頭取白浜は石山寺役所に駆けつけ、これらの相撲取は「私同業仲間の弟子」にて、すべて「熟酔」のためとはいえ「業態不相応」のおこないであり不届きであると詫びた。穏便な取りはからいを懇願し、格別のお慈悲をもって錦川を初めとする相撲取を自分に任せてほしいとおさめ、請書を提出した(石山寺所蔵史料)。

召し捕らえられなかった一人の相撲取が駆け込んだのが近江相撲頭取であったところに、日頃から京都相撲と近江相撲との親近性が認められる。また詫びを入れた近江頭取が、捕えられた相撲取は自分の同業仲間の弟子であると、京都頭取との親近性を訴えている。

諸国の相撲

これまで諸国各地における相撲興行や相撲に関係する者たちを取り上げてきた。多くの地名が登場してきたが、それ以外にも岡山や熊本や長崎などでの相撲興行の開催を示す記録が存在する。江戸時代の終わるまでに、実に多くの場所で相撲が興行されてきたことを確認することができる。中でも江戸の相撲年寄と弟子の相撲取、行司・呼び出しなどの関係者が中心となり、江戸・京都・大坂三都の四季勧進大相撲と、その他の時期に年寄の合同による巡業や年寄単独の規模の小さい巡業がおこなわれた。各地で待ち受ける地方都市の相撲集団や相撲の世話人(門弟)たちの実体も明らかになった。また江戸の相撲集団には熊本藩の藩士で行司の吉田善左衛門(追風)が相撲故実を教示する立場にあり、その地位を熊本藩細川家が後ろ盾となり保証した。

江戸の相撲集団とは別に、大坂・京都の相撲集団は大坂・京都での興行の主体になったほか、周辺の地域にも影響力をもち、周辺地域での相撲興行開催権や相撲取の派遣などに関わった。大坂・京都の相撲集団は、規模や影響下にあった地域は江戸ほど大きくはなかったが、頭取たちが統率し「掟」をつくって自立した集団であった。京都の公家五条家が、江戸時代後期から大坂・京都の相撲集団の上位に立ち、関わりをもった。

江戸・大坂・京都の相撲集団は自ら規律をもち、幕府の直接的な管理を受けることなく、自立して存在していた。自立というのは紀州の相撲で述べたように、和歌山藩(大名権力)が相撲方役所を設け、藩組織に組み込み、直接管理をおこなったようなものではないということである。また出雲国松江藩も抱えの相撲取を水主として主従関係のもとにおいて管理し、それ以下の出雲の相撲集団を管理する方式をとった。地方の相撲集団は、現在知り得るところでは、紀伊国和歌山藩だけは役所が個々の相撲取を人別把握して管理していたが、これは稀有な事例である。

とはいえ幕府・藩ともに、三都や諸国の相撲集団の興行を自由勝手におこなわせたものではない。かならず幕府・藩に興行申請をおこなわせ、判断の上許可をしてきた。幕府・藩権力は和歌山藩を除き、相撲集団に対し自立を容認していたが、和歌山藩も含め興行許可権は保持し厳しく管理していた。幕府が安永二年(一七七三)に全国に発した「素人相撲の禁止」の触れがその根拠となっていた。

江戸時代中に、諸国でこれほどまでに相撲興行が開催されるようになっていたのは、上から下まで身分を超えて、相撲を楽しむ人々の支持があったからにほかならない。時の最高権力者で権威者である将軍の上覧相撲、大名の御前相撲、京都の摂家一条家での御前相撲は、将軍や公家たちの楽しみではあったが、結果として相撲集団に権威と格式を与え、興行者の地位を引き上げた。これに対して村や町に居住の数多の観客は、日常的な生活とは異なる土俵を中心とした興行場に足を踏み入れ、晴れ晴れした気分で相撲を楽しんだが、これこそが相撲集団の財政的な基盤となったことを忘れてはならない。

終章　明治から現在へ——天覧相撲のあゆみ

ここまで江戸時代に形成された相撲について、その多様な担い手や権力・権威との関係などを多角的に検討し、その特徴を把握してきた。江戸時代の中で生まれた相撲という伝統文化は、江戸時代という枠組みの中で存続してきたのだが、江戸時代の枠組みが解体されたあと、明治・大正・昭和の時代変化の中をどのように生き抜き、今日の姿に至ったのであろうか。この大きな課題に取り組むためには、本書のために費やしたのと同等の時間と労力を傾けなくてはならないが、紙数は尽きた。そこで、明治から現在に至る過程で、江戸時代に形成された相撲のあり方や特徴が、どのように継承されたり変容されたりして現在に至ったのか、相撲の求めた権威に限って述べることにする。

将軍上覧から天覧相撲へ

寛政《かんせい》三年（一七九一）から嘉永《かえい》二年（一八四九）まで、江戸時代の後期に七回にわたって挙行された将軍上覧相撲が、相撲集団にとってどれほど追い風となったものか、ここで繰り返し詳述することはしないが、あえて一つだけ述べれば、将軍に上覧してもらうという、大きな権威を与えられたことであろう。

江戸時代の将軍には絶大な権力と権威が備わっていた。全国を支配統治する幕府権力の中核にあって、戦争の続いた三代将軍徳川家光までは軍事指揮権をふるい軍事国家を武威で統治したが、十七世紀後半から日本を含む東アジアに平和と安定がもたらされると、軍事指揮権はふるわず、かわって儀礼や上下の身分・格式を重視する中で、その頂点にある将軍の権威を最大限高めることによって支配統治するようになった。たとえばドラマの水戸黄門での決め台詞「葵の御紋が目に入らぬか」のように、葵の紋は徳川家に限られた権威の象徴となった。五代徳川綱吉政権の天和《てんな》二年(一六八二)から葵の紋の使用統制を始めるが、実際に正徳《しょうとく》三年(一七一三)に許可なく葵の紋を使用した上総国の神社神主の倅が召捕られ罰せられた。

紋章にまで「お上の御威光」を人々に感じさせるような時代状況のもと、江戸城内で徳川将軍その人が直々に、土俵上の相撲取の取り組みを見物してくれたことは、相撲集団が「権威がましく」なってもおかしくないほどの満足感であったろう。将軍上覧相撲とは相撲集団に、将軍の権威の一部を分与するものであったと位置づけることができる。

明治維新後、徳川将軍とその権威は過去のものとなった。将軍にとってかわったのが明治天皇であった。明治政府は明治天皇の権威を徐々に高めていき、ついには明治二十三年(一八九〇)施行の明治憲法(「大日本帝国憲法」)によって絶対的な権力者となり、国家神道を通した神格化もあわさり「神聖天皇」として、その権威は高まった。相撲集団にとって、明治天皇の天覧相撲は、権威をもたらす上で大きな意味をもった。とはいえ、明治天皇の上覧相撲は、将軍の上覧相撲と同一の性格であったわけではない。具体的にその姿を宮内省が編纂した歴代天皇実録の一つ『明治天皇紀』に拠り検討しよう。

明治天皇の上覧相撲の最初は、慶応四年(一八六八)四月十七日、大坂の坐摩《いかすり》神社における上覧であった。天皇は三月二十一日、大坂に行幸し本願寺津村別院を行在所《あんざいしょ》にして、四月六日に大坂城における諸藩兵の操練を上覧した。十七日に三条実美・岩倉具視・中山忠能などを従えて坐摩神社に行幸し、あわせて東本願寺別院(難波別院)に行幸した。午餐の後、「旗手の士など」に坐摩神社境内で相撲をおこなわせ、隣接する東本願寺別院の物見台から天覧した。相撲を取った旗手の士とは、誰であろうか。京都相撲の相撲取たち(和田森・草風・甲形・勇駒・男石など)が、大坂行幸の旗手(錦御旗持手)を務めた(中村史彦「戊辰戦争での力士の活動について」)ことから、京都相撲の取り組みを天覧したものであろう。京都相撲の者たちが、新たな権威に認知されるための細やかな努力である。

次の相撲上覧は、明治五年(一八七二)六月六日大阪であった。すでに東京に皇居を遷したのち、江戸時代までは、京都御所(禁裏)から一歩も外に出ることもなく、全国的にはよく知られていなかった天皇の存在を、知らしめるため全国に行幸に赴くことになった。五月二十三日に品川から軍艦に乗り、鳥羽に到着後、伊勢神宮を参拝し、京都・大阪から瀬戸内海を経由して九州にまで巡航し、再び横浜に七月十二日に戻った五〇日間の行幸であった。各地で人々の出迎えを受け、天皇の権威を浸透させるものであったが、その途上で、六月四日に京都を出て大阪造幣寮(行在所)に到着し、翌五日に場内の見学や関係者に会う。六日には練兵場で操練を天覧した後、午後四時より行在所の庭における大阪相撲の取り組みを天覧した。前もって「大阪力士の請願」があり実施されたもので、「陣幕・八陣等力士の相撲を天覧」した。八陣は明治四年七月に五条家から横綱(大阪)免許を受けた八陣信蔵(のちに頭取小野川信蔵)である。陣幕はすでに現役引退していた元横綱で頭取の陣幕久五郎であろう。明治天皇の行幸の機会に天覧相撲を事前に請願して許可を受け挙行したというから、大阪相撲の積極的な姿勢をうかがうことができ、その中心に陣幕久五郎がいたことも興味深い。明治四年の大阪相撲番付には七八五人の相撲取と頭取一六人、行司四六人が記されており(飯田直樹)、大阪行幸を好機ととらえ天覧相撲の実現をはかったものであろう。頭取陣幕は、将軍にかわる権威が明治天皇になったことを認識し、天皇上覧によって大阪相撲に権威をもたらすための行動に出たものと思われる。

それから約一〇年間、天皇の相撲上覧の史料は見出せない。明治十四年(一八八一)五月九日、明治天皇は島津忠義に招かれ、東京麻布にある島津忠義の別邸に行幸した。犬追物を天覧後、「境川・荒角等の相撲三十番・土俵入等を覧たまひ、外に十九番の御好あり、」と記されるように、横綱境川浪衛門と前頭荒角《あらすみ》金太郎の取り組みを初め三〇番と横綱土俵入り、御好みで一九番などを天覧した。このあと島津忠義の本邸にて、天皇は満開のつつじ数千株を見たあと晩餐会となった。この日、島津が招いたのは、左大臣有栖川宮熾仁親王・右大臣岩倉具視・参議大隈重信・寺島宗則・伊藤博文・黒田清隆・西郷従道・川村純義・山田顕義などで、当時の太政官政府の要人たちであった。これは薩摩藩主であった島津忠義が、明治天皇と薩長藩閥政権の要人たちを自邸に招き、もてなしの一つとして横綱境川を初めとする東京相撲を組み込んだものであった。

その三年後、明治十七年(一八八四)三月十日に浜離宮の延遼館《えんりょうかん》において上覧相撲が開催された。延遼館は外国要人をもてなす迎賓館として整備されたもので、「豫め延遼館広場に土豚《どとん》(土俵)を築き、正面高処に玉座を設く、天皇乃ち之れに御したまう」、前もって土俵をつくり準備にあたったのは、元老院議官鷲尾隆聚《わしのおたかつむ》と長岡護美《ながおかもりよし》・海江田《かいえだ》信義、外務大輔吉田清成・特命全権公使榎本武揚などで東京大相撲協会に働きかけたものであった。「勝負取組は横綱・大関以下六十番及び御好取組十五番に及ぶ、諸事悉く相撲古式に則る」と記される。招かれて陪覧した者は、「(小松宮)彰仁親王・(伏見宮)貞愛《さだなる》親王・太政大臣三条実美及び参議・外国公使を初めとし、文武官員及び其の家族等三千餘人に達す」とあり、あたかも江戸時代の将軍上覧相撲を彷彿とさせるように、明治天皇主催で浜離宮において上覧相撲を挙行したものであった。横綱梅ケ谷藤太郎(三九歳)は、一カ月前に横綱免許を受けており、天皇上覧相撲にあわせての免許であったと考えるほかなく、このことからも、この日の天覧相撲の準備は用意周到になされたものであろう。このような明治天皇主催の天覧相撲は、この後はみられない。

翌明治十八年(一八八五)十一月二十七日、薩摩閥のリーダーである黒田清隆(内閣顧問伯爵)は芝三田の自邸に天皇を迎えた。天皇から菊御紋付の銀杯一組と銅花瓶一対に金千円が黒田に下賜され、黒田から粟田口久國の刀一振り、雪舟の「山水図屏風」一双、菊池溶斎の「日本武尊像」一幅を奉った。かつて室町将軍や徳川将軍が大名邸に御成りをし、太刀などを相互に取り交わして、主従関係を確認する武家儀礼と共通する、黒田邸への明治天皇の行幸であった。黒田は庭内に土俵を設け、「東京大相撲協会所属力士梅ケ谷・西ノ海・劒山・大達等の相撲十八番」と「御好四番等」で天皇をもてなした。横綱梅ケ谷藤太郎、大関西ノ海嘉治郎、関脇劒山谷右衛門、関脇大達羽左衛門など番付最上位の者たちが招かれて相撲を取り、天皇の上覧を受けた。

さらに明治二十一年（一八八八）一月十四日、芝公園内の弥生社に明治天皇の行幸があった。本郷向ヶ丘にあった弥生社は、警察官の宴楽集会の場所であり、芝公園内に移転したこの機会に、天皇の行幸を仰いだものである。警視総監子爵三島通庸以下、警視庁高等官一同は謁見を賜り、天皇へのもてなしとして、警官の柔術および剣術などを披露したほか、「東京大相撲協会の相撲数十番及び御好

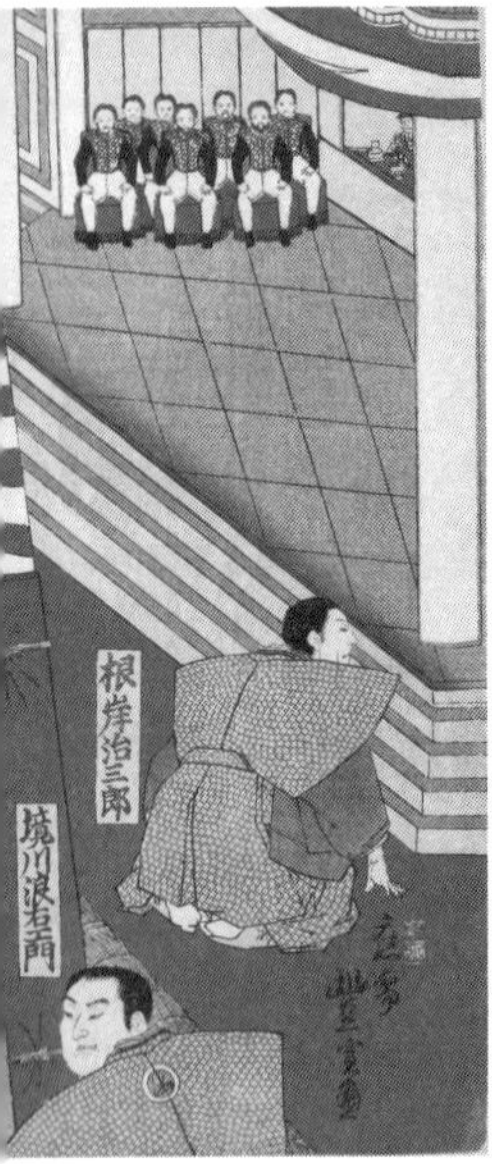

浜離宮延遼館天覧相撲横綱土俵入之図(豊宣画)
横綱梅ヶ谷藤太郎、太刀持ち大鳴門灘右衛門、露払い剣山谷右衛門、行司木村庄三郎が土俵上に描かれる。明治天皇は画面右手奥に宮家・政府高官とともに椅子に腰掛けている。番付の版元根岸(三河屋)家はこの当時、年寄「根岸」となっており、画面右手前に描かれる。行司の装束は裃であった。

勝負八番」が取り組まれ、金百円が力士などに与えられた。力士の名前は『明治天皇紀』に記されていない。

その翌明治二十二年(一八八九)五月二十四日、海軍大臣伯爵西郷従道の上目黒にある別邸に、天皇は行幸し参会の親王以下勅任官の拝謁を受けた。西郷は手掻包永《てがいかねなが》作の太刀一振りを献上したのに対し天皇は金品を賜った。黒田清隆邸への行幸時と比べ、互酬の品は軽微である。庭上の相撲場での数十番の相撲を見た後、午餐となる。有栖川宮熾仁親王・内大臣公爵三条実美・内閣総理大臣伯爵黒田清隆・枢密院議長伯爵伊藤博文のほか内閣各大臣・枢密顧問官などが陪食した。食事中に薩摩踊り及び象の曲芸が演じられ、午餐後、再び相撲を観覧し、六時に還御となった。午後の相撲の番数や力士の名前も記されてはいないが、長時間にわたる相撲上覧であったと思われる。

明治二十三年(一八九〇)二月十五日には、九段にある偕行社の新築落成式並びに創立第十三回記念会に明治天皇は行幸した。偕行社とは陸軍将校の親睦共済団体で、明治十年(一八七七)に創立し、この年新築した。天皇は、偕行社社長の有栖川宮熾仁親王らを謁見し、各室を巡覧した後、庭前において東京大相撲協会所属力士の相撲を見て還御した。

そして明治二十五年(一八九二)七月九日に明治天皇の最後の相撲上覧が、かつての佐賀藩主で式部長官侯爵鍋島直大《なおひろ》の永田町の邸に行幸した際に、おこなわれた。このたび新築した邸をお披露目するために、天皇を初め六人の親王、内閣総理大臣松方正義のほか四大臣などの政府高官に加え、徳川家達（公爵）・伊達宗城・蜂須賀茂韶・細川護久・前田利嗣など大名華族も招かれ陪席した。鍋島は、肥前焼燈籠一対・鶉置物を献上し、天皇から紋付銀杯一組・紋付花瓶一対と金千円が下賜された。天皇は警察官の居合や剣術試合、柔術に続いて、東京大相撲協会の相撲を天覧したのち、晩餐となった。

明治天皇の相撲上覧は、以上の九例とみられる。最初の二例は天皇の権威・権力の確立途上に、江戸時代の京都・大坂相撲たちを、行幸のついでに上覧したものである。三例目からは、権力・権威の備わった明治天皇が、旧大名や藩閥政治権力者の屋敷に招かれたり、警視庁・陸軍関係の施設創設記念に招かれたりした時に、もてなしの一部として東京大相撲協会の相撲の取り組みを上覧したものであった。そのなかで、明治十七年（一八八四）の浜離宮延遼館での上覧相撲だけは、明治天皇が主催し準備させた、かつての将軍上覧相撲と同様のものであった。明治天皇主催の相撲上覧はその一例だけで終わった。

その後の上覧相撲

明治二十五年（一八九二）を最後にして、明治天皇の相撲上覧がみられなくなった理由の一つは、天皇の存在が国家神道を通して神聖なものとされ、「大日本帝国憲法」を通して「明治大帝」となって、その絶対的な権威は、立場上もはや庶民的な相撲を楽しむことができなくなったことにあるのであろう。相撲の側とすれば、明治天皇にかわる、天皇に準じた権威を後ろ盾にしたいところである。折しも第一次山県有朋内閣は明治二十三年（一八九〇）に陸海軍増強の必要を力説し、やがてその増強が進む中、明治二十七年（一八九四）日清戦争が始まり、さらに明治三十七年（一九〇四）日露戦争に突き進んでいく。相撲の側は、二つの戦争にともなう国威発揚の気運に乗じ、晴天興行ではない常設の相撲場の設立を計画し、明治四十二年（一九〇九）に完成した。完成した相撲常設館の名称を改め、これを国技館と称した。「相撲は日本の国技なり」との作家江見水蔭による文章から名づけたとされる（新田一郎『相撲の歴史』）。

時勢に乗った「相撲は日本の国技なり」の言葉は、国技館という興行場の設立とともに、行司の装束を改めた。朝廷の相撲節会と結びつくように、江戸時代以来の裃《かみしも》姿を改め、現在みられる烏帽子《えぼし》、直垂《ひたたれ》の装束とした。天皇や朝廷と結びつけ、国技であるとの印象を伝える効果をもった。これに加え、大正十四年（一九二五）十二月に文部省に認可された「財団法人大日本相撲協会」の定める会長を陸軍大将や海軍大将に委嘱したことや、昭和三年（一九二八）から同十三年まで協会の理事長には陸軍中将広瀬正徳が就任したように、陸軍・海軍の権力・権威を後ろ盾にした。

大正天皇は皇太子時代に相撲の上覧はあったものの、大正天皇としての相撲上覧はなかった（土屋喜敬『相撲』）。これに対し大正天皇の皇子であるのちの昭和天皇は、相撲好きであったと思われ、一二歳の時に弟二人（のちの秩父宮と高松宮）とともに明治四十五年（一九一二）五月十九日に両国国技館に横綱太刀山などの相撲観戦に行っている（抜井規泰「角界余話2」『朝日新聞』二〇二一年五月十五日）。

また大正十四年(一九二五)四月、皇太子(二四歳)は摂政宮として東宮御所(赤坂)において上覧相撲を催し、その際、摂政宮賜杯を下賜した。現在に継承される天皇賜杯である。

昭和天皇となってからは、天覧相撲として、昭和三年(一九二八)五月二十七日の海軍記念日(日本海海戦でロシアのバルチック艦隊に勝利した日)に、海軍将校の親睦団体である芝にある水交社に行幸し相撲を上覧した。翌昭和四年三月十日の陸軍記念日(奉天大会戦でロシア軍に勝利した日)には九段の偕行社に行幸して相撲を上覧した。芝水交社には、その後も同四年・五年・六年・八年・十年・十二年の五月二十七日に行幸をして相撲を上覧したが、偕行社には行幸していない。

昭和天皇は、水交社などへの行幸のほかに、昭和五年(一九三〇)と六年の四月二十九日(天長節)に宮城内覆馬場において天覧相撲を催している。自身の誕生日に天覧相撲を皇居で主催し、昭和五年の場合、皇族のほか東郷平八郎元帥、浜口雄幸首相を初め各大臣、枢密院正副議長、参謀総長、軍令部長などを招いている。相撲取口などの説明には年寄入間川(総務取締)があたったが、同席した大日本相撲協会会長福田雅太郎(陸軍大将)に伝え、さらに奈良侍従武官長を経由して天皇に伝えられた(高永武敏『相撲昭和史　激動の軌跡』)。

大正時代を間にはさんで、明治大帝の権威と権力は昭和天皇に継承され、現人神で陸海軍の統帥者とはなったが、生身の昭和天皇個人の相撲好きの嗜好が上回り、相撲上覧の機会がもたれたのであろう。しかし昭和十二年(一九三七)に水交社へ行幸しての相撲上覧を最後に、昭和天皇の上覧相撲は終わる。もはや時世がそれを許さなくなったのである。昭和七年（一九三二）上海事変が起こり、さらに満州国の建国が宣言され、昭和十一年（一九三六）二月二十六日には二・二六事件が起こり、翌昭和十二年に日中戦争が開始された。昭和十六年（一九四一）に真珠湾攻撃から太平洋戦争に突き進み、厳しい戦いの末、国内外に甚大な被害を及ぼし昭和二十年（一九四五）八月十五日に敗戦を迎えた。

戦後の復興

昭和二十一年（一九四六）一月一日、いわゆる「人間宣言」（「詔書」）によって昭和天皇が自ら神格を否定、十一月に公布された「日本国憲法」第一条で主権の存する日本国民の総意に基づいて、天皇は国の象徴となった。連合国軍総司令部（ＧＨＱ）は大日本帝国を解体させるために、非軍事化や人権指令などの一連の民主化を進めた。その中で、国威発揚に協力してきた相撲にとっての象徴的な両国国技館は、昭和二十年十二月にＧＨＱに接収された。相撲協会にとって、明治維新期に匹敵する大きな危機であった。

明治神宮外苑や浜町、蔵前の仮設の会場を用いて、大相撲興行を開催し、粘り強く凌いだのちに、物資の乏しい時期ながら昭和二十九年（一九五四）に蔵前国技館を完成させた。鉄骨の梁が剥き出しの粗雑なものであったが、これで再び安定した相撲興行を開催することができるようになり、昭和六十年（一九八五）一月に現在の両国国技館が落成するまで使用された。

昭和三十年(一九五五)五月二十四日、昭和天皇は大相撲夏場所十日目に蔵前国技館を訪れた。昭和十二年(一九三七)の水交社への行幸による相撲上覧から数えて一八年ぶりの相撲上覧である。国技館の前には、出羽海理事長をはじめ羽織・袴姿の理事の年寄たちと、千代の山・鏡里・吉葉山の三横綱が裸で、行司木村庄之助・式守伊之助と、呼び出し小鉄が出迎えた。幕内の土俵入りは揃い踏みの形を取り、三横綱の土俵入りがおこなわれて、幕内の取り組みとなった。若乃花は大内山に敗れ、信夫山が二本差しで鏡里を寄り倒し、栃錦はうまくとって三根山に勝ったが、千代の山は朝潮に上手投げで敗れた。天皇入場・退場の時は、総員が起立して拍手した(『入江相政日記』)。天皇観戦の際の国技館でのお出迎えや土俵入りのあり方は、この時が先例になって、その後も継承される。

象徴天皇として初めての蔵前国技館での相撲観戦となった。これこそ平和国家日本の天覧相撲の始まりであり、平成、令和の時代に引き継がれ、現在も大相撲に権威をもたらす源泉となっている。明治後半の日清・日露戦争期の気運に乗じ国威発揚とともに国技を自称してきた相撲は、昭和二十年(一九四五)八月の敗戦に直面し、日本国憲法や象徴天皇のめざす平和国家のもとで、新しい社会にふさわしい相撲興行の姿をみせていった。もはや国技を称揚する時代ではなくなった。これまで社会の変化にも、柔軟な姿勢をもち続けてきた相撲を担う人たちは、全国の町や村で人々が、いつの時代にも相撲を待ち、楽しみにして支えてきたことを、そしてその力によって相撲が現在に至るまで継続し、日本の伝統文化と唱えられるようになったことを、忘れてはならない。

おわりに

かつて蔵前にあった国技館の中に相撲博物館があり、今の両国国技館内の博物館のものより粗末なガラスケースの中に、谷風梶之助宛ての横綱免許状の原本などが展示されていた。職場の先輩である宮地正人さんのお伴をして、その相撲博物館の所蔵史料を拝見させていただいた。東京大学史料編纂所からの調査依頼状を事前に提出していたこともあって、貴重な史料を見ることができた。私たちが所属していた史料編纂所の維新史料部では、毎年全国の史料保存機関に史料採訪をおこない、部員一同が分担して史料の概要を調査し、その晩にミーティングをおこなって情報の共有をはかった。相撲博物館でも宮地さんと分担して筆写し、翌日突き合わせて共有した。今、手元に宮地さんの筆跡のコピーが残されており、本書の叙述に役立てさせていただいた。その時からでも、四十数年の歳月が流れている。

史料の閲覧にあたり、学芸員の方々にご高配をいただいたが、これに加えて館長である市川国一さんから興味深いお話を伺うことができた。市川さんは昭和四三年（一九六八）、時津風理事長（双葉山）の死去後、理事長となった年寄武蔵川（出羽ノ花）で昭和四九年に春日野理事長（栃錦）に譲ってのち、同五一年から相撲博物館長に就任されていた。現役時代は前頭の下位が最高位であったが、年寄として蔵前国技館建設の陰の功労者であり、昭和三二年の相撲茶屋制度の改編に至る国会対応の立役者であった。大横綱双葉山と名人横綱栃錦の間の理事長を、前頭下位の武蔵川親方が務めたところに、その経営能力の高さを評価する相撲協会の見識を見出すことが可能であろう。

経営能力に加え、恐らく人柄も魅力的だったのではなかろうか。市川館長に、横綱栃木山の話をうかがった。小兵(一七三センチ・一〇四キロ)ながら低い姿勢から、はず押しで相手を一気に土俵の外に運ぶ取り口で優勝九回をあげた。本文でも述べたこのオーラルヒストリーは市川館長からの提供であった。栃木山は大正一四年に引退して年寄春日野となるが、その直前三場所連続優勝しており、しかもその数年後、年寄も出場する大日本相撲選士権大会に春日野親方として大関玉錦を破って優勝した。それほど強い栃木山がなぜ引退したのか、そのわけをうかがうと、館長がユーモアたっぷりにいわれるのは、栃木山は髷が結えなくなって引退したとのことであった。昭和三〇年代の千秋楽で優勝力士に優勝旗を授与する春日野親方の姿をテレビ画像で見ていたが、土俵に上がった四人の取締の中で、禿頭は春日野親方一人であった。

昭和四〇年(一九六五)七月、相撲の海外公演が実施された。出羽海取締(市川国一さん、後に武蔵川理事長)を団長として、柏戸・大鵬・栃ノ海・佐田の山の四横綱を初めとする幕内力士がソ連(モスクワ、ハバロフスク)で相撲を公演した。その後、昭和四八年四月には、武蔵川理事長を団長に、日中国交正常化を記念して、幕内・十両力士全員による中国(北京、上海)での相撲公演をおこなった。昭和五六年には春日野理事長が団長となって、メキシコシティで十両以上の力士による相撲公演がおこなわれ、春日野理事長は昭和六〇年にニューヨークへ、さらに翌年パリにても相撲公演をおこなった。

次の二子山理事長（初代若乃花）は、平成二年（一九九〇）六月にブラジルのサンパウロに、さらに翌年十月ロンドンにおいて相撲公演をおこなった。平成七年十月には出羽海理事長（佐田の山）がウィーンとパリにおいて相撲公演を、さらに名跡変更した境川理事長（佐田の山）としてオーストラリアのメルボルン、シドニーで平成九年六月に相撲公演をおこなった。次の理事長時津風（豊山）は平成十年六月、カナダのバンクーバーで相撲公演をおこなっている。さらに六年後の平成十六年二月、北の湖理事長を団長に韓国のソウルと釜山で、同年六月に北京、上海で相撲公演をおこなった。翌平成十七年十月に北の湖理事長がアメリカのラスベガスで相撲公演をおこなったのを最後に、海外公演はおこなわれていない。以上は「大相撲略史年表」（『相撲大事典　第四版』）に基づくが、昭和四〇年から平成十七年に至る四〇年間に、六代にわたる理事長が団長となって、幕内力士以上（うち二回は十両以上）の力士による相撲公演を合計一三回、九カ国において開催した。海外に日本の伝統文化を発信するという大きな功績を果たした。これは、公益財団法人にふさわしい役割を果たした事例であろう。

ここで伝統文化の海外発信について触れておきたい。現代の日本社会においては、広く長く外国語を学んできた。それは、外国語を学ぶことをとおして、その国の文化を理解することができることから、英語・フランス語・ドイツ語・ロシア語・中国語・朝鮮語などの多言語を日本の大学などで積極的に学んできた。海外の国々の側も、日仏学院やゲーテインスティテュートなど、海外に向けて語学教育を積極的に進め、自国文化の普及に努めてきた。これに対して日本では、戦前に台湾や韓国などで、植民地政策の一環として日本語教育を強制的に進めたことの反省から、昭和二〇年(一九四五)の敗戦後の現代社会において、海外に向けて日本から日本語教育を進めることを躊躇してきた。言語のみならず、日本の文化を積極的に発信して、外国に正しく日本の文化を理解してもらう努力は十分とはいえなかった。日本語教育の消極性は、現在、日本の各種労働の担い手となる外国人労働者とその家族の日本語教育の遅れにもつながっており、大きな課題となっている。

理解の入口となる日本語教育に限らず、伝統文化を含めた多様な日本文化を、海外に発信して、日本という異文化を海外に正しく理解してもらうことの意義は大きい。伝統文化を直接伝えることの意義は、かつて韓国のパンソリや舞踊の日本公演を見たときに、目の前の声や踊りをとおして、韓国の民族の奥深い情念が伝わってきたことを、今も鮮明に覚えていることからもいえる。琉球舞踊やアイヌの踊りにも、本物のもつ「なま」の魅力が五感をとおして伝わってくる経験をしたことがある。

相撲の海外公演でも外国人たちは、「スモウレスラー」と呼んでレスリングの競技の一種と見る人もいただろうが、相撲のもつ様式と儀礼をとおして、日本文化の神髄をつかもうと探究した人々は多く存在したであろう。こうして日本に対する理解が深まるのである。

昭和六一年(一九八六)十月、春日野理事長を団長とした幕内力士によるパリでの相撲公演の際折しも私は、着任していた学習院大学文学部史学科から在外研修の制度で、家族とともにパリに一年間居住して、コレッジドフランスに通っており、相撲のパリ公演を身近に感じることができた。オペラ座の近くの日本の書籍を売る書店で、スーツ姿の出羽海親方（佐田の山）に遭遇し黙礼をかわしたが、親方の長身（一八二センチ）で肩幅が広く、とくに胸板の厚さが印象的であった。

相撲公演はパリ一二区のベルシーにあるスポーツパレスで開催され、八角形の体育館の館内中央に土俵を築き、東京の国技館とよく似た雰囲気の会場が設営されていた。呼び出したちの努力があったのだと思うが、会場のシラクパリ市長ほか多数のフランス人の観客は、土俵入りや幕内力士の取組を喜んで観戦していた。小錦よりは寺尾や横綱千代の富士への拍手喝さいが格段に大きかったことが記憶に残っている。

パリ公演の団長は春日野理事長であったが、公演全体の実質責任者は出羽海親方であった。後援をフジサンケイグループが担っていたのだが、相撲側の責任者の出羽海親方とは準備段階から打ち合わせを重ねて成功に導いたという。随行のサンケイ新聞の記者が私に語るのには、出羽海親方について「財界のトップに匹敵する」という表現で賛辞を贈っていた。

財界のトップとは、一般的に経験と知識に裏打ちされた高い経営能力をもち、前提として高学歴であるイメージをもつであろう。当時四八歳であった出羽海親方が「財界のトップに匹敵する」イメージを新聞記者に与えたその威厳はどのように形成されたのであろうか。

佐田の山は長崎県五島の出身で高校卒業後出羽海部屋に入門した。同年生まれの柏戸剛は中学卒業後すでに入門しており、初土俵も三年早く、番付の先を進んでいた。同じ年の初土俵に大鵬幸喜がいたが、新入幕は二歳若い大鵬の方が早く、番付を駆け上がっていった。佐田の山から見ると、新入幕したときにはすでに柏戸・大鵬は番付の上位にあって、その後は「柏鵬時代」と呼ばれる二人の全盛期となる。佐田の山からすれば大きな壁となった。そのような巡り会わせの中で、柏戸・大鵬より身長も体重も小ぶりな佐田の山が横綱にまで駆け上がるには、人並みはずれた血のにじむような稽古・努力を続けたと語り継がれている。このひたむきな努力が人格を形成させたのであろう。学歴などではなく相撲の世界で心身を厳しく鍛えたことが、新聞記者をして「財界のトップ」といわしめた出羽海親方(佐田の山)の存在感につながったのだと思う。

パリ七区のホテルに力士たちは宿泊したのであろうか、たまたま日本から訪れた知人が同じホテルを利用しておりロビーで待ち合わせたとき、小錦や逆鉾などの力士たちが、紋付き袴姿の正装で座っていた。相撲公演より前の日に、パリ市長かどこかへの公式訪問を終えてホテルに戻ったばかりの様子に見えた。力士たちは疲れていた。長旅と時差の影響に加えて、公式訪問で緊張を強いられてきたのであろう、やれやれといった風情でソファーに深々と腰かけていた。疲れを知らない超人だと思っていた力士たちの、疲労困憊の姿を見て、思わず同情を禁じ得なかった。

それから三〇年が過ぎた平成二七年(二〇一五)八月、大型バスにぎゅうぎゅうに詰め込まれた浴衣姿の力士たちを福島県南相馬市で見かけた。平成二三(二〇一一)年三月十一日の大地震・津波の被害から四年余りたった頃である。日本学術会議の第一部(人文・社会科学分野)の夏季部会が福島市で八月十日に開催され、翌日、福島大学うつくしまふくしま未来支援センターの先生方のご案内で、学術会議会員有志が、東京電力福島第一原子力発電所の事故によって発生した放射線汚染地区を訪れた。伊達市霊山町小国地区では、子供たちを守るために自主的に放射線量測定や防護活動をおこなっている住民の方々と交流会をもった。さらに飯館村の農業生産者の話をうかがい、除染活動の現状をつぶさに見ることができた。その他の地区は、バスに乗車したまま巡見し、最後に南相馬市で休憩をとり、解散地のいわき駅に向かう前であった。力士たちを乗せたバスが数台目の前を通ったのだが、それは南相馬でおこなわれる相撲巡業開催のためであった。

一年間に六回の本場所のほかに、地方巡業を全国各地でこなす中で、津波や放射能被災地を勇気づける相撲巡業がもたれたのである。巡業では土俵入りのほかに、本場所にはない初っ切り(相撲の禁じ手を紹介する見世物)で楽しみ、相撲甚句を聞くことができる。哀愁をおびた相撲甚句の声は、心によく響く。被災地の人々を励ます力が、相撲には確かにある。大型バスにぎゅうぎゅうに詰め込まれながら移動する力士たちを見て、私は頭が下がった。これからも厳しい修行を我慢強く続け、人格を形成し、本場所と地方巡業を担って、観客を魅了し、励ましていってほしい。こうして多くの人々の支持を得て、伝統文化として相撲は継続していくのであろう。

令和四年一月二十八日

高埜　利彦

■史料・参考文献

全体にわたって

飯田昭一編『史料集成　江戸時代相撲名鑑』上・下、日外アソシエーツ、二〇〇一年
金指基原著・日本相撲協会監修『相撲大事典』第四版、現代書館、二〇一七年
新田一郎『相撲の歴史』山川出版社、一九九四年、講談社学術文庫版、二〇一〇年
新田一郎『相撲　その歴史と技法』日本武道館、二〇一六年
土屋喜敬『ものと人間の文化史一七九・相撲』法政大学出版会、二〇一七年
武技部十九相撲(上)・二十相撲(下)『古事類苑』四四、吉川弘文館、一九六九年

第一章

飯田道夫『相撲節会　大相撲の源流』人文書院、二〇〇四年
武技部十八「相撲節」『古事類苑』四四、吉川弘文館、一九六九年
高埜利彦『江戸時代の神社』(日本史リブレット86)山川出版社、二〇一九年
大日方克己「奈良・平安期の国家的年中行事儀礼としての相撲節」『相撲の歴史に迫る』島根県教育庁古代文化センター、二〇〇二年
森公章『在庁官人と武士の生成』吉川弘文館、二〇一三年
野口実「相撲人と武士」中世東国史研究会編『中世東国史の研究』東京大学出版会、一九八八年
新田一郎『相撲の歴史』山川出版社、一九九四年
黒板勝美・国史大系編修会『吾妻鏡』吉川弘文館、一九六五年
太田牛一・桑田忠親校注『新訂　信長公記』新人物往来社、一九九七年
永村眞「相撲銭」『国史大辞典　八』吉川弘文館、一九八七年
中ノ堂一信「中世的「勧進」の形成過程」日本史研究会史料研究部会編『中世の権力と民衆』創元社、一九七〇年

「看聞御記」（上）『続群書類聚・補遺二』続群書類聚完成会、一九一六年

第二章

高埜利彦『江戸幕府と朝廷』（日本史リブレット36）山川出版社、二〇〇一年
『徳川諸家系譜　第二』続群書類従完成会、一九七〇年
東京大学史料編纂所編『大日本近世史料 細川家史料三』東京大学出版会、一九七二年
東京大学史料編纂所編『大日本古記録 梅津政景日記』全九冊、岩波書店、一九六六年
『稿本金沢市史　風俗篇第二』石川県金沢市役所、一九二九年
『藩法集九　盛岡藩上』創文社、一九七〇年
「桂井素庵筆記」『日本都市生活史料集成三　城下町編一』学習研究社、一九七五年
高埜利彦『日本の歴史一三　元禄・享保の時代』集英社、一九九二年
高柳真三・石井良助編『御触書寛保集成』岩波書店、一九七六年
脇田修「近世初期の都市経済」『日本史研究』二〇〇号、一九七九年
吉原健一郎「江戸の町支配」『江戸東京学事典』三省堂、一九八七年
竹内誠「近世前期における江戸の勧進相撲」『東京学芸大学紀要　第三部門　社会科学』四〇集、一九八八年
『内閣文庫所蔵史籍叢刊一三　祠部職掌類聚』汲古書院、一九八二年
『京都御役所向大概覚書』清文堂、一九七三年
『大阪市史』第一、大阪市史編纂係、一九一五年
『泉州史料　第四巻』岸和田実業新聞社、一九一七年
中英夫『武州の力士』埼玉新聞社、一九七六年
「府内藩記録」『日本庶民文化史料集成　第七巻』三一書房、一九八三年

第三章

「町方書上」『徳川時代商業叢書　第一』国書刊行会、一九一三年
大岡家文書刊行会編纂『大岡越前守忠相日記』中巻、三一書房、一九七二年
太田牛一著・桑田忠親校注『新訂　信長公記』新人物往来社、一九九七年
斎藤月岑著・朝倉治彦校注『東都歳時記』平凡社東洋文庫、一九七〇年
『東松山市史　資料編第三巻　近世編』東松山市、一九八三年
「南部相撲文書」公益財団法人日本相撲協会、相撲博物館所蔵
「兼香公記」（一条兼香の日記）東京大学史料編纂所所蔵謄写本
「忠良公記」（一条忠良の日記）東京大学史料編纂所所蔵謄写本
「相撲上覧記」国立公文書館所蔵
喜多村信節「嬉遊笑覧」『日本随筆大成　別巻』吉川弘文館　一九七九年

第四章

盛田嘉徳『中世賤民と雑芸能の研究』雄山閣、二〇〇四年
原田伴彦「近世の賤民と雑芸能」『歴史における芸術と社会』みすず書房、一九六〇年
藤本清二郎「江戸中期、紀州日高平野における「芝場」争論」『和歌山大学経済史文化史研究所紀要』三号、一九八三年
脇田修『元禄の社会』塙書房、一九八〇年
小山町史編さん委員会編『小山町史　第七巻　近世通史編』小山町、一九九八年
「祠曹雑識」国立公文書館所蔵
内山幹生「日本相撲司の成立」『熊本史学』九七号、二〇一三年
竹内誠「寛政三年の上覧相撲と決まり手書上げの慣例化」『相撲博物館紀要』八号、二〇〇九年
高埜利彦『江戸時代の神社』（日本史リブレット86）山川出版社、二〇一九年

高埜利彦「近世陰陽道の編成と組織」『日本近世史論叢』(下巻)、吉川弘文館、一九八四年(後に『近世日本の国家権力と宗教』東京大学出版会一九八九年に収録)
飯田直樹「明治前期の大阪相撲渡世集団」『歴史科学』一五五号、一九九九年
「相撲取身分之儀ニ付松平周防守殿より問合」司法省大臣官房庶務課編『徳川禁令考　前集第五』三三二六、創文社、一九五九年
「兼胤公記」(広橋兼胤の日記)東京大学史料編纂所所蔵謄写本
『諸家家業』(木版刷りの公家案内書)京都下御霊前の書肆谷岡七左衛門、一六六八年
「諸家家業記」『改定　史籍集覧』第十七冊、近藤出版部、一九二六年
中村佳史「摂家の家司たち」高埜利彦編『身分的周縁と近世社会　八　朝廷をとりまく人びと』吉川弘文館、二〇〇七年
「南部相撲」「相撲行司関係」相撲博物館所蔵史料
「掟」『思文閣古書資料目録』第一二八号、一九九二年

第五章

『日本名城集成江戸城』小学館、一九八六年
「視聴草」『内閣文庫所蔵史籍叢刊』汲古書院、一九八四年
「相撲上覧一件」国立国会図書館所蔵旧幕引継書　マイクロフィルム版
飯田昭一編『史料集成　江戸時代相撲名鑑』日外アソシエーツ、二〇〇一年
日本相撲協会監修『相撲大事典　第四版』現代書館、二〇一七年
「相撲上覧一件　天保十四卯年九月」国立国会図書館所蔵
竹内誠「天保十四年の将軍上覧相撲」阿部猛編『日本社会における王権と封建』東京堂出版、一九九七年
「相撲上覧記」国立公文書館所蔵
「相撲上覧一件」国立国会図書館所蔵

土屋喜敬「近世後期における江戸相撲の力士に関する基礎考察―上覧相撲開催時の「相撲明細書」を素材として」『相撲博物館紀要』第一二号、二〇一四年
『新修島根県史　通史編』島根県、一九六八年
「御水主御給扶持帳」花谷幸三氏(相撲研究家、松江市)所蔵
「相撲取り身分之儀ニ付松平周防守殿より問合」司法省大臣官房庶務課編『徳川禁令考　前集第五』三三二六、創文社、一九五九年
吉岡孝「近世後期関東における長脇差禁令と文政改革」『史潮』新四三、一九九八年

第六章

落合延孝『八州廻りと博徒』(日本史リブレット49)山川出版社、二〇〇二年
「地方落穂集追加」滝本誠一編『日本経済叢書』巻九、日本経済叢書刊行会、一九一五年
「相撲対談一札之事」相撲博物館所蔵史料
「免状之事」埼玉県秩父郡荒川村、山中氏所蔵史料
「免許之事」『七尾市史　資料編二』七尾市、一九六八年
「免許」福島県会津若松市、安部家所蔵史料
「免許状」『富士吉田市史　資料編四』富士吉田市、一九九四年
「世話人免状」岐阜県高山市郷土館所蔵史料
齋藤みのり「近世後期における相撲年寄の免許発給と在方統制」『国史学』二二五号、二〇一八年
「文化二年野州・常州門弟控帳」『茂木町史　第三巻』一九九八年
「証状」千葉県旭市飯岡歴史民俗資料館所蔵史料
林陸郎「『飯岡助五郎の文書』國學院大學近世史研究会『近世史論』一号、一九七九年
「寺社奉行一件書類」『旧幕引継書』国立国会図書館蔵
『徳川時代民事慣例集　五　訴訟ノ部』司法省調査課編、橘書院、一九八六年

『椙森神社所蔵文書』中央区文化財調査報告書第四集、中央区教育委員会、一九九六年
『戸田市史　資料編二』戸田市、一九八三年
「旧若松大角力芝居其他興行見聞留書」『日本庶民文化史料集成　六』三一書房、一九七三年
金子誠司「近世甲府における相撲興行」『甲斐路』一〇〇号、一九六六年
斎藤みのり「近世後期甲府における江戸相撲集団の興行形態」『國學院大學大学院紀要　文学研究科』第五一輯　二〇二〇年
『山梨県史　資料編一三　近世六上』山梨県、二〇〇四年
土屋喜敬「近世後期江戸周辺地域における相撲興行―武蔵国多摩郡を中心に」関東近世史研究会編『関東近世史研究論集二　宗教・芸能・医療』岩田書院、二〇一二年
井上攻「神奈川宿の開帳と相撲興行」『横浜市歴史博物館紀要四』横浜市歴史博物館、二〇〇〇年
齋藤みのり「近世後期蕨宿における芸能文化と相撲社会―「岡田善休日記」を中心に」『蕨市立歴史民俗資料館研究紀要』第一五号、二〇一八年
飯田昭一編『史料集成　江戸時代相撲名鑑』日外アソシエーツ、二〇〇一年
田中邦文著・東部町商工会青年部編『雷電為右衛門旅日記』銀河書房、一九八三年
子明山人「相撲今昔物語」『新燕石十種　第二』広谷国書刊行会、一九二七年
藤本清二郎『紀州藩主徳川吉宗』吉川弘文館、二〇一六年
「御相撲留帳」和歌山大学紀州経済史文化史研究所所蔵(名草郡朝日村桑山家旧蔵文書、藤本清二郎氏の御教示による。)
中野光浩『諸国東照宮の史的研究』名著刊行会、二〇〇八年
大国正美「近世伊丹における相撲興行の展開と民衆―在郷町の享楽の「場」と「人」をめぐって」『地域研究　いたみ』第二三・二四号、伊丹市立博物館、一九九四・九五年
「石山寺所蔵史料」「乍恐御請書」滋賀県大津市石山寺宝蔵保管

終章

中村史彦「戊辰戦争での力士の活動について」『相撲博物館紀要』第二号、二〇〇三年
飯田直樹「相撲の周縁性——大阪相撲を例にして」『大相撲と日本刀』テレビせとうちクリエイト、二〇一七年
新田一郎『相撲の歴史』山川出版社、一九九四年、講談社学術文庫版、二〇一〇年
土屋喜敬『ものと人間の文化史一七九・相撲』法政大学出版会、二〇一七年
抜井規泰「角界余話二」朝日新聞、二〇二一年五月十五日
高永武敏『相撲昭和史　激動の軌跡』恒文社　一九八二年
『入江相政日記』第一巻、朝日新聞社、一九九〇年

■ 写真提供一覧

旭市教育委員会(*p.234*)　大阪大覚寺(*p.49*)　国立国会図書館(*p.246*)　東京国立博物館 Image:TMN Image Archives（*p.25*）　東京都立中央図書館特別文庫室(*p.178*)　徳川記念財団(*p.88*)　成田山霊光館(*p.83*)　日本相撲協会(口絵，*p.15, 79, 99, 113, 132, 138, 166, 170, 172, 174, 208, 245, 255, 270, 283*)　福井県立美術館(*p.44*)

■ カバー写真

「谷風と小野川の対戦」（日本相撲協会）

■索　引

人名索引

●アーオ

●カーコ

●サーソ

●タート

●ナーノ

●ハ―ホ

●マーモ

事項索引

●マ・ヤ・ワ行

高埜利彦（たかの・としひこ）
一九四七年生まれ。
一九七四年、東京大学大学院人文科学研究科修士課程中退。
学習院大学名誉教授
主要著書
『江戸幕府と朝廷』（日本史リブレット36、山川出版社、二〇〇一年）、『近世の朝廷と宗教』（吉川弘文館、二〇一四年）、『近世史研究とアーカイブズ学』（青史出版社、二〇一八年）、『江戸時代の神社』（日本史リブレット86、山川出版社、二〇一九年）など

日本《にほん》の伝統文化《でんとうぶんか》シリーズ4　相撲《すもう》

二〇二二年四月五日　第一版第一刷印刷
二〇二二年四月十日　第一版第一刷発行

著　者　高埜利彦
発行者　野澤武史
発行所　株式会社　山川出版社
　東京都千代田区内神田一―一三―一三
　〒一〇一―〇〇四七
電　話　〇三（三二九三）八一三一（営業）
　　　　〇三（三二九三）八一三五（編集）
https://www.yamakawa.co.jp/
印刷所　半七写真印刷工業株式会社
製本所　株式会社ブロケード
装　幀　菊地信義

ISBN 978-4-634-21304-3
Printed in Japan